高等院校“十二五”财会类专业规划教材

CHENGBEN HESUAN YU GUANLI

成本核算与管理

刘会卿 主 编
任春茹 杨 卫 副主编

電子工業出版社
Publishing House of Electronics Industry
北京 · BEIJING

图书在版编目（CIP）数据

成本核算与管理 / 刘会卿主编. —北京：电子工业出版社，2014.8
高等院校“十二五”财会类专业规划教材
ISBN 978-7-121-23222-0

Ⅰ. ①成… Ⅱ. ①刘… Ⅲ. ①成本计算－高等学校－教材 Ⅳ. ①F231.2

中国版本图书馆 CIP 数据核字(2014)第 099314 号

责任编辑：刘淑敏
文字编辑：吴亚芬
印　　刷：北京虎彩文化传播有限公司
装　　订：北京虎彩文化传播有限公司
出版发行：电子工业出版社
　　　　　北京市海淀区万寿路 173 信箱　邮编 100036
开　　本：787×1092　1/16　印张：15.75　字数：403 千字
版　　次：2014 年 8 月第 1 版
印　　次：2021 年 1 月第 6 次印刷
定　　价：35.00 元

凡所购买电子工业出版社图书有缺损问题，请向购买书店调换。若书店售缺，请与本社发行部联系，联系及邮购电话：（010）88254888。
质量投诉请发邮件至 zlts@phei.com.cn，盗版侵权举报请发邮件至 dbqq@phei.com.cn。
服务热线：（010）88258888。

前　言

“成本核算与管理”是高等院校财务管理、会计学和审计学等专业共同开设的一门专业主干课程。该教材紧紧围绕高等教育的培养目标，力求符合“以能力为本位，以就业为导向，以学生为主体”的教学指导思想，注重学生知识、能力、素质的培养，以应具备的知识和能力为重点，系统介绍制造业成本核算与管理岗位应掌握的基础知识、基本技能、基本方法和应具备的职业素养。

在本教材的开发过程中，编者首先去企业调研，分析归纳企业的成本岗位职责和工作任务，按成本管理行为的顺序，将企业日常成本核算与管理落实到课程中；其次，整合“成本会计”、“管理会计”和“财务管理”等相关课程，确定教材的内容：在成本核算的基础上应用成本信息进行成本预测、决策、控制和分析。本教材之所以突破单纯以产品成本核算为核心的传统内容，兼顾成本管理的知识和技能，主要是考虑学生就业后晋升岗位的需要，为学生可持续发展打下基础，而且使学生具备会计资格、会计技术职称及注册会计师考试的应试能力。

与同类教材相比，本教材突出实务上的操作性，力求做到选材合理、叙述深入浅出。每章起始部分有案例导入，引出重点关注和解决的问题，章末附有课后复习思考题。此外，本教材充分利用现代信息网络技术平台，配备面向教师教学的支持性资源，为老师选书及购书提供便捷周到的服务（可在电子工业出版社华信教学资源网 www.hxedu.com.cn 查询下载和提出需求）。

本教材既可以作为高等院校财经类专业及其他管理类专业学生的教材，也可以作为社会自学者的自学教材及会计从业人员的业务参考书。

本教材由刘会卿主编，负责拟订全书框架与写作大纲，并审核书稿。具体编写分工如下：刘会卿编写第 1～3 章；任春茹编写第 5、6 章；王新玲编写第 4、7 章；陶燕贞编写第 8～10 章；杨卫编写第 11～14 章。

本教材参考了国内外同行的相关论著并吸收了最新的研究成果，在此向相关作者表示感谢！在编写过程中，电子工业出版社吴亚芬女士给予了大力支持，为本书出版付出了辛勤努力，在此表示诚挚的感谢！

由于编者理论水平和实务知识有限，书中难免存在疏漏和不当之处，欢迎广大读者批评指正。

编　者

目　　录

第 1 章

企业成本核算与管理认知

理论目标

1. 理解费用、成本的含义，明确费用和成本的关系；
2. 了解成本费用在经济活动中的作用；
3. 了解成本会计的职能；
4. 熟悉成本核算的基本要求和一般程序。

实践目标

1. 知晓成本会计岗位及职责；
2. 具备从事成本会计工作的职业素质和能力；
3. 了解企业中成本核算与管理的基础工作；
4. 能够设置和运用成本核算的基本账户。

案例导入

全球排名第二的体育用品巨头阿迪达斯在 2012 年 10 月关闭其在中国苏州的自有工厂。这则消息迅速引发了舆论的关注，关于中国劳动密集型产业竞争力衰弱的讨论铺天盖地：随着人口红利的消退，以劳动力工资、原材料为主的生产成本大幅度上涨，"中国制造"成本优势消失，越来越多的企业开始撤离中国。中国这座"世界工厂"正面临着新一轮的挑战，"战火"向东南亚蔓延。

中国制造业的成本优势明显减退时，越南、缅甸、孟加拉等东南亚国家却以其相对更低的薪酬水平承接着中国制造的大量转移。在越南，一个服装企业的工人月薪大约 500 元，印度最低为 250 元，孟加拉则为 800 元左右。但在广州，聘请一个车工就需 2 500～3 000 元的月薪，一些中高端服装企业更要向工人支付 4 000 元月薪。悬殊的劳动力成本差距导致外资关闭在华工厂的消息接踵而来，已成为摆在中国制造业面前的一个现实问题。

不但跨国企业将目光瞄准了东南亚，中国劳动密集型企业也开始外迁，寻求海外代工之路，以降低生产成本。处于亏损状态的中国最大电商服装品牌凡客诚品将部分订单转移至孟加拉国，其企业负责人称这一举措将节约30%的成本。凡客诚品全部采用代工模式，工厂主要位于长三角和珠三角地区。但从2011年起，凡客诚品开始出现“Made In Bangla”的商品。

思考

1. 什么是制造业的成本？它受哪些因素的影响？
2. 制造业成本的高低又如何影响企业的生存？

1.1 成本观念的建立

1.1.1 费用概述

1. 费用的概念

费用是指企业在日常活动中发生的、导致所有者权益减少的、与向所有者分配利润无关的经济利益的总流出。

2. 费用的特征

（1）费用是企业在日常活动中发生的经济利益的总流出

日常活动是指企业为完成其经营目标所从事的经常性活动，以及与之相关的其他活动。工业企业制造并销售商品、商业企业购买并销售商品、咨询公司提供咨询服务、软件开发企业为客户开发软件、安装公司提供安装服务、租赁公司出租资产等活动中发生的经济利益的总流出构成费用。工业企业对外出售不需要的原材料结转的材料成本，也构成费用。

费用形成于企业日常活动的特征使其与产生于非日常活动的损失相区分。企业从事或发生的某些活动和事项也能导致经济利益流出企业，但不属于企业的日常活动。例如，工业企业处置固定资产、无形资产等非流动资产，因违约支付罚款，对外捐赠，因自然灾害等非常原因造成财产毁损等，这些活动和事项形成的经济利益的总流出属于企业的损失而不是费用。

（2）费用导致企业所有者权益减少

费用的发生既可能表现为资产减少，如减少银行存款、库存商品等；也可能表现为负债增加，如增加应付职工薪酬、应交税费等。根据“资产-负债=所有者权益”的会计等式，费用的发生一定会导致企业所有者权益减少。

企业经营管理中的某些支出并不减少企业的所有者权益，也就不构成费用。例如，企业以银行存款偿还一项债务，只是一项资产和一项债务的等额减少，对于所有者权益没有影响，因此，不构成企业的费用。

（3）费用与向所有者分配利润无关

向所有者分配利润或股利属于企业利润分配的内容，不构成企业的费用。

3．费用的主要内容

企业的费用主要包括主营业务成本、其他业务成本、营业税金及附加、销售费用、管理费用、财务费用及资产减值损失等。

1.1.2　成本概述

1．理论成本

企业生产商品、提供劳务的理论成本是商品价值中的 C+V 部分，是生产经营过程中所耗费的生产资料转移的价值和劳动者为自己劳动所创造的价值的货币表现，是企业在生产过程中所耗费的资金的综合，是商品价值的重要组成部分。

马克思曾科学地指出了成本的经济性质："按照资本主义方式生产的每个商品 W 的价值，用公式来表示是 W=C+V+M。如果从这个商品价值中减去剩余价值 M，那么商品剩下来的价值，只是一个在生产要素上耗费的资本价值 C+V 的等价物或补偿价值。""商品价值的这个部分，即补偿所消耗的生产资料价格和所使用的劳动力价格的部分，只是补偿商品使资本家自身耗费的东西，所以对资本家来说，这就是商品的成本价格。"

马克思的这段话，第一，指出的只是产品成本的经济实质，并不是泛指一切成本；第二，从耗费角度指明了产品成本的经济实质是 C+V，由于 C+V 的价值无法计量，人们所能计量和把握的成本，实际上是 C+V 的价格即成本价格；第三，从补偿角度指明了成本是补偿商品生产中使资本自身消耗的东西，即产品成本是企业维持简单再生产的补偿尺度，实际上说明了成本对再生产的作用。

由此可见，在一定的产品销售量和销售价格的条件下，产品成本水平的高低决定着剩余价值 M 即利润的多少，从而制约着企业再生产扩大的可能性。

2．实际成本

实际工作中的成本构成内容是根据相关法规政策，结合企业具体情况确定的，并不完全是商品价值中的 C+V 部分。实际成本中包含了某些不属于 C+V 的内容，如为了厉行节约、减少损失、加强企业的经济责任，将不形成产品价值的损失性支出（废品损失、停工损失）列入产品实际成本之中。而管理费用、销售费用和财务费用这三项期间费用目前国家规定不计入产品实际成本，应直接计入当期损益。因此，实际成本是以理论成本为基础的，是理论成本指导下的具体应用。

在会计实务中，成本是指取得资产的耗费。例如，存货成本是指取得存货的耗费，包括采购成本、加工成本和其他成本。固定资产的成本是指取得固定资产的耗费。在此，是指存货成本中的产品成本的核算与管理。

产品成本（实际成本）是企业为生产产品、提供劳务而发生的各种经济资源的耗费。生产经营过程同时也是资产的耗费过程。例如，为生产产品需要耗费材料、磨损固定资产、用货币资金向职工支付工资等职工薪酬。材料、固定资产和货币资金都是企业的资产，这些资产的耗费，在企业内部表现为由一种资产转变为另一种资产，是资产内部的相互转变，不会导致企业所有者权益的减少，不是经济利益流出企业，因此不是企业的费用。费用、成本的关系，如图 1-1 所示。

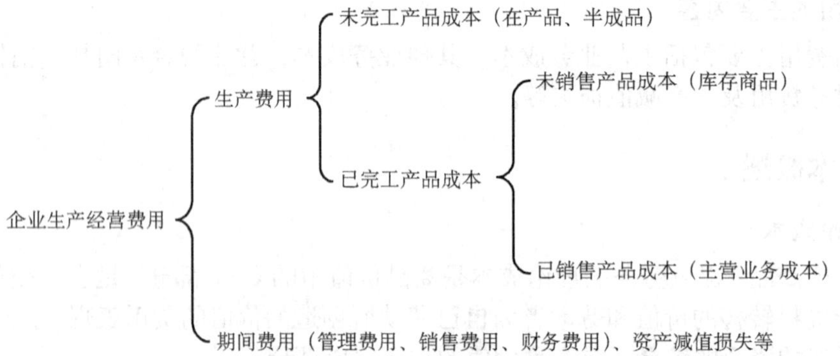

图 1-1 费用、成本的关系

1.1.3 成本、费用在经济活动中的重要作用

1．成本、费用是补偿生产耗费的尺度

企业为了保证再生产的不断进行，必须对生产耗费，即资金耗费进行补偿。企业是自负盈亏的商品生产者和经营者，其生产耗费须用自身的生产成果，即收入来补偿，维持企业再生产按原有规模进行。而成本、费用就是衡量这一补偿金额大小的尺度。也就是说，企业在取得收入以后，需要把相当于生产经营费用的部分划分出来，用于重新购买材料、支付职工薪酬和其他费用，使企业生产经营过程中的各种耗费得到补偿。

2．成本、费用是制定产品价格的基础

企业生产经营过程中的各种耗费通过销售收入来补偿，而销售收入的多少取决于销售数量和销售价格两个因素。企业为了生存和发展，在确定商品销售价格时必须考虑成本、费用这一重要因素。只有商品价格高于其应补偿的成本、费用等，才能产销量越大，利润越多。产品的定价是一项复杂的工作，还应考虑其他因素，如产品在市场上的供求关系、市场竞争的态势、国家的价格政策及其他经济政策法令等。

3．成本、费用是企业进行决策的依据

市场经济条件下，企业为了提高经济效益，必须及时做出正确的生产经营决策。在生产经营决策中需要考虑的因素很多，而成本、费用是其中十分重要的因素。成本作为价格的主要组成部分，其高低是决定企业有无竞争能力的关键。因为市场竞争在很大程度上就是价格竞争，而价格竞争的实际内容就是成本竞争。企业只有努力降低成本、费用，才能使自已的产品在市场中具有较高的竞争能力。

4．成本、费用是综合反映企业工作业绩的重要指标

在企业经营管理中，各方面工作的业绩都可以直接或间接地在费用的发生和成本的形成上反映出来，如产品设计好坏、生产工艺合理程度、产品质量高低、费用开支大小、产品产量增减，以及各部门各环节的工作衔接协调状况等。正因如此，可以通过对成本的预测、决策、计划、控制、核算、分析和考核等来促使企业加强经济核算，努力改善管理，不断降低成本，控制费用，提高经济效益。

1.1.4　成本会计概述

成本会计是运用会计的基本原理和一般原则，采用一定的技术方法，对企业生产经营过程中发生的产品（劳务）成本和各项费用进行连续、系统、全面、综合的核算和监督的一种管理活动。

成本会计是一种专业会计，具有核算和监督的基本职能。监督职能可以扩展为预测、决策、计划、控制、分析、考核和检查职能。因此，狭义的成本会计是指成本核算会计，广义的成本会计是指进行成本预测、决策、计划、控制、核算、分析、考核和检查各环节管理活动的会计。

1．成本预测

成本预测是根据成本特性及有关数据的情况，结合发展的前景和趋势，采用科学的方法，对一定时期、一定产品或某个项目、某个方案的成本水平、成本目标进行预计和测算。搞好成本预测，对于加强成本管理，挖掘降低成本潜力、提高经济效益及进行生产经营决策，都具有十分重要的意义。

2．成本决策

成本决策是在成本预测的基础上，根据企业的具体情况，制定优化成本的各种可行性方案，并运用决策理论和方法，对各种备选方案进行分析、比较，从中选择最优方案，决定应该达到的成本目标及应该采用的有关措施。通过成本决策，决定了成本目标、实施步骤和保证措施，从而为编制成本计划提供了前提条件。

3．成本计划

成本计划是在成本预测和决策的基础上，具体规定计划期内企业生产费用和期间费用数额、各种产品的成本水平，以及降低任务。成本计划是一种书面文件，一经确定便对企业各个生产单位和职能部门具有约束力，也是企业进行成本控制、成本分析和成本考核的重要依据。

4．成本控制

成本控制是指为了实现目标成本，采用科学的方法，对生产经营过程中所发生的各项资源耗费，进行有效监督的过程。

广义的成本控制强调对企业生产经营的各个环节和方面进行全过程的控制。狭义的成本控制也称成本的日常控制，主要是指对生产阶段产品成本的控制，即运用一定的方法将生产过程中构成产品成本的耗费限制在预先确定的成本计划范围内，然后通过分析实际成本与计划成本之间的差异，找出原因，采取对策以降低成本。

5．成本核算

成本核算是对企业生产经营过程中费用的发生和产品成本的形成所进行的核算。通过成本核算，既可以对企业实际发生的生产经营费用进行反映，计算出各种完工产品的实际总成本和单位成本，又可以对生产经营费用的发生和产品成本的形成进行控制，及时了解费用预算和产品成本计划的执行情况。

6. 成本分析

成本分析是根据成本计划资料、成本核算资料及其他有关资料，运用一系列专门方法，揭示影响费用发生和成本形成的各种因素，评价各个因素变动对费用预算和产品成本计划完成情况的影响程度，以挖掘企业降低成本、节约费用的潜力。

7. 成本考核

成本考核是根据成本计划资料和成本核算资料，并结合成本分析资料和其他有关资料，定期进行的企业成本计划完成情况的考察和评价。它是评价企业成本管理工作的成绩，检验成本管理目标是否实现的一项重要工作。

8. 成本检查

成本检查是会计检查的一个重要方面。成本检查是通过对各项生产经营费用和产品成本的审核，检查企业各项费用支出的合法性、合理性和真实性，以及商品产品成本计算的正确性。通过成本检查，可以促使企业遵守国家相关法规和制度，发现企业成本管理中挥霍浪费等不良现象和贪污舞弊的违法行为，以堵塞漏洞、消除弊端、节约费用、降低成本。成本检查也是企业内部审计和外部审计工作的重要内容。

以上各项职能，也是成本会计工作的内容和任务。在成本会计的各项职能中，成本核算是最基本的职能。成本会计的各项职能是相互联系，互为条件的，并贯穿企业生产经营活动的全过程，共同发挥成本管理的作用。

1.2 成本会计工作的组织

1.2.1 成本会计岗位

1. 成本会计的领导岗位及职责

根据技术与经济相结合的原则，一般工业企业成本工作的领导核心应由厂长（或总经理）、总会计师、总工程师和总经济师组成。厂长是成本工作的领导者，并对本单位的成本负完全责任；总会计师、总工程师、总经济师应从经济、技术及两者的结合上组织企业成本工作，并有效地降低成本。一长三师应融为一体，分工合作，负责组织整个企业的成本工作。

成本会计领导岗位的职责：

1）制定企业成本工作的基本方针和政策，批准成本会计制度；

2）建立健全企业成本工作的组织机构，协调各部门成本工作中的问题和矛盾；

3）组织和领导各项重大的成本决策；

4）审定企业的目标利润和目标成本，批准企业成本计划，综合研究和决定各项重大的降低成本方案；

5）动员企业各部门及全体职工树立和加强成本管理意识。

2. 成本会计的职能岗位及职责

成本会计的职能机构，在大中型企业单设成本处或成本科，也可以在财务会计机构中设置成本组或成本岗；至于规模小的企业，一般是在会计部门中指定一些人专门负责成本会计工作。

企业成本会计职能机构的职责：

1）进行成本预测和决策，编制企业成本计划，并分解下达给各部门和车间；

2）实行成本控制，监督生产费用的发生，准确地核算企业产品成本；

3）检查和考核企业成本计划执行情况，开展成本综合分析；

4）组织车间成本核算和管理，加强对班组经济核算的指导和帮助；

5）制定企业成本会计制度，不断总结和推广成本管理、降低成本方面的先进经验。

3．成本归口管理部门的成本责任

根据成本责任制，企业的其他职能部门都应对成本承担一定的责任。

1）生产部门：编制和落实生产、作业进度计划，组织均衡生产；提高工时利用率，保证完成产量、品种等计划指标并进行分析，力求缩短生产周期，减少在产品、半成品的资金占用。

2）技术工艺部门：负责制定物资消耗定额，从产品设计和工艺技术上保证产品质量优、成本低、适销对路，减少原材料等物资消耗，节约工时，讲究经济效益。

3）质量检验部门：负责全面质量管理，提高优级品率，减少不合格产品和废品损失；并按期提出质量成本分析报告。

4）物资供应、储运部门：负责制定物资储备定额，合理组织物资的采购、运输，节约物资的采购和保管费用。

5）销售部门：负责编制产品销售计划，合理组织产品的销售，编制并控制销售费用预算。

6）设备部门：负责制定设备利用定额，提高设备完好率和利用率，降低设备修理成本，减少维护保养费用。

7）动力部门：负责水、电、气消耗定额的制定和管理，在保证生产需要的前提下，努力控制能源消耗。

8）人力资源部门：负责劳动力的合理组织，制定定员和工时定额，提高工时利用率和劳动生产率，合理控制工资、福利和奖金等支出。

9）总务行政部门：负责有关管理费用预算编制、日常控制和定期分析工作等。

10）其他部门：负责与其本身责任有关的成本工作，提高工作效率，减少费用开支。

4．班组经济核算

班组是企业的最基层环节，产品生产过程中的各种消耗大多数是在班组中发生的。所以，班组对成本控制如何，直接影响成本的高低。我国一些企业根据班组的大小，配备专职或工人兼职的成本核算员，把班组成本控制和班组核算结合起来，其内容包括将消耗指标分解、落实到个人，核算和控制班组、个人生产消耗，检查分析定额和费用指标的实现。这是组织生产工人参加成本管理的一种形式，也是具有中国特点的责任会计的一种形式，对于降低成本有重要的作用。

5．企业内部各级成本会计机构组织分工

成本会计工作在企业总部的成本会计职能部门和企业内部各单位之间，可以采用集中核算和非集中核算两种不同的形式。

在集中核算形式下，企业的成本会计工作，都集中在企业总部成本会计职能部门进行。车间、分厂等生产单位不设专门的成本会计机构，只配备专职或兼职的成本核算人员，负责有关原始凭证的填写、审核、整理和汇总，为总部成本会计工作提供原始资料。中小型企业的成本会计工作一般采用这种形式。

在非集中核算形式（分散工作形式）下，企业的各项成本会计工作由总部和生产车间（分厂）等的成本会计机构共同完成。车间成本或部门费用支出的计划、核算和分析等，一般由这些部门的成本核算员或负责成本工作的人员担任；企业成本会计职能部门主要负责成本数据的汇总，处理不便于分散到各部门的成本工作，以及对各部门成本会计工作进行业务监督和指导。大中型企业的成本会计工作一般采用这种形式。企业应采用哪种组织分工，要从有利于更好地完成成本会计工作出发，并根据企业规模的大小和经营管理水平等条件来决定。

1.2.2 成本会计人员

为做好成本核算与成本管理工作，成本会计人员应具备相应的专业能力和职业素养。

1）掌握会计准则和会计制度中所有与成本核算有关的知识；掌握增值税、营业税、所得税等相关税法中与成本有关的知识；精通财务软件中与成本相关的知识。

2）精于核算，善于管理，具备进行成本预测、决策和编制成本计划的能力；掌握财务分析在成本中的运用。

3）具备产品设计、生产的相关知识；熟悉企业生产的流程（工艺过程），并能深入生产一线跟踪、掌握费用的发生和产品成本的形成过程，能够对生产过程中存在的问题提出合理化意见。

4）不断提高沟通协调能力。成本会计人员在成本核算和管理过程中，要与内部相关部门密切沟通，如组织车间成本核算和管理，加强对班组核算的指导；与研发部门沟通生产中用料的成本分析，建议用综合成本最低的料；与生产部门沟通某产品的超定额用量问题等。

5）具备优良的会计职业道德。成本会计工作要求从事该项业务的人员，应具备相关的职业道德。具体内容包括：爱岗敬业，诚实守信，廉洁自律，客观公正，坚持准则，提高技能，参与管理，强化服务。

1.2.3 成本会计的法规和制度

成本会计的法规和制度是进行成本会计工作应遵守的一系列规范性和指导性文件，分为全国性的成本会计法规制度和企业内部成本会计制度。

全国性的成本会计法规制度是国家统一制定的，在全国范围内实行的规范性和指导性文件，主要包括：《中华人民共和国会计法》、《企业会计准则》、《企业财务通则》等。2006年12月4日财政部修订颁布新的《企业财务通则》，要求我国国有及国有控股企业（金融企业除外）于2007年1月1日起正式实施。新《企业财务通则》第五章是关于企业成本控制的，主要围绕成本控制、费用管理、研发费用管理、社会责任的承担、业务费用的支付、薪酬办法、职工劳动报酬、职工福利、缴纳政府非税收入的义务与权利、企业与个人的支出界限等方面做出规定。

随着会计准则与国际趋同，成本会计也面临着巨大的挑战。应强化企业成本管理，为应对我国企业境外反倾销调查、实现“走出去”战略做出贡献。

企业内部成本会计制度是根据全国性法规制度的规定，结合本企业的生产特点和成本管理的要求，制定的本企业成本核算和管理制度，是企业财务会计制度的一个组成部分，主要应包括以下内容：

1）有关成本预测、成本决策和成本计划的程序；

2）有关成本控制的制度；

3）有关成本核算的流程；

4）有关成本报表编报的制度；

5）有关成本分析和考核的制度；

6）有关成本会计的组织分工和成本会计人员的岗位职责。

企业内部成本会计制度的内容应随着生产经营情况的变化、管理水平的提高，不断改进和完善，使成本会计工作不断适应企业管理的要求。

1.3　成本核算与管理基础

1.3.1　成本核算与管理的任务

1．正确计算产品成本，及时编制成本报表提供成本信息

成本数据正确可靠，才能满足管理的需要。如果成本资料不能反映产品成本的实际水平，不仅难以考核成本计划的完成情况和进行成本决策，而且还会影响利润的正确计量和存货的正确计价，歪曲企业的财务状况。及时编制各种成本报表，可以向企业管理当局提供许多重要信息，使有关人员及时了解成本的变化情况，并作为制定售价、做出成本决策的重要参考资料。

2．优化成本决策，确立目标成本

优化成本决策需要在科学的成本预测基础上收集整理各种成本信息，在现实和可能的条件下，采取各种降低成本的措施，从若干可行方案中选择生产每件合格产品所消耗活劳动和物化劳动最少的方案，使成本最低化作为制定目标成本的基础。为了优化成本决策，需要增强企业员工的成本意识，使之在处理每项业务活动时都能自觉地考虑和重视降低产品成本的要求，把所费与所得进行比较，以提高企业的经济效益。

3．加强成本控制，防止挤占成本

加强成本控制，首先是进行目标成本控制；其次是企业应遵守各项成本会计的法规制度的规定，防止各项费用支出、营业外支出等挤占成本，提高技术，厉行节约，注重效益。通过成本计划和实际成本的比较，分析差异，达到控制的目的。

4．建立成本责任制度，加强成本责任考核

成本责任制是对企业各部门、各车间和执行人员在成本方面的职责所做的规定，是增强企业员工降低成本的责任心，发挥其主动性、积极性和创造力的有效办法。建立成本责

任制度，要把完成成本降低任务的责任落实到每个部门、车间和责任人，使员工的责、权、利相结合，各责任单位与个人要承担降低成本之责，执行成本计划之权，获得奖惩之利。

1.3.2 成本核算与管理的要求

1. 做好各项基础工作

为了进行成本控制、考核，正确计算产品成本，保证成本会计工作的质量，必须做好以下各项基础工作。

（1）建立和健全原始记录制度

原始记录是指在经济业务发生时取得或填制的、用以证明经济业务的发生或完成情况并作为原始依据的凭证，是成本核算和成本管理的依据。成本核算及管理中的主要原始记录包括：

1）生产记录，反映产品产量和质量的记录；

2）考勤记录，反映劳动消耗的记录；

3）反映设备利用情况的记录；

4）反映材料收发领用的记录；

5）反映产品入库和销售情况的记录。

原始记录应当格式化、规范化。原始记录的内容必须真实、正确，手续齐全，要素完备，联次完整。

（2）建立和健全计量验收制度

计量验收是对各项财产物资的收、发、领、退进行正确的数量计算，并根据技术标准鉴定其质量，包括：配备必要的计量器具；设置专职的质量检验机构；建立严密的财产物资收发、领退手续；定期进行财产清查、盘点。

准确的财产物资计量、严格的质量检验、完善的领退和盘点制度是保证原始记录真实可靠的前提，是正确计算产品成本的必要条件，也是加强财产物资管理，保证企业财产安全完整的有效措施。

（3）建立和健全定额管理制度

定额是企业在正常生产条件下，对人、财、物的配备、利用和消耗等所规定的应遵守和达到的标准。它是制定成本计划、控制成本和进行成本分析的主要依据。同时，产品成本的计算往往需要以产品的定额材料消耗量、定额工时和定额费用作为分配标准。因此，企业需要制定或修订材料、工时、费用的各项定额，使成本核算具有可靠的基础。

（4）建立和健全内部结算制度

在管理基础较好的企业中，为了明确企业内部各车间、部门的经济责任，对材料物资、各种自制零部件、半成品及辅助生产部门提供的各种劳务，可以制定内部结算价格，作为内部结算和考核的依据。内部结算价格的制定依据有计划成本、计划成本+内部利润、实际平均成本和市场价格。

实行内部结算制度，可以简化和加速成本、费用的核算工作，也有利于明确经济责任，起到促进企业内部各部门、车间、班组之间开展经济核算和增产节约的作用。

2．正确划分各种支出的界限

企业的活动是多方面的，企业的支出和耗费也是多方面的，其中只有一部分可以计入产品成本。

（1）正确划分资本性支出和收益性支出的界限

资本性支出是指用于购置或自行建造、开发，使用年限在一年以上的劳动资料所发生的支出，该支出的收益及于两个或两个以上的会计年度。在生产经营过程中，资本性支出在其使用年限内，通过折旧或摊销方式转化为收益性支出。

收益性支出是指在生产经营过程中发生、其收益仅与本会计年度或超过一年的一个营业周期相关的支出，如购买原材料、支付生产人员薪酬等。

（2）正确划分生产费用、期间费用和营业外支出的界限

企业生产经营过程中发生的支出分为日常的和非日常的。日常的生产经营活动支出又分为生产费用（产品成本）和期间费用。而营业外支出是企业发生的与其日常活动无直接关系的各项损失，实际上是经济利益的净流出，如非流动资产处置损失、非常损失、罚款支出及债务重组损失等。

（3）正确划分各会计期间的成本界限

划清各期产品成本的依据是权责发生制和受益原则。某项耗费是否计入本月存货成本及应计入多少，取决于是否应由本月负担及受益量的大小。只要是本月产品受益的耗费，就应计入本期产品成本；而由本月与以后各月共同受益的耗费，就应在相关会计期内采用适当的方法进行合理分配。

（4）正确划分各种产品的成本界限

企业本月应承担的生产成本，还必须确定应由哪种产品负担。划分的依据是受益原则，哪种产品受益，就由哪种产品负担。凡是能直接确定应由某种产品负担的直接耗费，就应直接计入该种产品成本。凡是由几种产品共同负担的耗费，应采用适当分配方法，合理地分配计入相关产品成本。

（5）正确划分完工产品和期末在产品的成本界限

通过以上界限的划分，确定了各种产品本月应负担的生产成本。月末，如果某种产品已经全部完工，则计入该产品的全部生产成本之和，就是该产品的“完工产品成本”；如果某种产品全部未完工，则计入该产品的生产成本之和，就是该产品的“月末在产品成本”；如果某种产品既有完工产品又有在产品，就需要采用适当的分配方法，将该产品负担的成本在完工产品和在产品之间进行分配，分别计算出完工产品成本和月末在产品成本。

1.3.3　成本核算的一般程序

成本核算的过程应符合上述要求，或者上述要求是通过成本核算过程实现的。成本核算的一般程序如下：

1）确定成本核算对象及成本项目，设立相关成本、费用明细账；

2）进行各项要素费用的归集和分配；

3）进行辅助生产费用的归集和分配；

4）进行制造费用的归集和分配；

5）进行废品损失、停工损失等损失性费用的核算；

6）对既有完工产品又有在产品的产品，将生产费用在本期完工产品和期末在产品之间进行分配，计算出该种完工产品的总成本和单位成本。

1.3.4 成本核算的账户设置

在实际工作中，企业的成本核算是通过设置与登记核算生产费用的账户来进行的。工业企业计算产品成本，一般应设置以下账户。

1．“生产成本”账户

“生产成本”账户核算企业进行工业性生产活动所发生的各项生产成本，包括生产各种商品产品、自制半成品、提供劳务、自制材料、自制工具，以及自制设备等所发生的各项成本。“生产成本”应设置“基本生产成本”和“辅助生产成本”两个二级账户。“基本生产成本”核算企业为完成主要生产目的而进行的商品产品生产而发生的成本。“辅助生产成本”核算企业为基本生产服务而进行的产品生产和劳务供应而发生的成本。在这两个二级账户下，还应当分别按照车间和成本计算对象开设明细账，账内按成本项目设专栏进行明细核算。

生产成本——基本生产成本——××产品（步骤、批别）
——辅助生产成本——修理车间
——运输部门

辅助生产较多的企业，也可以将“基本生产成本”和“辅助生产成本”作为总账账户。

2．“制造费用”账户

“制造费用”账户核算工业企业为生产产品或提供劳务而发生的，应计入产品成本但没有专设成本项目的各项生产费用，包括为生产产品或提供劳务而发生的各项间接费用，以及虽然直接用于产品生产但管理上不要求或不便于单独核算的费用。该账户应按不同的车间设置明细账，账内按制造费用的内容设专栏，进行明细核算。发生的各项间接费用等计入本账户及所属明细账的借方；月终将制造费用分配到有关的成本计算对象时，计入本账户及所属明细账的贷方。除季节性生产外，本账户月末一般应无余额。

企业为生产产品或提供劳务而发生的直接材料和直接人工费用，计入“生产成本”账户及“基本生产成本”和“辅助生产成本”两个二级账户及其所属明细账的借方；发生的其他间接费用等先在“制造费用”账户归集，月末分配计入“生产成本”账户及所属明细账的借方；企业生产完成并已验收入库的产成品及自制半成品的实际成本，计入“生产成本——基本生产成本”及所属明细账的贷方。辅助生产车间为基本生产车间、企业管理等部门提供的劳务或产品，月末应分配给各受益对象，计入“生产成本——辅助生产成本”及所属明细账的贷方。“生产成本”账户的借方期末余额反映尚未完工的各种在产品的成本。

单独核算“废品损失”、“停工损失”的企业，还可以增设相应的总账账户。

复习思考题

一、单项选择题

1．产品成本的经济实质是（　　）。
A．已耗费的生产资料的转移价值
B．劳动者为自己劳动所创造的价值
C．劳动者为社会劳动所创造的价值
D．已耗费的生产资料的转移价值和劳动者为自己劳动所创造的价值

2．下列各项中可以列入产品成本的开支是（　　）。
A．购置和建造固定资产的支出　　B．购置和建造无形资产的支出
C．废品损失和停工损失　　D．企业行政管理部门发生的各项费用

3．（　　）是保证成本会计工作质量的前提。
A. 正确划分各种费用的界限　　B. 确定成本计算对象
C. 做好成本核算与管理的基础工作　　D. 确定成本项目

4. 大中型企业的成本会计工作一般采用（　　）。
A. 集中核算形式　　B. 统一领导方式
C. 非集中核算形式　　D. 会计岗位责任制

5. 成本会计最基本的职能是（　　）。
A. 进行成本预测，编制成本计划
B. 审核和控制各项费用的支出
C. 进行成本核算，提供实际成本的核算资料
D. 参与企业的生产经营决策

6. 实际工作中的成本开支范围与理论成本包括的内容（　　）。
A．是有一定差别的　　B．是完全一致的
C．是完全不同的　　D．是可以相互替代的

7. 产品成本是相对于一定（　　）而言的。
A. 会计期间　　B. 种类和数量的产品
C. 会计主体　　D. 生产类型

8. 工业企业用于计算产品成本的账户有（　　）。
A. 管理费用　　B. 原材料
C. 营业外支出　　D. 制造费用

9. 下列各项中可以列入企业费用的是（　　）。
A. 销售费用　　B. 原材料
C. 营业外支出　　D. 制造费用

10. 下列各项中会影响企业营业利润的是（　　）。
A. 营业外收入　　B. 资产减值损失
C. 营业外支出　　D. 所得税费用

二、多项选择题

1．现代成本会计的主要职能有（　）。
A．成本预测、成本决策　　B．成本计划、成本控制
C．成本核算、成本分析　　D．成本考核和成本检查

2．成本费用在经济活动中的作用，主要表现为（　）。
A．成本费用是补偿生产耗费的尺度
B．成本费用是制定产品价格的基础
C．成本费用是综合反映企业工作业绩的重要指标
D．成本费用是企业进行决策的依据

3．成本会计工作的组织主要包括（　）方面。
A．设置成本会计机构和岗位　　B．配备成本会计人员
C．正确划分各种费用的界限　　D．建立企业内部成本会计制度

4．在领用原材料时，可以在（　）等方法中任选一种价值结转方法。
A．先进先出法　　B．一次摊销法
C．五五摊销法　　D．加权平均法

5．准确的财产物资计量、严格的质量检测、完善的领退和盘点制度是（　）。
A．保证原始记录真实可靠的前提
B．正确计算成本的必要条件
C．加强财产物资管理
D．保护企业财产安全、完整的有效措施

6．为了正确计算产品成本，保证成本会计工作的质量，必须做好（　）基础工作。
A．建立和健全原始记录制度　　B．建立和健全计量验收制度
C．建立和健全定额管理制度　　D．建立和健全内部结算制度

7．为了正确计算产品成本，要正确划分的费用界限有（　）。
A．正确划分资本性支出和收益性支出的界限
B．正确划分生产费用、期间费用和营业外支出的界限
C．正确划分各会计期间的成本界限
D．正确划分各种产品的成本界限

8．工业企业计算产品成本，一般应设置的账户有（　）。
A．废品损失　　B．生产成本
C．营业外支出　　D．制造费用

9．下列各项中会影响企业利润总额的是（　）。
A．财务费用　　B．资产减值损失
C．营业外支出　　D．所得税费用

10．下列各项中可以列入企业费用要素的是（　）。
A．销售费用　　B．营业税金及附加
C．营业外支出　　D．制造费用

三、判断题

1．商品价值中的 C+V 部分，反映了产品成本的经济实质。(　　)

2．成本会计的各项职能中，成本监督是最基本的职能，也是成本会计的基础工作。(　　)

3．企业内部成本会计制度是由各个企业自行制定的。(　　)

4．定额是用料、用工和费用支出的标准。它是制定成本计划、控制成本和进行成本分析的主要依据。(　　)

5．成本、费用和损失的含义是一致的，三者没有区别。(　　)

6．废品损失不应计入产品的实际成本。(　　)

7．固定资产折旧费是产品成本的组成部分，应该全部计入产品成本。(　　)

8．我国现行工业企业的产品成本核算方法为“完全成本法”。(　　)

9．在会计实务中，可以将“基本生产成本”和“辅助生产成本”两个明细账户提升为总账账户，同时不再设置“生产成本”总账账户。(　　)

10．所有企业都应设置“废品损失”和“停工损失”两个总账账户。(　　)

四、简答题

1．什么是费用？什么是损失？如何理解两者的差别？

2．什么是成本？如何理解成本与费用的关系？

3．什么是成本会计？成本会计的职能是什么？

4．为了正确计算产品成本，应正确划分的费用界限有哪些？

5．成本会计工作的组织具体包括哪些方面？

第2章 生产费用的归集和分配

理论目标

1．理解费用按不同标准的分类；
2．熟悉期间费用的内容；
3．掌握各项要素费用的分配方法；
4．掌握辅助生产费用的归集和分配方法；
5．掌握制造费用的归集和分配方法。

实践目标

1．能够审核各项费用发生的原始凭证；
2．能够正确编制各项要素费用的分配表；
3．能够正确编制辅助生产费用分配表和制造费用分配表；
4．能够根据有关费用分配表及其他有关资料填制记账凭证；
5．能够开设并登记"基本生产成本明细账"、"辅助生产成本明细账"、"制造费用明细账"等。

案例导入

某企业为单步骤生产企业，设有一个基本生产车间，连续大量生产甲、乙两种产品，按品种计算产品成本。另设有一个供电车间，为全厂提供供电服务，供电车间的费用全部通过"辅助生产成本"归集核算。

2013年12月有关成本费用资料如下。

1）12月发出材料情况如下。

基本生产车间领用材料2 400千克，每千克实际成本40元，共同用于生产甲、乙产品各200件，甲产品材料消耗定额为6千克，乙产品材料消耗定额为4千克，材料成本按照定额消耗量比例进行分配；车间管理领用材料50千克，供电车间领用材料100千克。

2）12 月应付职工薪酬情况如下。

基本生产车间生产工人薪酬 150 000 元，车间管理人员薪酬 30 000 元，供电车间人员薪酬 40 000 元，企业行政管理人员薪酬 28 000 元，生产工人薪酬按生产工时比例在甲、乙产品间进行分配，本月甲产品生产工时 4 000 小时，乙产品生产工时 16 000 小时。

3）12 月计提固定资产折旧费如下。

基本生产车间生产设备折旧费 32 000 元，供电车间设备折旧费 11 000 元，企业行政管理部门设备折旧费 4 000 元。

4）12 月以银行存款支付其他费用如下。

基本生产车间办公费 24 000 元，供电车间办公费 12 000 元。

5）12 月供电车间提供劳务情况如下。

基本生产车间耗电 45 000 度，企业行政管理部门耗电 5 000 度，供电车间的辅助生产费用月末采用直接分配法分配。

? 思考

如果你作为该企业的成本会计，你认为：

1. 该企业发生的材料费用、职工薪酬、折旧费及其他费用，哪些构成了甲、乙产品的成本？

2. 辅助生产费用和制造费用又如何归集、分配？

2.1 生产费用和期间费用的内容

产品成本是企业一定时期内为生产一定种类和数量的产品所支出的生产费用。产品成本是对象化的生产费用，着重于按产品进行归集。生产费用是产品成本计算的基础，着重于按会计期间归集。

2.1.1 生产费用的内容

1．生产费用按其经济内容分类

生产费用的经济内容是指构成生产费用的费用项目本身的性质。生产费用按经济内容的分类，一般称为要素费用，也就是生产费用按费用性质的分类。工业企业的生产费用一般包括以下构成要素：① 外购材料，② 外购燃料，③ 外购动力，④ 职工薪酬，⑤ 折旧费，⑥ 其他费用。

上述生产费用按照经济内容分类，是指应当计入产品成本的生产费用的分类。如果将生产费用和期间费用合并在一起按其经济内容分类，则上述要素费用的具体内容应当扩展到全企业而不是企业的生产单位，并且还应当增加“修理费”、“利息支出”和“税金”。

2．生产费用按其经济用途分类

生产费用的经济用途是指生产费用在生产产品或提供劳务过程中的实际用途。生产费用按经济用途的分类，通常称为成本项目。成本项目的设置还应考虑成本管理上的要求，对于工业企业而言，一般可设置“直接材料”、“直接人工”和“制造费用”等成本项目。

设置成本项目可以反映产品成本的构成情况，满足成本管理的要求，便于企业分析和考核产品成本计划的执行情况。

1）直接材料。直接材料是指企业在生产产品或提供劳务过程中实际消耗的、直接用于产品生产、构成产品实体的原材料、外购半成品、备品备件、包装物、燃料和动力等。

2）直接人工。直接人工是指企业在生产产品和提供劳务过程中直接从事产品生产人员的职工薪酬。

3）制造费用。制造费用是指企业生产车间（分厂）为生产产品或提供劳务而发生的各项间接费用等，主要包括生产车间管理人员的工资、福利费等职工薪酬；生产车间房屋、建筑物、机器设备等的折旧费；机物料消耗；低值易耗品摊销；劳动保护费；水电费；办公费；季节性停工损失等。

由于生产的特点、各种费用支出的比重及成本管理的要求不同，企业可以根据具体情况，增设“燃料及动力”、“废品损失”和“停工损失”等成本项目。例如，企业产品生产直接耗用的外购和自制的燃料、动力，在成本项目的设置上，有三种处理办法：

第一，当燃料动力耗费在产品成本中所占的比重较大时，为体现重要性原则和便于考核，一般应当单独设置“燃料及动力”（或“动力费用”）成本项目；

第二，当燃料动力耗费在产品成本中所占的比重不大时，因考虑燃料是原材料中的一类，可以将其并入“直接材料”成本项目；

第三，为简化核算，也可以将其并入“制造费用”成本项目。

3．生产费用按其计入产品成本的方式分类

1）直接计入费用是指可以分清被哪种产品所耗用、可以直接计入该种产品成本的费用。例如，生产工人计件工资通常属于直接计入费用；生产耗用的原材料等在领用时，若能分清领用的产品，也属于直接计入费用。

2）间接计入费用是指企业为生产若干种产品共同发生的费用，生产费用与受益者之间形成一对多的关系，这种生产费用叫做间接计入费用。例如，生产工人计时工资通常属于间接计入费用；生产耗用的原材料等在领用时，是为生产多种产品，则属于间接计入费用。间接计入费用应按照一定标准分配计入各相关的成本计算对象。

4．生产费用按其与业务量（产品产量）的关系分类

1）变动费用（变动成本）是指在一定时期和一定业务量范围内，总额随着业务量的变动而发生正比例变动的成本。一般包括企业生产过程中发生的直接材料、直接人工，制造费用中的产品包装费、燃料费、动力费等。变动成本具有单位变动成本的不变性和变动成本总额的正比例变动性。

2）固定费用（固定成本）是指在一定时期和一定业务量范围内，总额不受业务量变动的影响而保持不变的成本，如按直线法计提的固定资产折旧费、劳动保护费、办公费等。固定成本具有单位固定成本的反比例变动性和固定成本总额的不变性。

3）混合费用（混合成本）是指成本总额随着业务量的变动而变动，但不与其成正比例变动，如机器设备的维护保养费等。由于混合成本与业务量的关系比较复杂，所以在实际应用中，通常将这种分类中的混合成本运用一定的技术和方法对其进行分解，使得所有的生产费用只分成固定费用（固定成本）和变动费用（变动成本）两大类进行分析运用，这样做可以充分掌握成本的各个组成部分与业务量的相互依存关系和变动规律，也为本量利分析奠定基础。

2.1.2　期间费用的内容

期间费用包括销售费用、管理费用和财务费用，与产品生产没有直接联系，而是按发生的期间归集，直接计入当期损益。

1．销售费用

销售费用是企业在销售商品、提供劳务的过程中发生的各种费用，包括运输费、装卸费、保险费、包装费、展览费、广告费、商品维修费、预计产品质量保证损失等，以及为销售本企业商品而专设的销售机构（含销售网点、售后服务网点等）的职工薪酬、业务费、折旧费、固定资产修理费等费用。

销售费用是与企业销售商品活动有关的费用，但不包括销售商品本身的成本和劳务成本，销售产品的成本属于“主营业务成本”，提供劳务所发生的成本属于“劳务成本”。

2．管理费用

管理费用是企业为组织和管理企业生产经营活动而发生的各种费用，包括企业在筹建期间发生的开办费、董事会和行政管理部门在企业的经营管理中发生的，或者应由企业统一负担的公司经费（包括行政管理部门人员的职工薪酬、物料消耗、低值易耗品摊销、办公费和差旅费等）、董事会费（包括董事会成员津贴、会议费和差旅费等）、聘请中介机构费、咨询费（含顾问费）、诉讼费、业务招待费、房产税、车船税、土地使用税、印花税、技术转让费、矿产资源补偿费、研究费用、排污费、无形资产摊销、固定资产折旧、存货盘亏、毁损和报废（减盘盈），以及企业生产车间和行政管理部门发生的固定资产修理费用等。

3．财务费用

财务费用是企业为筹集生产经营所需资金而发生的筹资费用，包括利息支出（减利息收入）、汇兑损益、金融机构的手续费、企业发生或收到的现金折扣等。

2.2　要素费用的归集和分配

2.2.1　要素费用的分配原则与标准

成本计算的过程实际上也是各项生产费用的归集和分配过程。为了正确计算产品成本，必须对材料、燃料、动力、职工薪酬、固定资产折旧费等进行归集和分配，不仅要正确地归集各项要素费用，还应当把握各项要素费用的分配原则、分配标准和分配方法。

1．要素费用的分配原则

1）选择的分配标准与所分配的费用要有密切联系，即具有相关性，使分配结果比较合理。

2）分配标准的资料比较容易取得，使计算简便。

2．分配标准的类型

1）成果类，如产品的重量、体积、产量和供应劳务量等。

2）消耗类，如（实际）生产工时、机器工时、生产工资、材料消耗量或材料成本等。

3）定额类，如定额消耗量、定额工时和定额成本等。

3．分配使用的公式

分配使用的公式见式（2-1）和式（2-2）。

$$费用分配率=\frac{待分配费用总额}{分配标准总额（总量）} \tag{2-1}$$

$$某产品应负担的费用=该产品的分配标准\times费用分配率 \tag{2-2}$$

2.2.2 材料、燃料、动力费用的归集和分配

1．材料、燃料、动力费用的归集

直接用于基本（或辅助）生产且专设成本项目的要素费用，计入“基本（或辅助）生产成本”账户中相应的成本项目。间接用于基本和辅助生产或虽直接用于基本和辅助生产但没有专设成本项目的要素费用，先计入“制造费用”账户，而后分配转入相应账户。用于产品销售、行政管理等的要素费用，分别计入“销售费用”、“管理费用”等账户。

2．材料、燃料、动力费用的分配方法

无论是外购的、委托外单位加工完成的，还是自制的，发生材料、燃料和动力等各项要素费用时，对于直接用于产品生产、构成产品实体的材料、燃料和动力费用，一般分产品领用，应根据领退料凭证直接计入相应产品成本的“直接材料”成本项目。对于不能分产品领用的，即几种产品共同耗费的，应选择适当的分配标准，采用适当的分配方法，分配计入各相关产品成本的“直接材料”成本项目。

在选择分配标准时，对于材料、燃料耗用量与产品重量、体积有关的，按其重量或体积分配，如以生铁为原材料生产各种铸铁件，应当以生产的铸铁件的重量为分配依据；动力一般按用电度数、用水吨数进行分配。

（1）重量分配法

重量分配法是以各种产品的重量为标准来分配材料（燃料、动力）费用的方法。如果企业生产的几种产品共同耗用同种材料（燃料、动力），耗用量的多少与产品重量又有直接联系，可以选用重量分配法。计算公式见式（2-3）和式（2-4）。

$$费用分配率=\frac{各种产品共同耗用的实际材料、燃料费用}{各种产品的重量之和} \tag{2-3}$$

$$某产品应负担的实际材料、燃料费用=该产品的总重量\times费用分配率 \tag{2-4}$$

【例 2-1】某企业大量生产 A、B、C 三种产品，根据耗用材料汇总表，5 月三种产品共同耗用甲材料 10 000 元；根据产量记录，本月三种产品的净重量分别是 120 千克、180 千克、200 千克。采用重量分配法编制“甲材料费用分配表”，如表 2-1 所示。

表 2-1 甲材料费用分配表

20××年 5 月

产品名称	产品重量（千克）	分配率（元/千克）	分配费用（元）
A 产品	120	20	2 400
B 产品	180		3 600
C 产品	200		4 000
合　计	500		10 000

重量分配法的分配标准是产品重量，当分配标准为产品产量、产品面积或产品体积等时，可以分别称为产量分配法、面积分配法、体积分配法等，其计算公式与重量分配法类似。

（2）定额耗用量分配法

定额耗用量分配法是以各种产品的定额耗用量为标准，来分配材料（燃料、动力）费用的方法。当企业制定的产品消耗定额比较准确、稳定时，原材料、燃料及动力可按照产品的定额消耗量比例进行分配。

定额耗用量是以单位产品的消耗定额和实际生产量计算的耗用数量。计算公式见式(2-5)、式（2-6）和式（2-7）。

$$\text{某产品定额耗用量}=\text{该产品实际产量}\times\text{单位产品消耗定额} \tag{2-5}$$

$$\text{费用分配率}=\frac{\text{各种产品共同耗用的实际材料、燃料费用}}{\text{各种产品的定额耗用量之和}} \tag{2-6}$$

$$\text{某产品应负担的实际材料、燃料费用}=\text{该产品的定额耗用量}\times\text{费用分配率} \tag{2-7}$$

【例 2-2】 某钢铁企业生产钢锭、钢板两种产品，共同耗用铁矿石 1 200 吨，每吨 1 000 元，钢锭的实际产量为 140 件，单件产品铁矿石消耗定额为 4 吨；钢板的实际产量为 80 件，单件产品铁矿石消耗定额为 5.5 吨。采用定额耗用量分配法计算钢锭、钢板各自应负担的材料费，如表 2-2 所示。

钢锭的定额耗用量=140×4=560（吨）

钢板的定额耗用量=80×5.5=440（吨）

$$\text{费用分配率}=\frac{1\,200\times1\,000}{560+440}=1\,200\text{（元/吨）}$$

钢锭应分配的材料费用=560×1 200=672 000（元）

钢板应分配的材料费用=440×1 200=528 000（元）

表 2-2 材料费用分配表

产品名称	产量（件）	单位消耗定额（吨/件）	定额耗用量（吨）	分配率（元/吨）	分配费用（元）
钢锭	140	4	560	1 200	672 000
钢板	80	5.5	440		528 000
合　计	—	—	1 000		1 200 000

（3）定额成本（费用）分配法

在各种产品共同耗用材料、燃料的种类较多的情况下，为了进一步简化分配计算工作，可以按照产品的定额费用比例进行分配。计算公式见式（2-8）、式（2-9）和式（2-10）。

$$\begin{aligned}\text{某产品定额费用} &= \text{该产品实际产量} \times \text{单位产品费用定额} \\ &= \text{该产品实际产量} \times \text{单位产品消耗定额} \times \text{材料、燃料的计划单价}\end{aligned} \tag{2-8}$$

$$\text{费用分配率} = \frac{\text{各种产品共同耗用的实际材料、燃料费用}}{\text{各种产品的定额费用之和}} \tag{2-9}$$

$$\text{某产品应负担的实际材料、燃料费用} = \text{该产品的定额费用} \times \text{费用分配率} \tag{2-10}$$

【例 2-3】某企业生产甲、乙两种产品，共同领用 A、B 两种主要材料，共计 37 620 元。本月投产甲产品 150 件，乙产品 120 件。甲产品材料消耗定额为 A 材料 6 千克，B 材料 8 千克；乙产品材料消耗定额为 A 材料 9 千克，B 材料 5 千克。A 材料的计划单价为 10 元，B 材料的计划单价为 8 元。试计算分配甲、乙产品各自应负担的材料费用。"材料费用分配表"如表 2-3 所示。

甲产品耗用 A 材料定额费用=150×6×10=9 000（元）

甲产品耗用 B 材料定额费用=150×8×8=9 600（元）

乙产品耗用 A 材料定额费用=120×9×10=10 800（元）

乙产品耗用 B 材料定额费用=120×5×8=4 800（元）

$$\text{材料费用分配率} = \frac{37\,620}{18\,600+15\,600} = 1.10$$

甲产品分配材料实际费用=18 600×1.1=20 460（元）

乙产品分配材料实际费用=15 600×1.1=17 160（元）

表 2-3　材料费用分配表

产品名称	产量（件）	耗用材料	单位消耗定额（千克/件）	定额消耗量（千克）	定额费用（元）	分配率	分配费用（元）
甲产品	150	A 材料	6	900	9 000		
		B 材料	8	1 200	9 600		
小计					18 600		20 460
乙产品	120	A 材料	9	1 080	10 800		
		B 材料	5	600	4 800		
小计					15 600		17 160
合　　计					34 200	1.10	37 620

3．材料（燃料、动力）费用分配的会计处理

材料、燃料、动力费用的分配，一般通过材料（燃料、动力）费用分配表进行，这种分配表应根据领退料凭证和有关资料编制。对外购电力而言，应根据有关的付款凭证或转账凭证等资料编制。

【例 2-4】某企业生产甲、乙两种产品，2013 年 6 月的发料凭证汇总表如表 2-4 所示。

表2-4 发料凭证汇总表

单位：元

领料部门及用途		材　料	燃　料	合　计
基本生产车间	甲产品耗用	22 000	8 000	30 000
	乙产品耗用	25 000	6 000	31 000
	甲、乙产品共同领用	154 000	—	154 000
基本生产车间	一般性耗用	1 500	500	2 000
辅助生产车间	修理车间耗用	1 200	1 400	2 600
	供水车间耗用	1 300	2 700	4 000
销售部门耗用		1 800	200	2 000
管理部门耗用		2 600	400	3 000
合　计		209 400	19 200	228 600

本月甲、乙两种产品共同领用材料15 400千克，单价10元，共计154 000元。本月生产甲产品200件，乙产品300件。甲产品单位材料消耗定额为25千克，乙产品单位材料消耗定额为30千克。按定额耗用量分配共同领用的材料费用。

(1) 分配共同领用的材料费用

甲产品材料定额耗用量=25×200=5 000（千克）

乙产品材料定额耗用量=30×300=9 000（千克）

材料费用分配率=154 000÷（5 000+9 000）=11（元/千克）

甲产品分配的实际材料费用=5 000×11=55 000（元）

乙产品分配的实际材料费用=9 000×11=99 000（元）

(2) 编制的“材料及燃料费用分配表”如表2-5所示。

表2-5 材料及燃料费用分配表

金额单位：元

应借账户		成本项目	直接计入	分配计入				费用合计
				消耗定额	定额耗用量	分配率	分配金额	
基本生产成本	甲产品	直接材料	30 000	25	5 000	11	55 000	85 000
	乙产品	直接材料	31 000	30	9 000		99 000	130 000
	小计		61 000		14 000		154 000	215 000
辅助生产成本	修理车间	原材料	2 600					2 600
	供水车间	原材料	4 000					4 000
	小计		6 600					6 600
制造费用	基本生产车间	机物料	2 000					2 000
销售费用		消耗材料	2 000					2 000
管理费用		消耗材料	3 000					3 000
金额合计			74 600				154 000	228 600

(3) 根据“材料及燃料费用分配表”编制的会计分录

借：基本生产成本——甲产品	85 000	
——乙产品	130 000	
制造费用——基本生产车间	2 000	
辅助生产成本——修理车间	2 600	
——供水车间	4 000	
销售费用	2 000	
管理费用	3 000	
贷：原材料		228 600

2.2.3 职工薪酬的归集和分配

1．职工薪酬的范围

职工薪酬是指企业为获得职工提供的服务而给予的各种形式的报酬及其他相关支出，是企业必须付出的人力成本。根据《企业会计准则》的规定，职工薪酬包括职工工资、奖金、津贴和补贴；职工福利费；医疗保险费、养老保险费、失业保险费、工伤保险费和生育保险费等社会保险费；住房公积金；工会经费和职工教育经费；非货币性福利；因解除与职工的劳动关系而给予的补偿；其他与获得职工提供的服务相关的支出。

2．职工薪酬的计算

(1) 职工工资、奖金、津贴和补贴的计算

职工工资、奖金、津贴和补贴是指构成工资总额的计时工资、计件工资、奖金、津贴和补贴（职工特殊或额外劳动消耗津贴，以及物价补贴）、加班加点工资、特殊情况下支付的工资。

1）计时工资的计算。

计时工资是根据考勤记录登记的每一职工出勤和缺勤的日数，按照企业规定的工资标准计算的工资。计时工资的计薪方式有年薪制、月薪制、周薪制、日薪制、钟点工资。其中，月薪制下计时工资是按月标准工资扣除缺勤天数应扣工资额计算的。月标准工资是由企业依据国家有关劳动法规，按照职工的工作岗位、工作能力、资历等条件综合确定的。日标准工资（日工资）是由月标准工资除以“月计薪天数”21.75 天计算求得的。按照《劳动法》第五十一条的规定，法定节假日用人单位应当依法支付工资，即计算日工资、小时工资时不剔除国家规定的 11 天法定节假日。据此，月计薪天数、日工资、小时工资的计算公式见式（2-11）、式（2-12）和式（2-13）。

$$\text{月计薪天数}=(365-104)\div12=21.75\,(\text{天}) \tag{2-11}$$

$$\text{日标准工资}=\text{月标准工资}\div\text{月计薪天数} \tag{2-12}$$

$$\text{小时工资}=\text{月标准工资}\div(\text{月计薪天数}\times8\text{ 小时}) \tag{2-13}$$

2）计件工资的计算。

计件工资是根据产量记录登记的每一职工（或小组）的产品产量乘以规定的计件单价计算的工资。它是用一定时间内的劳动成果——产品产量来计算的，因此，计件工资是间接用劳动时间来计算的，是计时工资的转化形式。

计算计件工资的产品产量包括合格品数量和料废品数量，但不包括工废品数量。工废品是指由于生产工人操作上的过失而产生的废品，一般应由操作工人承担责任，不计算、不支付工资。料废品是指不是由于生产工人本人过失造成的废品，不应由生产工人承担责任，应计算并支付工资。

计件工资可分为个人计件工资和集体计件工资。个人计件工资适用于个人能单独操作而且能够制定个人劳动定额的工种；集体计件工资适用于工艺过程要求集体完成，不能直接计算个人完成合格品数量的工种。集体计件工资的计算，是以工作班组为计算单位，计算出班组应得的计件工资总额，然后在班组内部工人之间根据每个人的技术熟练程度和贡献大小等情况进行合理分配的。

3）工资结算汇总表的编制。

企业根据职工考勤记录和产品产量记录等原始记录计算出应付工资以后，填制“工资结算单”，它是发放工资和代扣款项的原始凭证。工资结算单一般按企业的各部门分别编制，然后由会计部门按职工类别及工资用途等编制“工资结算汇总表”，汇总工资费用。

【例 2-5】 北方公司 20××年 5 月根据各车间、部门的“工资结算单”按职工类别等汇总编制的“工资结算汇总表”，如表 2-6 所示。

表 2-6 工资结算汇总表

20××年 5 月　　　　单位：元

车间或部门（职工类别）	应付职工薪酬				应付工资合计
	计时工资	奖金	津贴和补贴	加班加点工资	
基本生产车间生产工人	80 000	5 000	3 000	2 000	90 000
基本生产车间管理人员	8 000	1 000			9 000
辅助生产车间人员	30 000	2 000	1 000	500	33 500
企业管理人员	25 000	5 000			30 000
销售机构人员	35 000	5 000			40 000
合　计	178 000	18 000	4 000	2 500	202 500

（2）职工福利费的计算

职工福利费是指企业为职工提供的除职工工资、奖金、津贴和补贴、职工教育经费、社会保险费、住房公积金等以外的福利待遇支出，主要用于职工卫生保健、职工因公外地就医费用、职工疗养费用、自办食堂经费补贴或统一供应午餐支出、职工生活困难补助，以及其他职工福利支出。

企业按照相关要求制定具体的管理制度，明确职工福利费开支的项目、标准、审批程序、审计监督。相关管理制度应根据法律和企业章程规定报经股东会或董事会批准。

【例 2-6】 北方公司 20××年 5 月各车间、部门职工福利费的实际开支情况如表 2-7 所示。

表 2-7 职工福利费实际开支汇总表

20××年 5 月　　单位：元

车间或部门（职工类别）	职工福利费
基本生产车间生产工人	5 000
基本生产车间管理人员	1 000
辅助生产车间人员	2 000
企业管理人员	3 000
销售机构人员	2 000
合　计	13 000

（3）社会保险费的计算

社会保险费是指企业向社会保险经办机构缴纳的医疗保险费、养老保险费、失业保险费、工伤保险费和生育保险费，以及以购买商业保险形式提供给职工的各种保险待遇。月末，企业应当按照当地社保经办机构核定的上年职工月平均工资和费率，计算应交的社会保险费。

【例 2-7】北方公司 20××年 5 月根据“工资结算汇总表”确定的工资总额，按照当地社保经办机构核定的费率，编制的“社会保险费计算表”，如表 2-8 所示。

表 2-8 社会保险费计算表

20××年 5 月　　单位：元

车间或部门（职工类别）	工资总额	医疗保险费（10%）	养老保险费（20%）	失业保险费（2%）	工伤保险费（1%）	生育保险费（1%）	保险费合计
基本生产车间生产工人	90 000	9 000	18 000	1 800	900	900	30 600
基本生产车间管理人员	9 000	900	1 800	180	90	90	3 060
辅助生产车间人员	33 500	3 350	6 700	670	335	335	11 390
企业管理人员	30 000	3 000	6 000	600	300	300	10 200
销售机构人员	40 000	4 000	8 000	800	400	400	13 600
合　计	202 500	20 250	40 500	4 050	2 025	2 025	68 850

（4）住房公积金、工会经费和职工教育经费的计算

住房公积金是指企业按照国家规定的计提基础和计提比例计算，向住房公积金管理机构缴存的住房公积金。

工会经费和职工教育经费是指企业为了改善职工文化生活、为职工学习先进技术，提高文化水平和业务素质，用于开展工会活动和职工教育及职业技能培训等的相关支出。

【例 2-8】北方公司 20××年 5 月根据“工资结算汇总表”确定的工资总额，按照有关规定，编制的“住房公积金、工会经费和职工教育经费计算表”，如表 2-9 所示。

表 2-9　住房公积金、工会经费和职工教育经费计算表

20××年 5 月　　　　单位：元

车间或部门（职工类别）	工资总额	住房公积金（12%）	工会经费（2%）	职工教育费（2.5%）	合　计
基本生产车间生产工人	90 000	10 800	1 800	2 250	14 850
基本生产车间管理人员	9 000	1 080	180	225	1 485
辅助生产车间人员	33 500	4 020	670	837.5	5 527.5
企业管理人员	30 000	3 600	600	750	4 950
销售机构人员	40 000	4 800	800	1 000	6 600
合　计	202 500	24 300	4 050	5 062.5	33 412.5

3．职工薪酬的分配

职工薪酬分配的依据是“工资结算汇总表”、“职工福利费实际开支汇总表”、“社会保险费计算表”、“住房公积金、工会经费和职工教育经费计算表”和“直接人工费用分配表”等。

企业的职工薪酬应按照职工类别及其用途分配计入有关成本费用。其中，生产车间直接从事产品生产人员的职工薪酬，应直接计入或分配计入各种产品成本，在“基本生产成本”账户中进行归集，并以“直接人工”成本项目单独列示；基本生产车间管理人员的职工薪酬，应计入“制造费用”账户；辅助生产车间人员的职工薪酬，应计入“辅助生产成本”账户；企业行政管理人员的职工薪酬，应计入“管理费用”账户；专设销售机构人员的职工薪酬，应计入“销售费用”账户；从事在建工程人员的职工薪酬，应计入“在建工程”账户。

对于生产车间来说，采用计件工资形式支付的产品生产人员的职工薪酬，一般可以直接计入所生产产品的成本，不需要在各种产品之间进行分配。采用计时工资形式支付的产品生产人员的职工薪酬，如果生产车间只生产一种产品，可以直接计入该种产品的成本，也不需要进行分配；如果生产车间生产多种产品，则需要选择合理的分配方法，将职工薪酬在各种产品之间进行分配。

直接人工的分配方法有生产工时分配法、产品产量分配法、直接材料成本分配法等。直接人工费用的分配一般采用按产品的实际生产工时比例进行分配的方法，如果取得各种产品的实际生产工时数据比较困难，而各种产品的单件工时定额比较准确，也可按产品的定额工时比例分配。计算公式见式（2-14）、式（2-15）。

$$\text{人工费用分配率}=\frac{\text{各种产品共同发生的人工费用}}{\text{各种产品的生产工时之和}} \tag{2-14}$$

$$\text{某产品分配的直接人工费用}=\text{该产品耗用的生产工时}\times\text{人工费用分配率} \tag{2-15}$$

【例 2-9】 北方公司基本生产车间生产甲、乙、丙三种产品，20××年 5 月根据“工资结算汇总表”计算的工资为 90 000 元，根据“职工福利费实际开支汇总表”确定的福利费为 5 000 元，根据“社会保险费计算表”计算的社会保险费为 30 600 元，根据“住房公积金、工会经费和职工教育经费计算表”计算的住房公积金为 10 800 元、工会经费为 1 800 元、职工教育经费为 2 250 元。基本生产车间生产人员职工薪酬总额共计 140 450 元。该公司采用生产工时分配法分配直接人工费用，本月甲、乙、丙三种产品的实际生产工时分别

为2 000小时、3 000小时和5 000小时。其他车间及部门职工薪酬如表2-6～表2-9所示。根据相关资料编制的“直接人工费用分配表”，如表2-10所示。

（1）直接人工费用的分配

$$直接人工费用分配率=\frac{140\,450}{2\,000+3\,000+5\,000}=14.045（元/小时）$$

甲产品分配的直接人工费用=2 000×14.045=28 090（元）

乙产品分配的直接人工费用=3 000×14.045=42 135（元）

丙产品分配的直接人工费用=5 000×14.045=70 225（元）

表2-10　直接人工费用分配表

20××年5月

产品名称	实际生产工时（小时）	分配率（元/小时）	直接人工费用（元）
甲产品	2 000	14.045	28 090
乙产品	3 000		42 135
丙产品	5 000		70 225
合　计	10 000		140 450

（2）根据表2-6～表2-10，编制分配职工薪酬的会计分录

借：基本生产成本——甲产品　　28 090
　　　　　　　　——乙产品　　42 135
　　　　　　　　——丙产品　　70 225
　　辅助生产成本　　52 417.5
　　制造费用——基本生产车间　　14 545
　　销售费用　　62 200
　　管理费用　　48 150
　贷：应付职工薪酬　　317 762.5

在实际工作中，企业的“工资结算单”和“工资结算汇总表”中除应付工资外，还应包括随工资发放的福利费、住房公积金补贴等其他应付职工的款项，以及代扣的应由职工个人负担的社会保险费、住房公积金和个人所得税等款项。这项工作的计算量比较大，在大中型企业，一般由工资会计专门负责与职工薪酬相关的计算和发放工作。

2.2.4　固定资产折旧费的归集和分配

1．折旧费概述

固定资产折旧是固定资产由于磨损和损耗而逐渐转移的价值。这部分转移的价值以折旧费的形式计入相关成本费用，并从企业的营业收入中得到补偿。

影响企业各期折旧费的因素主要有以下4方面。

1）固定资产原价。固定资产原价是指固定资产的入账成本。

2）预计净残值。预计净残值是指固定资产预计使用寿命已满时，企业从该项固定资产处置中获得的扣除预计处置费用后的金额。

3）固定资产的使用寿命。固定资产的使用寿命是指企业使用固定资产的预计期间，或者该固定资产所能生产产品或提供劳务的数量。

企业应当根据固定资产的性质和使用情况，合理确定固定资产的使用寿命和预计净残值。固定资产的使用寿命、预计净残值一经确定，不得随意变更。

4）折旧方法。企业应当根据与固定资产有关的经济利益的预期实现方式，合理选择固定资产折旧方法。折旧方法一经选定，不得随意变更。可选用的折旧方法包括年限平均法、工作量法、双倍余额递减法和年数总和法等。其中双倍余额递减法、年数总和法属于加速折旧法。

2．固定资产折旧费的归集和分配

固定资产作为一项重要的生产资料，是企业从事生产经营活动必不可少的基础条件，它在企业中用途比较广泛。其中，机器设备是直接用于生产产品的生产资料，机器设备的折旧费用也是产品成本的组成部分。但是，由于一种机器设备可能生产多种产品，一种产品又可能是由几种机器设备生产出来的，分配工作十分烦琐。为了简化产品成本计算工作，一般不对机器设备的折旧费用单设成本项目，而是将机器设备的折旧费用与车间用房屋等固定资产折旧费用一起先归集到“制造费用”账户核算，然后与车间的其他制造费用一起分配计入“生产成本”账户。

折旧费的核算，一般应按固定资产的使用部门分类进行，分别计入制造费用和期间费用。基本生产车间所使用固定资产的折旧费，计入“制造费用”账户；辅助生产车间所使用固定资产的折旧费，计入辅助生产车间的“制造费用”账户或直接计入“辅助生产成本”账户；企业管理部门所使用固定资产的折旧费，计入“管理费用”账户；销售部门所使用固定资产的折旧费，计入“销售费用”账户。

车间、部门固定资产折旧费的分配，一般是通过编制“固定资产折旧费分配表”的形式进行的。

【例 2-10】 东方公司生产机械产品，设有三个基本生产车间，即铸造车间、机加工车间和装配车间，顺序加工生产丙机械产品。该公司还设有两个辅助生产车间，即修理车间和运输队，负责基本生产车间和管理部门的修理和运输劳务。辅助生产车间未设置“制造费用”账户。20××年 6 月“固定资产折旧费分配表”如表 2-11 所示。

表 2-11　固定资产折旧费分配表

20××年 6 月　　　　单位：元

应借科目		上月折旧额	本月增加额	本月减少额	本月折旧额
总账科目	明细科目				
制造费用	铸造车间	5 400			5 400
	机加工车间	4 600			4 600
	装配车间	4 700			4 700
辅助生产成本	修理车间	1 900			1 900
	运输队	4 800			4 800
管理费用	折旧费	3 600			3 600
合　计		25 000			25 000

根据表 2-11 编制相关的会计分录。

借：制造费用——铸造车间　　5 400
　　　　　　——机加工车间　　4 600
　　　　　　——装配车间　　4 700
　　辅助生产成本——修理车间　　1 900
　　　　　　　　——运输队　　4 800
　　管理费用　　3 600
　贷：累计折旧　　25 000

2.2.5 其他费用的归集和分配

其他费用主要是指除以上各项费用以外的生产经营支出，如差旅费、邮电费、保险费、运输费、办公费和水电费等。生产部门发生的日常其他费用计入“制造费用”账户；企业管理部门发生的日常其他费用，计入“管理费用”账户；销售部门发生的日常其他费用，计入“销售费用”账户。

【例 2-11】 东方公司 20××年 6 月“其他费用分配表”如表 2-12 所示。

表 2-12 其他费用分配表

20××年 6 月　　单位：元

应借科目		办公费	其他	合计
总账科目	明细科目			
制造费用	铸造车间	650	300	950
	机加工车间	420	180	600
	装配车间	500	200	700
辅助生产成本	修理车间	1 100	150	1 250
	运输队	2 370	180	2 550
管理费用	办公费等	5 410	590	6 000
合　计		10 450	1 600	12 050

借：制造费用——铸造车间　　950
　　　　　　——机加工车间　　600
　　　　　　——装配车间　　700
　　辅助生产成本——修理车间　　1 250
　　　　　　　　——运输队　　2 550
　　管理费用　　6 000
　贷：银行存款等　　12 050

2.3 辅助生产费用的归集和分配

2.3.1 企业生产经营机构的设置

工业企业的基本生产经营活动是生产和销售工业产品。根据生产组织、工艺过程和管理上的要求，企业一般设置基本生产车间（分厂）、辅助生产车间（分厂）和企业职能管理部门。基本生产车间（分厂）主要生产企业的商品产品和劳务。而辅助生产车间（分厂）是为基本生产和其他部门服务而进行产品生产和劳务供应的。企业管理部门负责对企业的生产经营活动进行组织、计划、指挥、监督和协调等，一般设有生产管理部门、人力资源部门、行政管理部门、财务部门、供销部门等。

辅助生产车间（分厂）生产的产品主要有自制工具和模具、自制材料和包装物等；提供的劳务主要有机器设备的修理、运输劳务，以及供水、供电、供气等。

企业辅助生产车间（分厂）在提供产品或劳务过程中发生的各项耗费构成了辅助生产产品或劳务的成本，但对于耗用这些产品或劳务的基本生产和其他部门来说，这些产品或劳务的成本又是一种费用，即辅助生产费用。辅助生产费用核算的意义在于：辅助生产车间（分厂）本身是一个成本中心，需要进行核算与考核，只有在辅助生产的产品成本、劳务成本确定以后，才能确定基本生产车间（分厂）发生的全部成本，计算企业的商品产品成本。辅助生产的产品成本或劳务成本的高低，直接影响企业基本生产的商品产品成本水平和期间费用的高低 。因此，正确、及时地组织辅助生产费用的归集和分配，对于节约费用、降低产品制造成本，提高企业的经济效益有着重要意义。

2.3.2 辅助生产费用的归集

辅助生产费用按车间、产品、劳务类别归集的过程，也是辅助生产产品或劳务成本计算的过程。先归集，后分配，归集是为分配做准备。辅助生产费用的归集和分配通过“生产成本——辅助生产成本”账户进行，也可以将“辅助生产成本”作为总分类账户，账内按成本项目或费用项目设立专栏进行明细核算。

对于辅助生产车间（分厂）发生的制造费用，也有两种归集方法。

1. 设置“制造费用——辅助生产车间”账户归集

对于生产多种产品或提供多种劳务，如从事工具、模具、修理用备件制造的辅助生产车间（分厂），发生的各项耗费在归集时，需要区分直接成本和间接成本。发生的直接材料、直接人工等直接计入“辅助生产成本”账户；发生的应由多种产品或劳务共同负担的各项间接成本需要先归集在“制造费用——辅助生产车间”账户，月末再分配计入各产品或劳务的“辅助生产成本”明细账户。辅助生产车间（分厂）制造费用的归集和分配方法，与基本生产车间（分厂）制造费用的归集和分配方法相同。

2. 不设置“制造费用——辅助生产车间”账户，各项费用直接归集在“辅助生产成本”账户

对于生产规模小、产品或劳务单一的辅助生产车间，如供电、供水、供气、供风、运输等车间，为了简化成本核算，辅助生产的制造费用可以不通过“制造费用”账户归集，而直接计入“辅助生产成本”账户，即可计算出该车间该种产品或劳务的总成本。

2.3.3 辅助生产费用的分配

月末，归集在“辅助生产成本”账户借方的辅助生产费用，随着产品的完工或劳务的提供，应相应进行费用的分配结转。由于辅助生产车间（分厂）所生产的产品和提供的劳务种类不同，其费用分配和成本结转的方式也不一样。

对于生产多种产品的辅助生产车间（分厂），各种自制工具、模具、材料和包装物等辅助生产成本明细账归集的耗费，随着产品的完工，作为自制的低值易耗品、包装物或材料入库，其成本应转入周转材料等存货，即借记“周转材料”、“原材料”等账户，贷记“辅助生产成本”账户。当基本生产和其他部门到仓库领用时，再按其用途一次或分次计入企业的成本和费用。这类辅助生产单位产品成本的计算程序和方法，与基本生产单位产品成本的计算程序和方法是相同的。所以，比照基本生产成本的核算进行。

对于辅助生产为企业提供不能入库的产品或劳务，如供水、供电、供气、修理、运输等，由于无期末在产品，计入该产品或劳务“辅助生产成本明细账”借方的各项生产耗费之和，即该产品或劳务的实际总成本。期末，需要采用一定的标准和方法，在接受产品或劳务的各受益对象之间进行分配，转入各受益对象的成本、费用之中，即借记“基本生产成本”、“制造费用”、“管理费用”、“销售费用”、“在建工程”等账户，贷记“辅助生产成本”账户。

辅助生产费用的分配应通过编制“辅助生产费用分配表”进行。辅助生产费用的分配方法很多，通常采用直接分配法、交互分配法、计划成本分配法和代数分配法。

1．直接分配法

直接分配法是将各辅助生产成本明细账中归集的费用，直接分配给辅助生产以外的各受益产品、车间或部门，而不考虑各辅助生产车间之间相互提供的劳务。这种方法计算简便，但分配结果会有较大误差。适用于辅助生产车间之间相互不提供产品（劳务），或者提供产品（劳务）不多的情况。计算公式见式（2-16）、式（2-17）。

$$\text{某辅助生产费用分配率}=\frac{\text{该辅助生产车间归集的费用}}{\text{该辅助生产车间提供的劳务总量}-\text{为其他辅助车间提供的劳务量}} \tag{2-16}$$

$$\text{某受益对象应负担的辅助生产费用}=\text{该受益对象耗用的劳务量}\times\text{辅助生产费用分配率} \tag{2-17}$$

【例 2-12】某工业企业设有修理和运输两个辅助生产车间、部门。20××年 7 月修理车间发生的费用为 47 730 元，提供修理劳务 2 010 小时，其中为运输部门修理 48 小时，为基本生产车间的第一车间修理 850 小时，为基本生产的第二车间修理 812 小时，为行政管理部门修理 300 小时。运输部门发生的费用为 73 240 元，运输材料物资等 7 400 吨千米，其中为修理车间运输 200 吨千米，为基本生产的第一车间运输 4 250 吨千米，为基本生产的第二车间运输 1 850 吨千米，为行政管理部门运输 1 100 吨千米。该企业辅助生产不设置“制造费用——辅助生产车间”账户，各项费用直接归集在“辅助生产成本”账户。

采用直接分配法计算、编制的“辅助生产费用分配表”如表 2-13 所示。

表 2-13　辅助生产费用分配表（直接分配法）

20××年 7 月　　　　金额单位：元

<table>
<tr><th colspan="3">辅助生产车间名称</th><th>修理车间</th><th>运输部门</th><th>金额合计</th></tr>
<tr><td colspan="3">待分配辅助生产费用</td><td>47 730</td><td>73 240</td><td>120 970</td></tr>
<tr><td colspan="3">供应辅助生产以外单位的劳务量</td><td>1 962</td><td>7 200</td><td>—</td></tr>
<tr><td colspan="3">费用分配率（单位成本）</td><td>24.327 2</td><td>10.172 2</td><td>—</td></tr>
<tr><td rowspan="4">基本生产车间耗用</td><td rowspan="2">第一车间</td><td>耗用数量</td><td>850</td><td>4 250</td><td>—</td></tr>
<tr><td>分配金额</td><td>20 678.13</td><td>43 231.94</td><td>63 910.07</td></tr>
<tr><td rowspan="2">第二车间</td><td>耗用数量</td><td>812</td><td>1 850</td><td>—</td></tr>
<tr><td>分配金额</td><td>19 753.69</td><td>18 818.57</td><td>38 572.26</td></tr>
<tr><td colspan="2" rowspan="2">行政管理部门耗用</td><td>耗用数量</td><td>300</td><td>1 100</td><td>—</td></tr>
<tr><td>分配金额</td><td>7 298.18</td><td>11 189.49</td><td>18 487.67</td></tr>
<tr><td colspan="3">分配金额合计</td><td>47 730</td><td>73 240</td><td>120 970</td></tr>
</table>

计算过程为：

修理车间费用分配率=47 730÷（2 010–48）=24.327 2（元/小时）

运输部门费用分配率=73 240÷（7 400–200）=10.172 2（元/吨千米）

第一车间分配修理费=850×24.327 2=20 678.13（元）

第一车间分配运输费=4 250×10.172 2=43 231.94（元）

第二车间分配修理费=812×24.327 2=19 753.69（元）

第二车间分配运输费=1 850×10.172 2=18 818.57（元）

行政管理部门分配修理费=300×24.327 2=7 298.18（元）

行政管理部门分配运输费=1 100×10.172 2=11 189.49（元）

根据“辅助生产费用分配表”，编制会计分录如下。

借：制造费用——第一车间　　　　63 910.07

　　　　　　——第二车间　　　　38 572.26

　　管理费用　　　　　　　　　　18 487.67

　贷：辅助生产成本——修理车间　　　　47 730

　　　　　　　　　——运输车间　　　　73 240

2．交互分配法

交互分配法是先根据各辅助生产车间之间相互提供产品或劳务的数量和分配率，在各辅助生产车间之间进行一次交互分配；再将各个辅助生产车间交互分配以后的实际费用，分配给辅助生产车间以外的各受益对象的方法。

这种分配法的特点：各辅助生产车间之间相互提供产品或劳务时也要负担相应的费用。需要进行两次分配，即先对内分配，后对外分配。其分配过程可分两步。

第一步，对内分配：将已归集的辅助生产费用，在各辅助生产车间内部做一次交互分配。计算公式见式（2-18）、式（2-19）。

$$\text{交互分配率}=\frac{\text{某辅助生产车间归集的费用}}{\text{该辅助生产车间提供的劳务总量}} \tag{2-18}$$

某辅助生产车间应负担费用=该辅助生产耗用的劳务量×交互分配率　　(2-19)

第二步，对外分配：按对外提供劳务的数量，将各辅助生产车间交互分配后的实际费用，在辅助生产车间以外的各受益对象之间进行分配。计算公式见式（2-20）、式（2-21）和式（2-22）。

辅助生产车间应对外分配的辅助生产费用=交互分配前的费用+交互分配转入的费用−交互分配转出的费用　　(2-20)

$$\text{对外分配率}=\frac{\text{辅助生产车间应对外分配的辅助生产费用}}{\text{辅助生产车间对外提供的劳务量}} \qquad (2\text{-}21)$$

某辅助生产车间以外受益单位应负担的费用=该受益单位耗用的劳务量×对外分配率　　(2-22)

【例 2-13】承【例 2-12】，假设该企业采用交互分配法进行核算，则编制的“辅助生产费用分配表”如表 2-14 所示。

表 2-14　辅助生产费用分配表（交互分配法）

20××年 7 月　　　　金额单位：元

项目			交互分配			对外分配		
辅助生产车间名称			修理	运输	合计	修理	运输	合计
待分配辅助生产费用			47 730	73 240	120 970	48 569.64	72 400.36	120 970
供应劳务量			2 010	7 400	—	1 962	7 200	—
费用分配率（单位成本）			23.746 3	9.897 3	—	24.755 2	10.055 6	—
辅助生产车间耗用	修理车间	耗用数量		200				
		分配金额		1 979.46	1 979.46			
	运输部门	耗用数量	48					
		分配金额	1 139.82		1 139.82			
	交互分配金额小计		1 139.82	1 979.46	3 119.28			
基本生产车间耗用	第一车间	耗用数量				850	4 250	
		分配金额				21 041.89	42 736.33	63 778.22
	第二车间	耗用数量				812	1 850	
		分配金额				20 101.22	18 602.86	38 704.08
管理部门耗用	耗用数量					300	1 100	
	分配金额					7 426.53	11 061.17	18 487.70
对外分配金额合计						48 569.64	72 400.36	120 970

计算过程如下。

(1) 交互分配

1．修理费交互分配率=47 730÷2 010=23.746 3（元/小时）

2．运输费交互分配率=73 240÷7 400=9.897 3（元/吨千米）

3．修理车间分配运输费=200×9.897 3=1 979.46（元）

4．运输部门分配修理费=48×23.746 3=1 139.82（元）

反映交互分配的会计分录如下。

借：辅助生产成本——修理车间　　1 979.46

　　　　　　　　——运输部门　　1 139.82

　贷：辅助生产成本——修理车间　　1 139.82

　　　　　　　　　——运输部门　　1 979.46

(2) 对外分配

修理车间应对外分配的修理费=47 730+1 979.46−1 139.82=48 569.64（元）

运输部门应对外分配的运输费=73 240+1 139.82−1 979.46=72 400.36（元）

修理费对外分配率=48 569.64÷（2 010−48）=24.755 2（元/小时）

运输费对外分配率=72 400.36÷（7 400−200）=10.055 6（元/吨千米）

第一车间分配修理费=850×24.755 2=21 041.89（元）

第一车间分配运输费=4 250×10.055 6=42 736.33（元）

第二车间分配修理费=812×24.755 2=20 101.22（元）

第二车间分配运输费=1 850×10.055 6=18 602.86（元）

行政管理部门分配修理费=300×24.755 2=7 426.53（元）

行政管理部门分配运输费=1 100×10.055 6=11 061.17（元）

反映对外分配的会计分录如下。

借：制造费用——第一车间　　63 778.22

　　　　　　——第二车间　　38 704.08

　　管理费用　　18 487.70

　贷：辅助生产成本——修理车间　　48 569.64

　　　　　　　　　——运输部门　　72 400.36

企业采用交互分配法，各辅助生产车间之间相互提供产品或劳务时也负担了相应的费用，与直接分配法相比，提高了费用分配结果的正确性；但由于在分配费用时要计算交互分配和对外分配两个费用分配率，进行两次分配，增加了分配计算的工作量。同时，交互分配率是根据交互分配前的待分配辅助生产费用计算的，不是该辅助生产车间劳务的实际单位成本，因此，分配结果也不是很准确。

3．计划成本分配法

计划成本分配法是辅助生产车间（分厂）为全部受益对象提供的劳务，都按劳务的计划单位成本进行分配，辅助生产发生的全部实际费用（待分配费用加上辅助生产按计划单位成本分配转入的费用）与按计划单位成本分配转出费用的差额，采用简化方法全部计入管理费用，不再按受益比例进行分摊。其分配过程可分两步。

第一步，按计划单位成本分配辅助生产费用，计算公式见式（2-23）。

某受益车间、部门应负担的辅助生产费用=该受益单位实际耗用劳务量×受益劳务的计划单位成本　　(2-23)

第二步，将辅助生产发生的全部实际费用与按计划成本分配转出的费用相比，计算差异并计入“管理费用”（超支用蓝字，节约用红字）。计算公式见式（2-24）、式（2-25）和式（2-26）。

某辅助生产发生的全部实际费用=本月该辅助生产归集的费用+按计划成本分配转入的费用 (2-24)

某辅助生产按计划成本分配费用合计=本月该辅助生产提供的劳务总量×计划单位成本 (2-25)

辅助生产成本差异=辅助生产发生的全部实际费用−分配转出的计划总成本 (2-26)

【例 2-14】 承【例 2-12】，假设该企业采用计划成本分配法进行核算，修理车间计划单位成本为 20 元/小时；运输部门计划单位成本为 10 元/吨千米，则编制的“辅助生产费用分配表”如表 2-15 所示。

表 2-15 辅助生产费用分配表（计划成本分配法）

20××年 7 月　　　　金额单位：元

辅助生产车间名称			修理车间	运输部门	金额合计
待分配辅助生产费用			47 730	73 240	120 970
供应劳务量			2 010	7 400	—
计划单位成本			20	10	—
辅助生产车间耗用	修理车间	耗用数量		200	
		分配金额		2 000	2 000
	运输部门	耗用数量	48		
		分配金额	960		960
基本生产车间耗用	第一车间	耗用数量	850	4 250	
		分配金额	17 000	42 500	59 500
	第二车间	耗用数量	812	1 850	
		分配金额	16 240	18 500	34 740
行政管理部门耗用		耗用数量	300	1 100	
		分配金额	6 000	11 000	17 000
按计划成本分配金额合计			40 200	74 000	114 200
辅助生产发生的实际费用			49 730	74 200	123 930
辅助生产成本差异			9 530	200	9 730

修理车间按计划成本分配金额合计=2 010×20=40 200（元）

运输部门按计划成本分配金额合计=7 400×10=74 000（元）

修理车间发生的全部实际费用=47 730+2 000=49 730（元）

运输部门发生的全部实际费用=73 240+960=74 200（元）

修理车间成本差异=49 730−40 200=9 530（元）

运输部门成本差异=74 200−74 000=200（元）

根据“辅助生产费用分配表”，编制会计分录如下。

（1）按计划成本分配

借：辅助生产成本——修理车间　　2 000

　　　　　　　　——运输部门　　960

制造费用——第一车间 59 500
——第二车间 34 740
管理费用 17 000
贷：辅助生产成本——修理车间 40 200
——运输部门 74 000

(2) 将辅助生产成本差异计入“管理费用”

借：管理费用 9 730
贷：辅助生产成本——修理车间 9 530
——运输部门 200

企业采用计划成本分配法，由于事先制定了劳务的计划单位成本，各辅助生产车间的费用只需分配一次，简化和加快了成本计算和分配工作。同时，通过计算辅助生产成本差异，可以检查各辅助生产车间成本计划的执行情况；辅助生产费用按计划成本分配给各受益的产品、车间和部门，排除了辅助生产车间实际费用超支和节约的影响，也便于考核分析各受益产品、车间和部门的经济责任。但分配结果不够准确，适用于能够制定比较准确的计划单位成本的企业。

4．代数分配法

代数分配法是运用数学上解联立方程的原理，计算出辅助生产车间（分厂）产品或劳务的实际单位成本，再根据受益产品、车间和部门耗用劳务的数量分配辅助生产费用的方法。这种方法有关费用的分配结果最为准确，最能体现受益原则。但在辅助生产车间（分厂）较多的情况下，未知数也会较多，计算工作量就会增加，因而这种分配方法适宜在已经实现会计电算化的企业采用。

【例 2-15】承【例 2-12】，假设该企业采用代数分配法进行核算，则编制的“辅助生产费用分配表”如表 2-16 所示。

表 2-16 辅助生产费用分配表（代数分配法）

20××年 7 月　　　　金额单位：元

辅助生产车间名称			修理车间	运输部门	金额合计
待分配辅助生产费用			47 730	73 240	120 970
供应劳务量			2 010	7 400	
费用分配率（单位成本）			24.747 1	10.057 8	
辅助生产车间耗用	修理车间	耗用数量		200	
		分配金额		2 011.56	2 011.56
	运输部门	耗用数量	48		
		分配金额	1 187.86		1 187.86
基本生产车间耗用	第一车间	耗用数量	850	4 250	
		分配金额	21 035.04	42 745.65	63 780.69
	第二车间	耗用数量	812	1 850	
		分配金额	20 094.65	18 606.93	38 701.58

续表

辅助生产车间名称		修理车间	运输部门	金额合计
行政管理部门耗用	耗用数量	300	1 100	
	分配金额	7 424.13	11 063.58	18 487.71
分配金额合计		49 741.68	74 427.72	124 169.40

计算过程如下。

1）设未知数，并建立多元一次方程组，解出各种劳务的实际单位成本。

设该企业修理劳务的实际单位成本为 x 元，运输劳务的实际单位成本为 y 元，根据资料建立二元一次方程组：

$$\begin{cases} 47\,730+200y=2\,010x \\ 73\,240+48x=7\,400y \end{cases}$$

解上述方程组得：x=24.744 2；y=10.057 8

2）将辅助生产费用分配给各受益对象。

修理车间分配的运输费=200×10.057 8=2 011.56（元）

运输部门分配的修理费=48×24.747 1=1 187.86（元）

第一车间分配的修理费=850×24.747 1=21 035.04（元）

第一车间分配的运输费=4 250×10.057 8=42 745.65（元）

第二车间分配的修理费=812×24.747 1=20 094.65（元）

第二车间分配的运输费=1 850×10.057 8=18 606.93（元）

行政管理部门分配的修理费=300×24.747 1=7 424.13（元）

行政管理部门分配的运输费=1 100×10.057 8=11 063.58（元）

根据“辅助生产费用分配表”，编制会计分录如下。

借：辅助生产成本——修理车间　　2 011.56

　　　　　　　　——运输部门　　1 187.86

　　制造费用——第一车间　　63 780.69

　　　　　　——第二车间　　38 701.58

　　管理费用　　18 487.71

　贷：辅助生产成本——修理车间　　49 741.68

　　　　　　　　　——运输部门　　74 427.72

上述辅助生产费用分配方法中，除直接分配法外，其他方法中的“辅助生产成本”账户的借方发生额合计都大于原来待分配辅助生产费用，这是由于辅助生产费用交互分配而相互转账引起的。各种方法最后分配到辅助生产车间（分厂）以外各受益产品、车间和部门的辅助生产费用的合计数，都仍是原来待分配辅助生产费用。

2.4 制造费用的归集和分配

2.4.1 制造费用的内容

制造费用是指企业生产单位（车间、分厂）为生产产品和提供劳务而发生的各项间接性、共同性耗费。制造费用一般是间接用于产品生产的耗费，如生产车间房屋、建筑物的折旧费、生产车间管理人员的工资、福利费等职工薪酬、机物料消耗、水电费、办公费、差旅费、取暖费、劳动保护费，以及季节性及修理期间停工损失等。制造费用中还有一部分是直接用于产品生产，但不便于单独核算，因而没有专设成本项目的耗费，如机器设备的折旧费、租赁费、保险费、低值易耗品摊销、设计制图费和试验检验费等。

制造费用包含的内容很多，有些项目与产品产量的变动有关，但多为固定费用。因此，制造费用一般不按业务量制定定额，而是按会计期间制定制造费用预算，控制制造费用总额。

2.4.2　制造费用的归集

为了归集制造费用，控制制造费用总额，正确计算产品成本，企业应当设置“制造费用”账户。根据管理的需要，该账户按照生产车间（分厂）开设明细账，账内按照费用项目开设专栏，进行明细核算。归集在“制造费用”借方的各项费用，月末按照一定的方法从贷方分配转入有关成本计算对象，计算产品的“生产成本”。除季节性生产企业外，“制造费用”账户一般月末没有余额。

企业的生产有基本生产和辅助生产，同样，发生的制造费用既有基本生产车间（分厂）的制造费用，也有辅助生产车间（分厂）的制造费用。一般情况下，基本生产车间（分厂）必须设置“制造费用”账户。本项任务主要介绍基本生产车间制造费用的归集和分配。辅助生产车间（分厂）根据情况确定，如果辅助生产车间只提供一种劳务或生产一种产品，可以不设置“制造费用”账户，辅助生产发生的各项费用直接归集在“辅助生产成本”账户；在提供多种劳务或产品时，如果辅助生产车间设置了“制造费用”账户，辅助生产车间制造费用的归集和分配比照基本生产即可。

2.4.3　制造费用的分配

为了正确地计算产品成本，必须合理地分配制造费用。企业按生产车间归集的制造费用，要根据受益原则进行分配，计入该车间生产的产品成本中。如果基本生产车间只生产一种产品，制造费用可直接计入该种产品的生产成本，无须进行分配；如果基本生产车间生产多种产品，该车间发生的制造费用就要采用适宜的分配方法，在该车间所生产的各种产品之间进行分配，计入各有关产品成本中。

制造费用分配方法的选择，关键是选择适当的分配标准。常用的分配标准有生产工人工时、生产工人工资、机器工时和定额工时等，由此产生了生产工时分配法、机器工时分配法、生产工资分配法和年度计划分配率分配法等。

1. 生产工时分配法

生产工时分配法是以各种产品（各受益对象）所耗用的生产工人工时为标准来分配制造费用的方法。计算公式见式（2-27）、式（2-28）。

$$\text{某车间的制造费用分配率}=\frac{\text{该车间发生的制造费用总额}}{\text{各种产品耗用的生产工时之和}} \tag{2-27}$$

$$\text{某种产品分配的制造费用}=\text{该种产品的生产工时}\times\text{制造费用分配率} \tag{2-28}$$

【例 2-16】某公司设有一个基本生产车间，大量生产甲、乙、丙三种产品。20××年 5 月该车间“制造费用明细账”归集的制造费用总额为 132 000 元，该车间本月实际完成的生产工人工时 2 200 小时，其中，甲产品 750 小时，乙产品 850 小时，丙产品 600 小时。采用生产工时分配法编制的“制造费用分配表”如表 2-17 所示。

表 2-17　制造费用分配表

20××年 5 月

产品名称	生产工时（小时）	分配率（元/小时）	分配金额（元）
甲产品	750	60	45 000
乙产品	850		51 000
丙产品	600		36 000
合　计	2 200		132 000

根据“制造费用分配表”编制会计分录如下。

借：基本生产成本——甲产品　　45 000
　　　　　　　　——乙产品　　51 000
　　　　　　　　——丙产品　　36 000
　贷：制造费用　　132 000

采用生产工时分配法分配制造费用，使劳动生产率与制造费用的分配相结合，分配结果比较合理，在实际工作中应用较广泛。分配公式中的生产工时，应按实际消耗工时计算。在没有实际工时记录时，也可以按定额工时分配制造费用。

2．机器工时分配法

机器工时分配法是以各种产品（各受益对象）所耗用的机器设备运转时间为标准来分配制造费用的方法。当产品生产的机械化程度较高时，机器设备成为生产的主要因素，即制造费用中机器设备的折旧费用比重较大，按照机器工时比例分配制造费用较为合理。计算公式见式（2-29）、式（2-30）。

$$\text{某车间的制造费用分配率}=\frac{\text{该车间发生的制造费用总额}}{\text{各种产品耗用的机器工时之和}} \qquad (2\text{-}29)$$

$$\text{某种产品分配的制造费用}=\text{该种产品的机器工时}\times\text{制造费用分配率} \qquad (2\text{-}30)$$

3．生产工资分配法

生产工资分配法是按照计入各种产品成本的生产工人工资的比例分配制造费用的方法。由于职工薪酬分配表可以直接提供生产工人工资的资料，所以分配标准的资料容易取得，计算分配简便。但其合理性受机械化程度的影响，机械化程度较高的产品，由于直接人工费用较少，分配负担的制造费用也会少，分配结果不合理。所以，该方法适用于各种产品生产的机械化程度大致相同的情况。计算公式见式（2-31）、式（2-32）。

$$\text{某车间的制造费用分配率}=\frac{\text{该车间发生的制造费用总额}}{\text{各种产品的生产工人工资之和}} \qquad (2\text{-}31)$$

$$\text{某种产品分配的制造费用}=\text{该种产品的生产工人工资}\times\text{制造费用分配率} \qquad (2\text{-}32)$$

4．年度计划分配率分配法

年度计划分配率分配法是指按照年度开始前预先制定的年度计划分配率分配各月制造费用的方法。采用这种方法，每月各种产品所分配的制造费用都按年度计划分配率计算，各月实际发生的制造费用与按年度计划分配率分配转出数之间的差额，平时各月不进行调整，一般在年末调整计入 12 月的产品成本中。计算公式见式（2-33）、式（2-34）。

$$\text{某车间制造费用年度计划分配率}=\frac{\text{该车间年度制造费用预算总额}}{\text{年度计划产量下各种产品定额工时之和}} \tag{2-33}$$

某月某产品分配的制造费用=该月该产品实际产量下的定额工时×年度计划分配率　(2-34)

【例 2-17】 某企业设有一个基本生产车间，全年制造费用预算总额为 234 000 元，该车间全年所生产的各种产品的计划产量为甲产品 1 900 件，乙产品 600 件，丙产品 800 件。单件产品工时定额为甲产品 5 小时，乙产品 7 小时，丙产品 7.25 小时。20××年 5 月实际产量为甲产品 180 件，乙产品 70 件，丙产品 50 件。本月实际发生的制造费用为 20 600 元。采用年度计划分配率分配法，计算该基本生产车间各种产品本月应分配的制造费用。

1）年度计划产量下各种产品定额工时之和=1 900×5+600×7+800×7.25=19 500（小时）

2）该车间制造费用年度计划分配率=234 000÷19 500=12（元/小时）

3）按年度计划分配率计算 5 月各种产品应分配的制造费用

5 月甲产品分配的制造费用=180×5×12=10 800（元）

5 月乙产品分配的制造费用=70×7×12=5 880（元）

5 月丙产品分配的制造费用=50×7.25×12=4 350（元）

编制会计分录如下。

借：基本生产成本——甲产品　　10 800

　　　　　　　——乙产品　　5 880

　　　　　　　——丙产品　　4 350

　贷：制造费用　　21 030

采用年度计划分配率分配法，分配计算及时、简便。尤其适用季节性生产企业，能够使单位产品负担的制造费用相对均衡，便于成本考核和分析。在季节性生产企业，每月发生的制造费用相差不大，但淡季和旺季的产量悬殊，如果按实际费用分配，各月单位成本中的制造费用将忽高忽低，不便于进行成本分析。

在实际工作中，企业可以根据自身的实际情况选择适当的制造费用分配方法，但是分配方法一经确定，不得随意变更。如果需要变更，企业应当在会计报表附注中予以说明。

2.5　生产损失的归集和分配

企业在产品生产过程中，可能由于生产组织不合理、生产工人未执行技术操作规程、材料质量不合格等原因而产生废品，或者因发生机器设备故障等原因导致停工。这些都会给企业带来一定的经济损失。生产损失包括由于出现废品而发生的废品损失、由于停工而造成的停工损失。

成本属于价值范畴，而废品损失和停工损失等生产损失没有为企业创造价值，不构成理论成本，但生产损失是与产品生产直接有关的损失，因此应计入产品的实际生产成本，由企业合格产品的销售收入补偿。

2.5.1 废品损失的归集和分配

1. 废品与废品损失

（1）废品的概念

废品是指不符合规定的技术标准，不能按照原定用途使用，或者需要加工修理后才能正常使用的在产品、半成品或产成品。

（2）废品的分类

1）废品按其消除缺陷在技术上的可行性和经济上的合理性，分为可修复废品和不可修复废品。可修复废品是指技术上可以修复，并且所花费的修复费用在经济上合算的废品。不可修复废品是指技术上不能修复，或者技术上能修复但所花费的修复费用在经济上不合算的废品。

2）废品按其产生的原因分为工废品和料废品。工废品是指由于生产工人操作上的过失而产生的废品，一般应由操作工人承担责任。料废品是指由于所使用的原材料、半成品或零部件的质量不符合要求而产生的废品。不应由生产工人承担责任，应计算并支付工资。

（3）废品损失

废品损失是指企业因产生废品而造成的损失，包括可修复废品的修复费用和不可修复废品的生产成本，扣除回收的废品残料价值和过失单位或个人的赔款。

需要注意的是，以下情况不属于废品损失：

1）经过质量检验部门鉴定不需要返修、可以降价出售的不合格品（次品、等外品），应与合格品同等计算成本，其降价损失体现为销售损益，不作为废品损失处理。

2）产成品入库后，由于保管不善等原因而损坏变质的损失，以及实行包退、包修、包换“三包”的企业，产品出售后发现的废品所产生的损失，应计入当期损益。

2. 可修复废品损失的归集和分配

（1）设置“废品损失”账户

在经常发生废品损失的企业，为了控制各生产车间（分厂）的废品损失，在账户设置上，可以增设“废品损失”总分类账户，同时在“基本生产成本明细账”中，增设“废品损失”成本项目，用以单独核算废品损失。

“废品损失”账户是为了单独归集和分配废品损失而设立的。借方登记可修复废品的修复费用和不可修复废品的生产成本，贷方登记回收废品的残料价值和过失单位或个人的赔款。月末，将归集的废品净损失由该账户的贷方转入“基本生产成本”账户的借方，由当月同种合格品的成本负担。经月末结转，“废品损失”账户应无余额。

（2）可修复废品损失的归集和分配

可修复废品的损失包括修复过程中耗用的材料费用、人工费用和应负担的制造费用等，扣除回收的残料价值和过失单位或个人赔款后的净损失。根据修复过程中填制的领料单、工时记录等编制有关费用分配表进行归集和分配，材料费用一般根据有关领料凭证直接确定；人工费用有的可以直接确定，有的需要根据修复废品实际消耗的工时和小时工资率计算确定；应负担的制造费用不能直接确定，一般可以根据修复废品实际消耗的工时和小时费用率计算确定。

可修复废品返修以前发生的生产费用，不是废品损失，应保留在相关产品的“生产成本明细账”中，不需要转出。

【例 2-18】 某企业加工车间生产的 A 产品本月发现可修复废品 10 件，已经修复并验收入库。根据有关费用分配表本月修复废品领用材料 200 元，修复 10 件 A 产品实际耗用工时 20 小时，该企业小时工资率为 30 元/小时，小时制造费用率为 40 元/小时，按规定，本月发生的 10 件废品应由过失人赔偿 100 元。废品损失计算如下。

本月修复 10 件 A 产品耗用的材料费用为 200 元，人工费用 600 元、应负担的制造费用 800 元。

可修复废品净损失=200+600+800−100=1 500（元）

根据上述资料，编制会计分录如下。

1）发生修复费用时。

借：废品损失	1 600	
贷：原材料		200
应付职工薪酬		600
制造费用		800

2）应收过失赔偿时。

借：其他应收款	100	
贷：废品损失		100

3）分配结转本月废品净损失。

借：基本生产成本——A 产品	1 500	
贷：废品损失		1 500

3．不可修复废品损失的归集和分配

不可修复废品损失是指不可修复废品的生产成本扣除回收的残料价值和过失单位或个人赔款后的净损失。不可修复废品的生产成本也包括材料费用、人工费用和制造费用，这些费用与同种产品的合格品成本是同时发生的，并已计入该种产品的“生产成本明细账”。因此，为了归集和分配不可修复废品损失，必须首先计算截止报废时已经发生的废品生产成本，将其从该种产品总成本中剥离出来，从“生产成本明细账”转入“废品损失明细账”。不可修复废品的生产成本，可以按废品所耗实际费用计算，也可以按废品所耗定额费用计算。

（1）按废品所耗实际费用计算

采用按废品所耗实际费用计算时，由于废品报废以前发生的各项费用是与同种产品的合格品一起计算的，所以要将废品报废以前与合格品计算在一起的各项费用，采用适当的分配方法，在合格品与废品之间进行分配，计算出废品的实际成本。

如果废品是在完工以后，验收入库时发现的，单位废品负担的各项生产费用应与单位合格品完全相同，可以按合格品产量和废品的数量比例分配各项生产费用，计算废品的实际成本。按废品的实际费用计算和分配废品损失，比较符合实际，但核算工作量较大。

【例 2-19】某企业的基本生产车间本月生产甲产品 400 件，发现其中不可修复废品 10 件。生产工时为合格品 11 800 小时，废品 200 小时。甲产品成本计算单所列合格品和废品的全部生产费用为直接材料 20 000 元，燃料和动力 11 880 元，直接人工 12 120 元，制造费用 7 200 元。废品残料回收价值 120 元，应向过失人索赔 100 元。原材料在生产开始时一次投入。该企业规定不可修复废品的生产成本按实际成本核算。“废品损失计算表”如表 2-18 所示。

表 2-18 废品损失计算表　　金额单位：元

项　目	数量（件）	直接材料	生产工时（小时）	燃料动力	直接人工	制造费用	成本合计
生产费用	400	20 000	12 000	11 880	12 120	7 200	51 200
费用分配率		50		0.99	1.01	0.6	
废品生产成本		500		198	202	120	1 020
减：残料、赔款		120			100		
废品损失		380		198	102	120	800

根据“废品损失计算表”，编制会计分录如下。

1）结转废品的生产成本。

借：废品损失——甲产品　　1 020

　贷：基本生产成本——甲产品　　1 020

2）回收废品残料入库及索赔。

借：原材料　　120

　　其他应收款　　100

　贷：废品损失——甲产品　　220

3）结转废品净损失。

借：基本生产成本——甲产品　　800

　贷：废品损失——甲产品　　800

（2）按废品所耗定额费用计算

采用按废品所耗定额费用计算时，不可修复废品的生产成本是按废品的数量和各项费用定额计算的。由于费用定额是事先确定的，不仅计算工作比较简便，而且还可以使计入产品成本的废品损失金额不受废品实际费用水平高低的影响。也就是说，废品损失多少只受废品数量差异的影响，不受废品成本差异的影响，从而有利于废品损失和产品成本的分析和考核。但是，采用这一方法计算废品生产成本，必须具备比较准确的消耗定额和费用定额资料。

【例 2-20】某企业的加工车间生产乙产品，本月在生产过程中发现不可修复废品 400 件，已完成的定额工时为 1 500 小时。该产品单位产品原材料费用定额为 65 元，工时消耗定额为 5 小时。每小时的费用定额：直接人工费用为 4.2 元，制造费用为 3 元。废品残料回收价值为 6 000 元，废品应由过失人赔偿 1 200 元。原材料在生产开始时一次投入。根据以上资料计算该车间不可修复废品的生产成本和废品净损失。

该车间不可修复废品的生产成本为：

直接材料=65×400=26 000（元）

直接人工=1 500×4.2=6 300（元）

制造费用=1 500×3=4 500（元）

不可修复废品的生产成本合计=26 000+6 300+4 500=36 800（元）

不可修复废品的净损失=36 800–6 000–1 200=29 600（元）

编制的会计分录如下。

1）结转废品的生产成本

借：废品损失——乙产品	36 800	
贷：基本生产成本——乙产品		36 800

2）回收废品残料入库及索赔。

借：原材料	6 000	
其他应收款	1 200	
贷：废品损失——乙产品		7 200

3）结转废品净损失。

借：基本生产成本——乙产品	29 600	
贷：废品损失——乙产品		29 600

4．不单独核算废品损失的处理

不单独核算废品损失的企业不需要设置“废品损失”总分类账户和“废品损失”成本项目。对于回收的废品残料和应收过失单位或个人赔款，直接冲减生产成本。残料一般从生产成本明细账的“直接材料”成本项目中扣除；应收赔款一般可从“直接人工”成本项目中扣除。“基本生产成本明细账”归集的本月完工产品总成本，除以扣除废品数量以后的本月合格品数量，就是本月合格品的单位成本。 由于合格品的各成本项目中都包含可修复废品的修复费用和不可修复废品的生产成本，没有对废品损失单独反映，所以不利于废品损失的分析和控制。企业的辅助生产车间因规模不大，废品损失不多，为了简化核算，可以采用这种不单独核算废品损失的方法。

不单独核算废品损失的企业，回收残料及索赔时编制的会计分录如下。

借：原材料

　　其他应收款

　贷：基本生产成本——××产品

2.5.2　停工损失的归集和分配

1．停工损失

停工损失是指企业生产车间（分厂、车间内某个班组）在停工期间发生的各项费用，包括停工期间发生的原材料费用、人工费用和制造费用等。应由过失单位或保险公司负担的赔款，应从停工损失中扣除。为了简化核算工作，停工不满一个工作日的，一般不计算停工损失。

造成生产部门停工的原因是多种多样的，如自然灾害停工；停电、停水造成的停工；原材料和半成品供应不及时停工；机器设备大修理停工；计划减产停工等。企业发生停工时，生产部门应填写“停工报告单”，记录停工范围、起止时间、停工原因和过失方等情况，报送企业的相关部门，经审核后作为计算停工损失的原始依据。

停工损失可以单独核算，也可直接反映在“制造费用”、“其他应收款”和“营业外支出”等账户中，辅助生产一般不单独核算停工损失。

2．单独核算停工损失的处理

单独核算停工损失的企业应当增设“停工损失”账户，并在成本项目中增设“停工损失”项目。“停工损失”账户是为归集和分配停工损失而设立的，根据“停工报告单”和各种费用分配表，将停工期间发生的应该计入停工损失的各种费用，在该账户的借方归集：借记“停工损失”科目，贷记“原材料”、“应付职工薪酬”、“制造费用”等账户。可以获得赔偿的停工损失，应当积极索赔，从“停工损失”账户的贷方转入“其他应收款”。期末，“停工损失”账户借方归集的停工净损失，应当根据发生停工的原因进行分配和结转：属于自然灾害等引起的非正常停工损失，应转入“营业外支出”；应由本月产品成本负担的部分，则转入“基本生产成本”账户的借方。

计入产品成本的停工损失，如果停工的车间只生产一种产品，可直接计入该种产品生产成本明细账中设置的“停工损失”成本项目；如果停工的车间生产多种产品，还要采用适当的分配方法（如采用类似于分配制造费用的方法）在各种产品之间进行分配，分别计入该车间各种产品生产成本明细账中的“停工损失”成本项目。“停工损失”账户进行分配和结转后月末无余额。

【例 2-21】 某企业的加工车间生产乙产品，2013 年 5 月由于市供电局突然停电，导致停工五天。停工期间损失材料费用 30 000 元，应支付的生产工人薪酬 5 000 元，应分摊的制造费用 1 500 元。经协商市供电局同意赔偿 15 000 元。

停工损失归集和分配的会计分录如下。

(1) 归集发生的停工损失

借：停工损失——加工车间	36 500	
贷：原材料		30 000
应付职工薪酬		5 000
制造费用		1 500

(2) 应取得的赔偿

借：其他应收款——市供电局	15 000	
贷：停工损失——加工车间		15 000

(3) 分配结转停工净损失

借：基本生产成本——乙产品	21 500	
贷：停工损失——加工车间		21 500

3．不单独核算停工损失的处理

在停工损失发生较少的企业，为了简化核算，不设置“停工损失”账户，不单独核算停工损失。所发生的停工损失，由于停工待料、计划停产、设备故障等原因造成的计入“基本生产成本”账户的“制造费用”成本项目中；由于自然灾害等非常原因造成的计入“营业外支出”账户；应由有关责任方赔偿的计入“其他应收款”账户。

复习思考题

一、单项选择题

1. 当几种产品共同耗用几种材料的情况下，材料费用的分配可采用（　）。
   A．定额耗用量比例分配法　　B．产品产量比例分配法
   C．产品重量比例分配法　　D．产品材料定额成本比例分配法
2. 在下列各种分配方法当中，属于辅助生产费用分配方法的是（　）。
   A．约当产量法　　B．计划成本分配法
   C．定额成本分配法　　D．生产工时比例分配法
3. 在辅助生产费用各种分配方法当中，最为准确的一种方法是（　）。
   A．直接分配法　　B．一次交互分配法
   C．代数分配法　　D．计划成本分配法
4. 采用交互分配法分配辅助生产费用时，第二阶段的对外分配应（　）。
   A．在辅助生产车间以外的各受益单位之间进行分配
   B．在辅助生产车间以内的各受益单位之间进行分配
   C．在辅助生产车间、部门之间进行分配
   D．只分配给基本生产车间
5. 在单独设置“燃料与动力”成本项目时，基本生产车间照明耗用的电费应计入的成本项目是（　）。
   A．直接材料　　B．直接人工
   C．制造费用　　D．燃料与动力
6. 对于辅助生产车间发生的制造费用，下列说法正确的是（　）。
   A．不单设“制造费用”科目进行核算
   B．单独设“制造费用”科目进行核算
   C．A 和 B 均可
   D．通过“管理费用”科目进行核算
7. 在辅助生产费用的各种分配方法中，能分清内部经济责任，有利于分析和考核成本责任的是（　）。
   A．直接分配法　　B．交互分配法
   C．代数分配法　　D．计划成本分配法
8. 为了简化辅助生产费用的分配工作，在计划成本分配法下辅助生产成本差异计入（　）账户。
   A．生产成本　　B．管理费用
   C．成本差异　　D．长期待摊费用

9. 将辅助生产费用直接分配给辅助生产以外的各受益单位，这种分配方法是（　）。

A．计划成本分配法　　B. 代数分配法

C. 直接分配法　　D. 交互分配法

10. 年度计划分配率法分配制造费用时，“制造费用”科目月末余额在（　）。

A. 贷方　　B. 借方

C. 无余额　　D. 可以在借方也可以在贷方

二、多项选择题

1. 企业在生产经营过程中使用的周转材料，应当采用（　）摊销其成本。

A. 一次转销法　　B. 先进先出法

C. 加权平均法　　D. 五五摊销法

2. 职工工资、奖金、津贴和补贴，包括（　）。

A. 计时工资　　B. 计件工资

C. 奖金、津贴和补贴　　D. 加班加点工资

3．降低产品成本的途径包括（　）。

A．控制工资费用　　B．控制废品损失的发生

C．控制制造费用　　D．控制管理费用

4．工业企业的期间费用包括（　）。

A. 制造费用　　B. 财务费用

C. 管理费用　　D. 销售费用

5. 下列各项中，属于工业企业成本项目的有（　）。

A. 外购材料　　B. 直接材料

C. 燃料及动力　　D. 废品损失

6. 计入产品成本的各种材料费用，按其用途分配，应计入下列科目的借方（　）。

A. 基本生产成本　　B. 管理费用

C. 制造费用　　D. 销售费用

7. 下列各种方法当中，属于辅助生产费用分配方法的是（　）。

A. 交互分配法　　B. 代数分配法

C. 约当产量分配法　　D. 计划成本分配法

8. 采用一次交互分配法分配辅助生产费用时， 计算第二阶段的对外分配率公式的分子应是（　）。

A. 该辅助生产车间直接发生的费用　　B. 加上分配转入的费用

C. 减去分配转入的费用　　D. 减去分配转出的费用

9. 在进行辅助生产费用分配时，应将分配出去的辅助生产费用从“辅助生产成本”科目和所属明细账的贷方转入（　）。

A. 基本生产成本　　B. 管理费用

C. 制造费用　　D. 在建工程

10. 采用交互分配法分配辅助生产车间的费用时，应该（　）。

A. 先在企业内部各受益单位之间进行一次交互分配

B. 先在辅助生产内部各受益单位之间进行一次交互分配

C. 再向企业以外分配

D. 再向辅助生产车间以外的各受益单位进行一次对外分配

三、判断题

1. 期间费用是企业在生产经营过程中发生的费用，应在其发生时计入产品成本。（　）

2. 生产费用按经济用途所进行的分类称为生产费用要素。（　）

3. 成本项目是工业企业的生产费用按其经济内容分类的项目。（　）

4. 当燃料费用在产品成本中所占比重较大时，应与动力费用合并设立“燃料及动力”成本项目。（　）

5. 固定资产折旧费是产品成本的组成部分，应该全部计入产品成本。（　）

6. 如果是因为材料质量的原因而导致的废品，应照付计件工资。（　）

7. 在所有的辅助生产费用分配方法中，最准确的方法是一次交互分配法。（　）

8. 在会计实务中，也可以将“基本生产成本”和“辅助生产成本”两个明细账户提升为总账账户，同时不再设置“生产成本”总账账户。（　）

9. 所有企业都应设置“废品损失”和“停工损失”两个总账账户。（　）

10. 为了简化核算工作，停工不满一个工作日的，一般不计算停工损失。（　）

四、实训题

（一）练习材料费用的分配

资料 1：某企业生产甲、乙两种产品，共同耗用某种原材料实际费用为 10 500 元。单件产品该种原材料消耗定额：甲产品 15 千克，乙产品 12 千克。产量：甲产品 100 件，乙产品 50 件。

要求：1. 计算甲产品的材料定额消耗量、乙产品的材料定额消耗量；

2. 计算材料费用分配率；

3. 计算甲、乙产品应分配的实际材料费用。

资料 2：某企业生产甲、乙两种产品，共同耗用原材料实际费用共计 62 400 元，本月投产甲产品 220 件，乙产品 256 件。单件原材料费用定额：甲产品 120 元，乙产品 100 元。

要求：1. 计算甲产品的材料定额费用、乙产品的材料定额费用；

2. 计算材料费用分配率；

3. 计算甲、乙产品应分配的实际材料费用。

资料 3：某企业甲、乙两种产品生产领用 A、B 两种主要材料，实际费用共计 66 480 元。本月投产甲产品 200 件，乙产品 100 件。甲产品的消耗定额为 A 材料 5 千克，B 材料 8 千克；乙产品的消耗定额为 A 材料 7 千克，B 材料 9 千克。A、B 两种材料的计划单价分别为 12 元和 14 元。

要求：计算甲、乙产品应分配的实际材料费用。

资料 4：某企业基本生产车间生产甲、乙两种产品，共同领用材料 2 200 千克，单价 300 元，材料成本合计 660 000 元。本月生产甲产品 40 件，乙产品 20 件。甲产品材料消耗定额为 20 千克，乙产品材料消耗定额为 60 千克。根据“发料凭证汇总表”生产甲产品直接领用材料 600 000 元，生产乙产品直接领用材料 800 000 元，辅助生产车间领用材料 200 000 元，基本生产车间一般耗用材料 100 000 元。

要求：1．分配甲、乙两种产品共同领用的材料费用；

2．编制该企业分配材料费用的会计分录。

（二）练习外购动力费用的分配

资料：某企业 8 月耗电 40 000 度，每度电单价 1.20 元，应付电力费 48 000 元。该企业基本生产车间耗电 33 000 度，其中车间照明用电 3 000 度。企业行政管理部门耗用 7 000 度。企业基本生产车间生产 A、B 两种产品，A 产品生产工时 36 000 小时，B 产品生产工时 24 000 小时。

要求：按耗电度数及生产工时分配电费，并填制“外购动力费分配表”，如表 2-19 所示。

表 2-19 外购动力费分配表

20××年 8 月

应借科目	生产工时（分配率：　　）	度数（1.2 元/度）	金额（元）
基本生产成本——A 产品			
——B 产品			
小计			
制造费用			
管理费用			
合　计			

（三）练习职工薪酬费用的分配

资料：某企业基本生产车间生产甲、乙、丙三种产品，实际生产工时分别为甲产品 24 000 小时，乙产品 31 000 小时，丙产品 35 000 小时。根据工资结算凭证汇总的工资费用为基本生产车间从事产品生产的人员工资 22 500 元，车间管理人员工资 3 500 元，企业行政管理部门人员工资 12 000 元，专设销售机构人员工资 20 000 元。

要求：1．按实际工时分配甲、乙、丙产品应负担的生产人员工资费用；

2．编制分配工资费用的会计分录。

（四）练习辅助生产费用的分配

资料：某工业企业设有修理和运输两个辅助生产车间、部门。修理车间本月发生费用 45 100 元。提供修理劳务量 2 600 小时，其中：为运输部门修理 400 小时，为基本生产车间修理 2 000 小时，为行政管理部门修理 200 小时，修理费用按修理工时比例分配。运输部门本月发生费用 79 200 元，运输材料物资等 7 500 吨千米，其中：为修理车间提供运输劳务 300 吨千米，为基本生产车间提供运输劳务 5 200 吨千米，为企业行政管理部门提供运输劳务 2 000 吨千米。

要求：采用直接分配法分配修理、运输费用，并填制“辅助生产费用分配表”，如表 2-20 所示。

表 2-20　辅助生产费用分配表（直接分配法）

金额单位：元

辅助生产车间名称		修理车间	运输部门	金额合计
待分配辅助生产费用				
供应辅助生产以外单位的劳务量				×
费用分配率（单位成本）				×
基本生产车间耗用	耗用数量			×
	分配金额			
行政管理部门耗用	耗用数量			×
	分配金额			
分配金额合计				

（五）练习辅助生产费用的分配

资料：某工业企业设有修理和运输两个辅助生产车间、部门。20××年 8 月修理车间发生的费用为 19 000 元，提供修理劳务 20 000 小时，其中：为运输部门修理 1 000 小时，为基本生产车间修理 16 000 小时，为行政管理部门修理 3 000 小时。运输部门本月发生费用 20 000 元，提供运输 40 000 千米，其中：为修理车间提供的运输劳务 1 500 千米，为基本生产车间提供劳务 30 000 千米，为行政管理部门提供运输劳务 8 500 千米。

要求：采用交互分配法分配修理、运输费用，并填制“辅助生产费用分配表”，如表 2-21 所示。

表 2-21　辅助生产费用分配表（交互分配法）

20××年 8 月　　金额单位：元

项　目			交互分配			对外分配		
辅助生产车间名称			修　理	运　输	合　计	修　理	运　输	合　计
待分配辅助生产费用								
供应劳务量								
费用分配率（单位成本）								
辅助生产车间耗用	修理车间	耗用数量						
		分配金额						
	运输部门	耗用数量						
		分配金额						
	分配金额小计							
基本生产车间耗用		耗用数量						
		分配金额						
行政管理部门耗用		耗用数量						
		分配金额						
分配金额合计								

（六）练习辅助生产费用的分配

资料：某工业企业修理车间和运输部门20××年11月有关经济业务汇总如下。修理车间发生费用35 000元，提供修理劳务20 000小时，其中：为运输部门提供3 000小时，为基本生产车间提供16 000小时，为行政管理部门提供1 000小时。运输部门发生费用46 000元，提供运输40 000千米，其中：为修理车间提供3 500千米，为基本生产车间提供30 000千米，为行政管理部门提供6 500千米。计划单位成本：修理费每小时2元，运输费每千米1.20元。

要求：采用计划成本分配法填制“辅助生产费用分配表”，如表2-22所示。

表2-22 辅助生产费用分配表（计划成本分配法）

20××年11月　　　　金额单位：元

辅助生产车间名称			修理车间	运输部门	金额合计
待分配辅助生产费用					
供应劳务量					
计划单位成本					
辅助生产车间耗用	修理车间	耗用数量			
		分配金额			
	运输部门	耗用数量			
		分配金额			
	分配金额小计				
基本生产车间耗用		耗用数量			
		分配金额			
行政管理部门耗用		耗用数量			
		分配金额			
按计划成本分配金额合计					
辅助生产实际成本					
辅助生产成本差异					

（七）练习辅助生产费用的分配

资料：某工业企业有供水和供电两个辅助生产车间。20××年5月供水车间供水9 000吨，全月发生的生产费用为3 500元，每吨水计划成本0.55元；供电车间供电40 000度，全月发生的生产费用为12 400元，每度电计划成本为0.35元。水电均为一般消耗用。本月各车间、部门消耗水电情况如表2-23所示。

表2-23 各受益单位的耗用量

耗　用	计量单位	供水车间	供电车间	基本生产车间	管理部门
水	吨	×	2 000	5 500	1 500
电	度	4 000	×	30 000	6 000

辅助生产车间制造费用不通过“制造费用”科目核算。

要求：1．按计划成本分配法分别计算各车间、部门用水、用电的计划成本；

2．分别计算供水、供电的计划总成本；

3．分别计算供水、供电的实际总成本；

4．分别计算供水、供电的成本差异；

5．编制分配辅助生产费用的会计分录。

（八）练习辅助生产费用的分配

资料：某工业企业设有供水、供电两个辅助生产车间。20××年 6 月各辅助生产车间发生的生产费用为供水车间 20 000 元，供电车间 7 760 元。本月劳务供应量及各受益单位的耗用量如表 2-24 所示。

表 2-24 劳务供应量及各受益单位的耗用量

车 间	计量单位	各受益单位的耗用量				
		供水车间	供电车间	一 车 间	二 车 间	合 计
供水	吨		2 000	3 000	5 000	10 000
供电	度	2 000		10 000	8 000	20 000

要求：1．采用代数分配法分配辅助生产费用，并填制“辅助生产费用分配表”，表 2-25 所示；

2．编制分配辅助生产费用的会计分录。

表 2-25 辅助生产费用分配表（代数分配法）

20××年 6 月　　金额单位：元

辅助生产车间名称			供水车间	供电车间	金额合计
待分配辅助生产费用					
供应劳务量					
费用分配率（单位成本）					
辅助生产车间耗用	供水车间	耗用数量			
		分配金额			
	供电车间	耗用数量			
		分配金额			
	分配金额小计				
一车间生产耗用		耗用数量			
		分配金额			
二车间生产耗用		耗用数量			
		分配金额			
分配金额合计					

（九）练习制造费用的归集和分配

资料：某企业的基本生产车间生产甲、乙、丙三种产品，生产工时共计 22 000 小时，其中：甲产品耗用 7 500 小时，乙产品耗用 8 500 小时，丙产品耗用 6 000 小时。本月该基本生产车间发生的各种间接费用如下。

1．以银行存款支付劳动保护费 1 300 元 。

2．车间管理人员工资 8 400 元。

3．车间管理人员的福利费 560 元。

4．车间一般性消耗材料 1 700 元。

5．车间固定资产折旧费 1 600 元。

6．本月该基本生产车间保险费 900 元。

7．辅助生产费用（运输费 ）转入 1 200 元。

8．以银行存款支付该车间办公费、水电费等共计 1 940 元。

要求：1．归集该基本生产车间发生的制造费用；

2．将该车间的制造费用进行分配。

（十）练习制造费用的分配

资料：某企业的加工车间生产甲、乙、丙三种产品，2014 年全年制造费用预算总额为 420 000 元。三种产品本年计划产量为甲产品 5 000 件，乙产品 6 000 件，丙产品 1 600 件。单件产品工时定额为甲产品 4 小时，乙产品 7 小时，丙产品 5 小时。本年 7 月实际产量为甲产品 600 件，乙产品 400 件，丙产品 300 件，本月实际发生的制造费用为 40 100 元。

要求：1．计算制造费用年度计划分配率；

2．计算各种产品本月应分配的制造费用；

3．编制分配制造费用的会计分录。

（十一）练习制造费用的归集和分配

资料：某工业企业设有一个基本生产车间，大量生产甲、乙、丙三种产品。2014 年 3 月有关基本生产车间制造费用的经济业务如下。

1．3 月 3 日，以银行存款 600 元支付办公用品费，其中，基本生产车间 200 元，厂部管理部门 400 元。

2．3 月 5 日，该车间领用低值易耗品 2 000 元（采用一次摊销法）。

3．3 月 10 日，该车间刘主任报销差旅费 600 元。

4．3 月 15 日，以银行存款 2 000 元支付该车间劳动保护费。

5．3 月 20 日，以银行存款 2 600 元支付该车间本月财产保险费。

6．3 月 31 日，以银行存款 7 000 元支付本月水电费，其中，基本生产车间产品生产直接耗用 5 000 元，车间一般消耗 800 元，厂部管理部门消耗 1 200 元。

7．3 月 31 日，根据工资结算汇总表，本月应付职工薪酬 60 000 元，其中，基本生产车间产品生产人员 50 000 元，车间管理人员 4 000 元，厂部管理人员 6 000 元。

8．3 月 31 日，根据月初固定资产情况，本月应计提固定资产折旧 8 000 元，其中，基本生产车间 6 000 元，厂部管理部门 2 000 元。

9．3 月 31 日，根据耗用材料汇总表，本月领用材料的实际成本为 80 000 元，其中，基本生产车间生产产品领用 76 000 元，车间一般耗用 1 000 元，厂部管理部门领用 3 000 元。

10．本月该基本生产车间生产甲、乙、丙三种产品耗用的生产工时分别为 1 500 小时、2 500 小时和 2 000 小时。

要求：1．根据以上资料做出相关的会计分录，并编制记账凭证；

2．登记该车间的“制造费用明细账”；

3．采用生产工时分配法分配本月制造费用，编制“制造费用分配表”；

4．做出分配制造费用的会计分录。

（十二）练习废品损失的核算

资料 1：某企业生产 A 产品，2013 年 7 月发现可修复废品 10 件，本月修复废品领用材料 200 元，修复产品实际耗用工时 20 小时，工资费用分配率为 5 元/小时，制造费用分配率为 4 元/小时。按规定，本月发生的 10 件废品应由过失人赔偿 100 元。

要求：1．计算可修复废品的修复费用及废品损失；

2．编制相关的会计分录。

资料 2：某工业企业规定不可修复废品生产成本按实际成本核算。某月生产 A 产品 100 件，其中不可修复废品 20 件。原材料是在生产开始时一次投入的。A 产品共发生生产工时 200 小时，其中废品生产工时为 50 小时。当月生产 A 产品发生直接材料费用 6 000 元，直接人工费用 3 000 元，制造费用 1 500 元。收回残料价值为 100 元，应收赔款 400 元。

要求：1．计算不可修复废品的实际生产成本；

2．计算不可修复废品的净损失；

3．编制相关的会计分录。

资料 3：某企业的生产车间本月在 B 产品生产过程中发现不可修复废品 10 件，按所耗定额费用计算不可修复废品的生产成本。单件产品原材料费用定额为 50 元，已完成的定额工时共计 150 小时，每小时的费用定额为：燃料和动力 1.50 元，直接人工 1.80 元，制造费用 1.20 元。不可修复废品残料作价 80 元入库，应由过失人赔偿 20 元。

要求：1．填列废品损失计算表，如表 2-26 所示；

2．编制相关的会计分录。

表 2-26　废品损失计算表（按定额成本计算）　　单位：元

项　目	直接材料	燃料及动力	直接人工	制造费用	成本合计
费用定额					
废品定额成本					
减：残料赔款					
废品损失					

3

第 3 章 生产费用在完工产品和月末在产品之间的分配

理论目标

1．熟悉在产品与完工产品的关系；

2．掌握各种产品成本分配方法的原理和适用范围。

实践目标

1．能够编制“产品成本计算单”；

2．能够运用各种分配方法进行完工产品成本的计算，为后续成本核算打下坚实的基础。

案例导入

承接第 2 章案例导入，该企业 2013 年 12 月甲产品月初、月末无在产品。本月乙产品完工产品 180 件，月末在产品 40 件。月初乙在产品直接材料成本 27 600 元、直接人工 30 000 元、制造费用 1 360 元；在产品完工程度估计为 50%，原材料在生产开始时一次投入。

思考

作为该企业的成本会计，学完本章之后，你认为乙产品完工产品成本的计算适合采用什么方法?

3.1 在产品数量的核算概述

企业在生产经营过程中发生的各种耗费，经过前述第 2 章的归集和分配后，对构成产品生产成本的耗费，已归集在各种产品的“生产成本明细账”中，并按成本项目予以反映。如果期末某种产品既有完工产品又有在产品，会计人员就需要采用适当的分配方法，将产品本月发生的生产耗费和月初在产品成本，在完工产品和月末在产品之间进行分配，分别计算出完工产品成本和月末在产品成本。正确组织在产品数量的核算，是正确将生产耗费在完工产品和月末在产品之间进行分配的前提。

3.1.1　在产品与完工产品的关系

1．在产品的概念

工业企业的期末在产品有狭义与广义之分。狭义在产品是指多步骤生产的产品中，针对某一生产步骤而言，月末本生产步骤尚未完工的，还需继续加工的在制品（包括返修品）。广义在产品是从整个企业的范围来说的，是指期末还没有完成企业的全部生产过程，不能作为商品对外销售的产品，不仅包括狭义在产品，还包括已经完成一个或几个生产步骤，尚需继续加工的自制半成品、未验收入库的产成品，以及正在返修和等待返修的废品。不可修复废品不列入在产品之列。本章述及的在产品为狭义在产品。

2．完工产品的概念

由于期末在产品有狭义与广义之分，将生产费用在本期完工产品和期末在产品之间进行分配时，已经完成本步骤生产过程，交给下一步骤继续加工或交给半成品仓库的半成品，称为本生产单位（生产步骤）的完工产品，即狭义完工产品。产品完成全部生产过程，验收合格入库以后，就称为广义完工产品，即最终完工的产成品。

3．在产品与完工产品的关系

在产品与完工产品的关系是指期末在产品与本期完工产品在承担生产费用方面的关系。企业在生产经营过程中发生的各种耗费，经过各项要素费用的归集和分配、辅助生产费用的归集和分配、制造费用的归集和分配、废品损失和停工损失的归集和分配，把应计入产品制造成本的各项费用，按成本项目全部归集在“基本生产成本”账户和所属各种产品成本明细账中。月末，企业生产的产品有 3 种情况。

1）产品已全部完工。产品成本明细账中归集的生产费用（如果有月初在产品，还包括月初在产品成本）之和，就是该完工产品的成本。

2）产品没有完工，均为在产品。产品成本明细账中归集的生产费用之和，就是该种在产品的成本。

3）既有完工产品又有在产品。产品成本明细账中归集的生产费用之和，应在完工产品和月末在产品之间采用适当的分配方法，进行生产费用的分配，以计算完工产品和月末在产品的成本。计算公式见式（3-1）。

$$\text{月初在产品成本}+\text{本月生产费用}=\text{本月完工产品成本}+\text{月末在产品成本} \tag{3-1}$$

式（3-1）的前两项是已知数，后两项是未知数，前两项之和，在完工产品和月末在产品之间采用一定的方法进行分配，分配的模式有两类：

第一类，先计算确定月末在产品成本，再倒算出完工产品成本；

第二类，将公式前两项之和按照一定比例在后两项之间进行分配，同时确定完工产品成本和月末在产品成本。

无论采用哪类方法，各月末在产品的数量及数量变化的大小，对于完工产品成本计算都有很大影响。欲计算完工产品的成本，需取得在产品增减动态和实际结存的数量资料，因而须正确组织在产品收发结存的数量核算。

3.1.2 在产品数量的核算

在产品数量的核算主要有两项工作：一是在产品收发和结存的日常核算，二是在产品的清查工作。做好这两项工作，不仅可以从账面上随时掌握在产品的动态情况，还可以查清在产品的实际数量。这对于正确计算产品成本、加强生产资金管理、保护企业财产的安全，都具有重要的意义。

1．在产品数量的日常核算

工业企业的在产品品种规格繁多，又处于不断流动之中，在产品数量的日常核算是一个比较复杂的问题。从加强实物管理的角度出发，各生产单位或生产步骤可以通过设置“在产品台账”，反映各种在产品的收入、发出和结存的数量。在产品台账应根据在产品内部转移凭证、废品返修单、产品检验凭证，以及产成品、自制半成品交库单等进行登记。简化的在产品台账格式如表3-1所示。

表3-1 在产品台账

车间名称： ××××年××月 零件名称：

日期	摘要	收入		发出		结存	
		凭证号	数量	合格品	废品	完工	未完工

2．在产品的清查

在产品与其他存货一样，是企业的重要资产，企业应当进行在产品的清查盘点，做到账实相符，保证在产品的安全完整。清查可以定期进行，也可以不定期进行。

在产品的清查采用实地盘点法。根据清查结果，应当编制“在产品盘点表”，并与“在产品台账”进行核对，如有不符，应填写“在产品盘点报告单”，列明月末在产品的账面结存数、实际结存数、盘盈、盘亏和毁损数、盈亏原因和处理意见等。成本会计人员应认真审核“在产品盘点报告单”，并报有关部门审批，及时进行在产品盘盈、盘亏和毁损的账务处理。

3.2 生产费用在完工产品和月末在产品之间的分配方法

生产费用在完工产品与月末在产品之间的分配，在成本核算工作中是一个重要而又比较复杂的问题。如果分配不合理，或者将在产品成本作为调节完工产品成本的蓄水池，就会导致完工产品成本的扭曲。企业应当根据月末结存在产品数量的多少、各月在产品数量变化的大小、各成本项目比重的大小，以及企业定额管理基础的好坏等具体条件，选择既合理又简便的分配方法。常用的分配方法有在产品不计算成本法、在产品按固定成本计价法、在产品按所耗直接材料成本计价法、约当产量法、在产品按完工产品计价法、在产品按定额成本计价法、定额比例法等。

3.2.1　在产品不计算成本法

当企业各月末在产品数量很少，不计算在产品成本对完工产品成本的准确性影响较小时，为了简化核算，管理上可以不要求计算在产品成本。月末在产品不计算成本，月初也就没有在产品成本，本月发生的生产费用全部由本月完工产品负担。所以，本月完工产品的总成本等于当月该种产品发生的全部生产费用，并且账面上没有期末在产品成本。发电企业、采掘企业等可采用这种成本计算方法。计算公式简化为式（3-2）。

本月生产费用=本月完工产品成本　　(3-2)

【例 3-1】某企业生产甲产品，每月末在产品的数量较少，不计算在产品成本。2013 年 5 月发生生产费用 15 000 元，其中，原材料 5 000 元，人工费用 6 000 元，制造费用 4 000 元。本月完工产品 100 件，月末在产品 1 件。产品成本计算单如表 3-2 所示。

表 3-2　产品成本计算单

产品名称：甲产品　　2013 年 5 月　　单位：元

摘　要	直接材料	直接人工	制造费用	合　计
本月生产费用合计	5 000	6 000	4 000	15 000
本月完工产品成本	5 000	6 000	4 000	15 000
完工产品单位成本	50	60	40	150

3.2.2　在产品按固定成本计价法

某些企业所生产的产品，月末在产品数量较大，但各月末在产品数量大体稳定。这时，月初、月末在产品成本的差额就较小，对完工产品成本的影响不大。为简化核算工作，各月月末在产品成本可以按年初数固定计算，即固定月末在产品成本，月初与月末在产品成本相等。采用这种方法，本月完工产品的总成本等于当月该种产品发生的全部生产费用，但账面上有期末在产品成本。在每年年末，应根据实地盘点的在产品数量，重新调整计算在产品的实际成本，即重新确认下一年度在产品的年初固定成本数，以避免在产品成本与实际出入过大，影响成本计算的正确性。冶炼企业、化工企业、水泥企业等由于高炉和化学反应装置的容积固定，可以采用这种方法计算在产品成本。计算公式简化为式（3-3）。

本月生产费用=本月完工产品成本　　(3-3)

【例 3-2】西山钢铁生产钢锭，在产品按年初固定成本计价。固定成本为原材料 10 000 元，人工成本 7 000 元，制造费用 2 000 元。2013 年 6 月发生生产费用为原材料 68 000 元，人工成本 25 000 元，制造费用 7 000 元。产品成本计算单如表 3-3 所示。

表 3-3　产品成本计算单

产品名称：钢锭　　2013 年 6 月　　单位：元

摘　要	直接材料	直接人工	制造费用	合　计
月初在产品成本	10 000	7 000	2 000	19 000
本月生产费用	68 000	25 000	7 000	100 000

续表

摘　　要	直接材料	直接人工	制造费用	合　　计
生产费用合计	78 000	32 000	9 000	119 000
本月完工产品成本	68 000	25 000	7 000	100 000
月末在产品成本	10 000	7 000	2 000	19 000

3.2.3 在产品按所耗直接材料成本计价法

某些企业所生产的产品，直接材料成本在产品成本中所占比重较大，如酿酒、造纸、纺织等企业。这时，为简化核算工作，月末在产品可以只计算其所耗用的原材料成本，不计算人工成本和制造费用，即本月发生的加工成本全部由完工产品负担。采用这种方法时，计算公式如式（3-4）所示。

本月完工产品成本=月初在产品材料成本+本月生产费用−月末在产品材料成本　(3-4)

【例 3-3】某企业生产 A 产品，该产品成本主要由原材料成本构成，月末在产品只计算原材料成本。A 产品 7 月初在产品成本为 4 500 元，本月投入原材料 55 500 元，原材料于生产开始时一次性投入。本月该产品发生工资及福利费 4 900 元，应负担的制造费用 7 560 元。本月完工 A 产品 150 件，月末在产品 50 件。产品成本计算单如表 3-4 所示。

$$\text{直接材料分配率}=\frac{4\,500+55\,500}{150+50}=300\text{（元/件）}$$

月末在产品分配的材料成本=300×50=15 000（元）

完工产品分配的材料成本=300×150=45 000（元）

表 3-4　产品成本计算单

产品名称：A 产品　　　　××××年 7 月　　　　单位：元

摘　　要	直接材料	直接人工	制造费用	合　　计
月初在产品成本	4 500			4 500
本月生产费用	55 500	4 900	7 560	67 960
生产费用合计	60 000	4 900	7 560	72 460
月末在产品成本	15 000			15 000
本月完工产品成本	45 000	4 900	7 560	57 460
完工产品单位成本	300	32.67	50.4	383.07

3.2.4 约当产量法

约当产量法适用于月末在产品数量较多，且各月末在产品数量变动也较大，产品成本中料、工、费等各成本项目所占比重相差不大的产品。对于这种产品的完工产品和月末在产品，既要分配计算原材料费用，又要分配计算人工费用和制造费用，以提高产品成本计算的正确性。

约当产量也称在产品约当量，它是将企业生产车间月末在产品的实际数量，按照其完工程度折合为相当于完工产品的数量。

约当产量法是指按照本月完工产品的数量与月末在产品的约当产量分配生产费用，以确定本月完工产品和月末在产品实际成本的方法。

1．约当产量法的计算步骤

第一步，确定在产品完工程度，计算约当产量。计算公式见式（3-5）。

$$\text{在产品约当产量}=\text{在产品实际数量}\times\text{在产品完工程度} \tag{3-5}$$

第二步，计算各成本项目分配率，分配料、工、费。

由于各成本项目发生的生产费用不同，在产品完工程度的确定方法有异，费用分配率应当分成本项目分别计算。计算公式见式（3-6）、式（3-7）和式（3-8）。

$$\text{某成本项目分配率}=\frac{\text{该成本项目生产费用合计}}{\text{完工产品数量}+\text{在产品约当产量}} \tag{3-6}$$

$$\text{完工产品分配的该成本项目费用}=\text{完工产品数量}\times\text{该成本项目分配率} \tag{3-7}$$

$$\text{在产品分配的该成本项目费用}=\text{在产品约当产量}\times\text{该成本项目分配率} \tag{3-8}$$

第三步，计算本月完工产品和月末在产品的实际成本。计算公式见式（3-9）和式（3-10）。

$$\text{本月完工产品的实际成本}=\text{完工产品分配的料、工、费合计} \tag{3-9}$$

$$\text{月末在产品的实际成本}=\text{月末在产品分配的料、工、费合计} \tag{3-10}$$

采用约当产量法，道理不难理解，问题在于在产品完工程度的确定比较复杂。由于在产品各项费用的投入程度不同，所以需要按成本项目分别计算完工程度和约当产量。对直接材料进行分配时，在产品约当产量的确定取决于生产过程中的投料程度；对于直接人工、制造费用等加工费用进行分配时，在产品约当产量的确定取决于在产品的加工程度。因此，成本项目不同，计算约当产量所采用的折算标准也有所不同。

2．在产品直接人工、制造费用项目完工程度（完工率）的确定

一般而言，直接人工、制造费用等加工费用会随着生产加工进度而逐步增加，即与完工程度密切相关。因此，对直接人工、制造费用进行分配时，在产品约当产量的确定取决于在产品的加工程度。可用以下两种方法确定在产品完工程度（完工率）。

（1）全部在产品完工程度均按 50%平均计算

如果企业各工序在产品的数量、生产进度比较均衡，后面工序在产品多加工的程度可以抵补前面工序在产品少加工的程度，则全部在产品完工程度（完工率）可按 50%平均计算。

（2）根据工时定额，按工序分别计算在产品完工程度（完工率）

如果月末各工序在产品数量、生产进度不均衡，在具备产品工时定额的条件下，应根据各工序在产品的累计工时定额占产成品工时定额的比率，分别计算各工序在产品的完工程度。计算公式见式（3-11）。

$$\text{某工序在产品完工率}=\frac{\text{前面各工序工时定额之和}+\text{本工序工时定额}\times 50\%}{\text{产品的工时定额}}\times 100\% \tag{3-11}$$

由于本工序中每件在产品的完工程度不同，为了简化完工率的测算，对本道工序在产品的完工率不逐一测定，而平均按 50%计算。当产品从上一道工序转入下一道工序时，其上一道工序已经完工，因而前面各道工序的工时定额应按 100%计算。

【例 3-4】某企业生产甲产品，需要经过两道工序制造完成，各工序内在产品完工程度平均为 50%。该产品各工序的工时定额和月末在产品数量如表 3-5 所示。

表 3-5 工时定额和在产品数量

工　序	各工序工时定额（小时）	月末在产品数量（件）
1	90	500
2	60	300
合　计	150	800

（1）各工序的完工程度（完工率）

$$第一工序在产品完工率=\frac{90\times 50\%}{150}\times 100\%=30\%$$

$$第二工序在产品完工率=\frac{90+60\times 50\%}{150}\times 100\%=80\%$$

（2）约当产量

第一工序在产品的约当产量=500×30%=150（件）

第二工序在产品的约当产量=300×80%=240（件）

各工序在产品约当产量合计 390 件。

3．在产品直接材料项目完工程度（投料率）的确定

分配直接材料时，在产品约当产量一般是按生产过程中的投料程度（投料率）确定的。在实际工作中，不同产品的生产工艺不同，原材料投料方式就会不同，因此，确定各工序在产品投料程度时，应根据具体情况采用不同的方法计算。一般有以下 3 种情况。

（1）原材料在生产开始时一次投入

在这种投料方式下，不论哪道工序的在产品，单位在产品与完工产品消耗的原材料相同，即投料率达到 100%。因此，不论在产品完工程度如何，直接材料项目不需要计算在产品约当产量，可直接按完工产品数量和在产品实际数量的比例分配。

（2）原材料随生产加工进度陆续投入，即原材料投料程度与在产品的加工进度（完工率）相一致

如果原材料随生产加工进度陆续投入，各工序的在产品投料率与完工率一致，在产品约当产量可按完工率折算，即采用完工率计算各工序在产品的约当产量，不仅分配直接人工、制造费用项目，也用于分配直接材料项目。

【例 3-5】接【例 3-4】，该企业本月完工甲产品 610 件，月初和本月生产费用合计为直接材料 32 320 元，直接人工 13 230 元，制造费用 10 530 元。原材料随加工进度陆续投入，并且投料程度与在产品的加工进度（完工率）相一致。则本月完工产品和月末在产品的实际成本计算如下。

$$直接材料分配率=\frac{32\,320}{610+390}=32.32（元/件）$$

$$直接人工分配率=\frac{13\,230}{610+390}=13.23（元/件）$$

$$制造费用分配率=\frac{10\,530}{610+390}=10.53（元/件）$$

本月完工产品的实际成本=完工产品分配的料、工、费合计

=32.32×610+13.23×610+10.53×610=34 208.80（元）

月末在产品的实际成本=月末在产品分配的料、工、费合计

=32.32×390+13.23×390+10.53×390=21 871.20（元）

（3）根据材料消耗定额，按工序分别计算在产品投料率

1）原材料陆续投入，但投料进度与在产品的加工进度（完工率）不一致，即不是按加工进度陆续投料，则必须计算投料率，再确定在产品的约当产量。在这种情况下，投料率根据各工序的材料消耗定额计算。多工序的产品生产中，各工序的在产品在本工序投料程度确定为50%，计算公式见式（3-12）。

$$投料率=\frac{截至上工序累计材料消耗定额+本工序消耗定额\times 50\%}{单位产品材料消耗定额}\times 100\% \quad (3\text{-}12)$$

【例3-6】某企业生产的乙产品经两道工序加工，原材料在各工序陆续追加，每件乙产品原材料消耗定额为500千克。其中第一道工序材料消耗定额400千克，第二道工序消耗定额100千克，则：

$$第一道工序在产品的投料率=\frac{400\times 50\%}{500}\times 100\%=40\%$$

$$第二道工序在产品的投料率=\frac{400+100\times 50\%}{500}\times 100\%=90\%$$

2）原材料于每道工序开始时一次投入。在多工序的产品生产中，若原材料于每道工序开始时一次投入，原材料的投料率可以根据各工序的材料消耗定额计算。公式见式（3-13）。

$$投料率=\frac{截至本工序止累计材料消耗定额}{单位产品材料消耗定额}\times 100\% \quad (3\text{-}13)$$

【例3-7】某企业丙产品经两道工序制成，各工序原材料消耗定额为第一工序200千克，第二工序600千克，原材料于每道工序开始时一次投入。各工序月末在产品数量为第一工序500台，第二工序300台。本月完工产品1 000台。月初在产品和本月发生的直接材料共计为171 000元。计算各工序在产品的投料率、在产品约当产量并进行直接材料的分配，则：

$$第一道工序在产品投料率=\frac{200}{800}\times 100\%=25\%$$

$$第二道工序在产品投料率=\frac{200+600}{800}\times 100\%=100\%$$

第一道工序在产品的约当产量=500×25%=125（台）

第二道工序在产品的约当产量=300×100%=300（台）

在产品约当产量总数=125+300=425（台）

$$直接材料分配率=\frac{171\,000}{1\,000+425}=120（元/台）$$

完工产品应负担的直接材料=1000×120=120 000（元）

月末在产品应负担的直接材料=425×120=51 000（元）

4．约当产量法的综合运用

约当产量法的应用范围比较广泛，因为只要企业能正确统计月末在产品数量和正确估计月末在产品完工程度，就能比较客观准确地确定完工产品成本和月末在产品成本。

【例 3-8】某制造企业所生产的 A 产品分三个步骤连续加工，原材料在生产开始时一次投入。××年 10 月产成品完工入库共 2 040 件。月末在产品盘存数量分别为第一步骤 480 件，第二步骤 240 件，第三步骤 240 件。三个步骤的工时定额分别是 4.8 小时、12 小时、7.2 小时。成本资料如下。

月初在产品成本：直接材料 18 000 元，直接人工 3 330 元，制造费用 3 870 元；本月生产费用：直接材料 42 000 元，直接人工 23 310 元，制造费用 29 730 元。产品成本计算单如表 3-6 所示。

表 3-6 产品成本计算单

产品名称：A 产品　　　　××××年 10 月　　　　单位：元

摘　　要	直接材料	直接人工	制造费用	合　　计
月初在产品成本	18 000	3 330	3 870	25 200
本月生产费用	42 000	23 310	29 730	95 040
生产费用合计	60 000	26 640	33 600	120 240
月末在产品成本	19 200	3 996	5 040	28 236
完工产品成本	40 800	22 644	28 560	92 004
单位成本	20	11.10	14	45.10

第一步，确定在产品完工程度，计算约当产量，如表 3-7 所示。

表 3-7 完工率及约当产量计算表

生产步骤	单件工时定额	盘存数量	完 工 率	约当产量
1	4.8 小时	480 件	10%	48 件
2	12 小时	240 件	45%	108 件
3	7.2 小时	240 件	85%	204 件
合　　计	24 小时	960 件	—	360 件

第二步，计算各成本项目分配率，分配料、工、费。

（1）直接材料分配率= $\dfrac{18\ 000+42\ 000}{2\ 040+960}$ =20（元/件）

完工产品应负担的直接材料=2 040×20=40 800（元）

月末在产品应负担的直接材料=960×20=19 200（元）

（2）直接人工分配率= $\dfrac{3\ 330+23\ 310}{2\ 040+360}$ =11.10（元/件）

完工产品应负担的直接人工=2 040×11.10=22 644（元）

月末在产品应负担的直接人工=360×11.10=3 996（元）

(3) 制造费用分配率= $\frac{3\,870+29\,730}{2\,040+360}$ =14（元/件）

完工产品应负担的制造费用=2 040×14=28 560（元）

月末在产品应负担的制造费用=360×14=5 040（元）

第三步，计算本月完工产品和月末在产品的实际成本。

本月完工产品的实际成本=40 800+22 644+28 560=92 004（元）

月末在产品的实际成本=19 200+3 996+5 040=28 236（元）

3.2.5　在产品按完工产品计价法

在产品按完工产品计价法是将在产品视同为完工产品分配生产费用的一种方法。这种方法适用于月末在产品已经接近完工，或者产品已经加工完毕，但尚未包装或尚未验收入库的产品。在这种情况下，在产品成本接近完工产品成本，为简化核算工作，可以把在产品视同为完工产品，按两者的数量比例分配料、工、费。

【例 3-9】某公司 C 产品 6 月完工 1 240 件，月末在产品 460 件。月末在产品已经加工完毕，但尚未验收入库。C 产品的产品成本计算单如表 3-8 所示。

表 3-8　产品成本计算单

产品名称：C 产品　　　　××××年 6 月　　　　单位：元

摘　　要	产量（件）	直接材料	直接人工	制造费用	合　　计
月初在产品成本	200	46 860	19 220	25 780	91 860
本月生产费用	1 500	73 840	43 680	47 320	164 840
生产费用合计	1 700	120 700	62 900	73 100	256 700
单位成本		71	37	43	
完工产品成本	1 240	88 040	45 880	53 320	187 240
月末在产品成本	460	32 660	17 020	19 780	69 460

3.2.6　在产品按定额成本计价法

在产品按定额成本计价法是事先经过调查研究、技术测定或按定额资料，对各个加工阶段的在产品，确定消耗定额、工时定额或费用定额，月末根据在产品数量（或定额工时），分别乘以各成本项目费用定额，计算出月末在产品的定额成本的方法。将月初在产品成本加上本月生产费用，减去月末在产品的定额成本，就可算出完工产品的总成本了。完工产品总成本除以完工产量，即为完工产品的单位成本。这种方法的计算公式见式（3-14）和式（3-15）。

月末在产品定额成本=Σ月末在产品数量（或定额工时）×在产品各成本项目费用定额　(3-14)

完工产品成本=月初在产品成本+本月生产费用−月末在产品定额成本　(3-15)

采用这种分配方法，月末在产品定额成本与实际成本的差异全部由完工产品负担，不尽合理。这种方法适用于定额管理基础比较好，各项消耗定额和费用定额比较准确、稳定，并且各月末在产品数量变动不大的产品。

【例 3-10】华海公司生产的乙产品，2013 年 5 月初在产品定额成本和 5 月发生的生产费用如表 3-9 所示。

表 3-9 乙产品成本资料

单位：元

项目	直接材料	直接人工	制造费用	合计
月初在产品定额成本	105 296	25 684	13 250	144 230
本月生产费用	826 994	294 612	167 350	1 288 956

乙产品本月完工 450 件，月末在产品 390 件，其中第一工序 160 件，第二工序 120 件，第三工序 110 件。原材料是在生产开始时一次投入的。单位乙产品材料费用定额为 470 元；工时定额为 70 小时，其中，第一工序 20 小时，第二工序 32 小时，第三工序 18 小时。直接人工每小时费用定额为 2 元，制造费用每小时费用定额为 1.5 元。采用在产品按定额成本计价法，计算乙产品完工产品成本，产品成本计算单如表 3-10 所示。

(1) 计算在产品定额工时

第一道工序在产品定额工时：20×50%×160=1 600（小时）

第二道工序在产品定额工时：(20+32×50%) ×120=4 320（小时）

第三道工序在产品定额工时：(20+32+18×50%) ×110=6 710（小时）

各工序在产品定额工时总和=1 600+4 320+6 710=12 630（小时）

(2) 计算月末在产品定额成本

直接材料：390×470=183 300（元）

直接人工：12 630×2=25 260（元）

制造费用：12 630×1.5=18 945（元）

月末在产品定额成本合计：183 300+25 260+18 945=227 505（元）

(3) 计算完工产品成本

本月完工产品直接材料：932 290−183 300=748 990（元）

本月完工产品直接人工：320 296−25 260=295 036（元）

本月完工产品制造费用：180 600−18 945=161 655（元）

完工产品总成本：748 990+295 036+161 655=1 205 681（元）

表 3-10 产品成本计算单

产品名称：乙产品　　2013 年 5 月　　单位：元

摘要	直接材料	直接人工	制造费用	合计
月初在产品定额成本	105 296	25 684	13 250	144 230
本月生产费用	826 994	294 612	167 350	1 288 956
生产费用合计	932 290	320 296	180 600	1 433 186
完工产品成本	748 990	295 036	161 655	1 205 681
月末在产品定额成本	183 300	25 260	18 945	227 505

3.2.7　定额比例法

定额比例法是按照完工产品和月末在产品的定额耗用量（或定额工时、定额费用）的比例来分配生产费用，以确定本月完工产品和月末在产品实际成本的方法。对于直接材料成本项目，如果产品只耗用一种材料，可按照材料的定额耗用量比例进行分配；如果产品耗用的材料为两种或两种以上，则应按材料定额费用的比例分配。对于直接人工、制造费用成本项目，可按定额工时比例分配，也可按照定额费用的比例分配。由于直接人工、制造费用等加工费用一般根据定额工时乘以每小时的各该费用定额计算，所以按定额工时比例分配和按定额费用比例分配的结果是一样的。

这种分配方法适用于定额管理基础比较好，各项消耗定额和费用定额比较准确、稳定，各月末在产品数量变动较大的产品。由于以产品的定额消耗量、定额工时等为分配标准，有利于分析和考核各项消耗定额的执行情况，同时避免了在产品按定额成本计价时在产品不负担差异的缺陷。但是，如果在产品的种类和生产工序繁多，这种方法的计算工作就比较繁重。定额比例法的计算步骤如下。

1．计算完工产品和月末在产品的定额耗用量（定额工时或定额费用）

计算公式见式（3-16）～式（3-21）。

$$完工产品的定额耗用量=完工产品产量\times单位产成品材料消耗定额 \tag{3-16}$$

$$完工产品的定额费用=完工产品产量\times单位产成品费用定额 \tag{3-17}$$

$$完工产品的定额工时=完工产品产量\times单位产成品工时定额 \tag{3-18}$$

$$月末在产品的定额耗用量=月末在产品数量\times单位在产品材料消耗定额 \tag{3-19}$$

$$月末在产品的定额费用=月末在产品数量\times单位在产品费用定额 \tag{3-20}$$

$$月末在产品的定额工时=月末在产品数量\times单位在产品工时定额 \tag{3-21}$$

2．计算各成本项目分配率，分配料、工、费

计算公式见式（3-22）～式（3-30）。

（1）$$直接材料分配率=\frac{月初在产品实际材料费用+本月发生实际材料费用}{完工产品材料定额耗用量+月末在产品材料定额耗用量} \tag{3-22}$$

$$完工产品分配的直接材料=完工产品材料定额耗用量\times直接材料分配率 \tag{3-23}$$

$$月末在产品分配的直接材料=月末在产品材料定额耗用量\times直接材料分配率 \tag{3-24}$$

（2）$$直接人工分配率=\frac{月初在产品实际人工费用+本月发生实际人工费用}{完工产品定额工时+月末在产品定额工时} \tag{3-25}$$

$$完工产品分配的直接人工=完工产品定额工时\times直接人工分配率 \tag{3-26}$$

$$月末在产品分配的直接人工=月末在产品定额工时\times直接人工分配率 \tag{3-27}$$

（3）$$制造费用分配率=\frac{月初在产品实际制造费用+本月发生的制造费用}{完工产品定额工时+月末在产品定额工时} \tag{3-28}$$

$$完工产品分配的制造费用=完工产品定额工时\times制造费用分配率 \tag{3-29}$$

$$月末在产品分配的制造费用=月末在产品定额工时\times制造费用分配率 \tag{3-30}$$

3．计算本月完工产品和月末在产品的实际成本

计算公式见式（3-31）、式（3-32）。

本月完工产品的实际成本=完工产品分配的料、工、费合计 (3-31)

月末在产品的实际成本=月末在产品分配的料、工、费合计 (3-32)

【例 3-11】华海公司生产的丙产品采用定额比例法分配生产费用，原材料按定额费用比例分配，其他费用按定额工时比例分配。完工产品直接材料定额为 10 元/件，工时定额为 8 小时/件，月末在产品直接材料定额为 4 元/件，工时定额为 2 小时/件；本月完工产品 300 件，月末在产品 100 件。丙产品 2013 年 5 月初在产品成本和 5 月发生的实际生产费用如表 3-11 所示。

表 3-11 丙产品成本资料 单位：元

项 目	直接材料	直接人工	制造费用	合 计
月初在产品成本	60 000	15 000	10 000	85 000
本月生产费用	110 000	76 000	42 000	228 000

(1) 计算完工产品和月末在产品的定额费用和定额工时

完工产品的材料定额费用=300×10=3 000 元

完工产品的定额工时=300×8=2 400 小时

月末在产品的材料定额费用=100×4=400 元

月末在产品的定额工时=100×2=200 小时

(2) 计算各成本项目分配率，分配料、工、费

1) 直接材料分配率=170 000÷（3 000+400）=50

完工产品应分配的直接材料=3 000×50=150 000 元

月末在产品应分配的直接材料=400×50=20 000 元

2) 直接人工分配率 =91 000÷（2 400+200）=35

完工产品应分配的直接人工=2 400×35=84 000 元

月末在产品应分配的直接人工=200×35=7 000 元

3) 制造费用分配率= 52 000÷（2 400+200）=20

完工产品应分配的制造费用=2 400×20=48 000 元

月末在产品应分配的制造费用=200×20=4 000 元

(3) 计算本月完工产品和月末在产品的实际成本

本月完工产品的实际成本=150 000+84 000+48 000=282 000 元

月末在产品的实际成本=20 000+7 000+4 000=31 000 元

产品成本计算单如表 3-12 所示。

表 3-12 产品成本计算单

产品名称：丙产品 2013 年 5 月 金额单位：元

摘 要	直接材料	直接人工	制造费用	合 计
月初在产品成本	60 000	15 000	10 000	85 000
本月生产费用	110 000	76 000	42 000	228 000
生产费用合计	170 000	91 000	52 000	313 000
费用分配率	50	35	20	

续表

摘　　要		直接材料	直接人工	制造费用	合　　计
完工产品成本	定额	3 000	2 400 小时	2 400 小时	
	实际成本	150 000	84 000	48 000	282 000
月末在产品成本	定额	400	200 小时	200 小时	
	实际成本	20 000	7 000	4 000	31 000

3.2.8　完工产品成本的结转

工业企业生产产品发生的各项生产费用，完成了在各种产品之间，以及在完工产品和月末在产品之间横向与纵向的分配和归集之后，完工产品的实际总成本和单位成本已计算出来，可据以结转入库完工产品成本。

企业的完工产品包括产成品、自制材料及自制工具、模具等，经仓库验收入库以后，本月完工产品的成本应从“生产成本”账户的贷方转出，其中完工入库的产成品的成本，转入“库存商品”账户的借方；完工自制材料、工具、模具等的成本，应分别转入“原材料”和“周转材料”等账户的借方。“生产成本——基本生产成本”账户的月末余额，就是基本生产车间的在产品成本，也就是占用在生产过程中的生产资金。

【例 3-12】根据【例 3-10】和【例 3-11】的资料和核算结果，编制华海公司完工产品成本汇总表，如表 3-13 所示。

表 3-13　完工产品成本汇总表

2013 年 5 月　　　　单位：元

产品名称	产量（件）	成本	直接材料	直接人工	制造费用	成本合计
乙产品	450	总成本	748 990	295 036	161 655	1 205 681
		单位成本	1 664.42	655.64	359.23	2 679.29
丙产品	300	总成本	150 000	84 000	48 000	282 000
		单位成本	500	280	160	940

结转完工入库产品成本的会计分录如下。

借：库存商品——乙产品　　1 205 681
　　　　　　——丙产品　　282 000
　贷：基本生产成本——乙产品　　1 205 681
　　　　　　　　——丙产品　　282 000

复习思考题

一、单项选择题

1. 采用约当产量法计算完工产品和月末在产品成本时，若原材料是在每道工序开始时一次投入的，原材料消耗定额第一工序为 30 千克，第二工序为 60 千克，则第二工序在产品的投料率为（　　）。

A．67%　　B．22%

C．100%　　D．97%

2. 某企业生产产品经过两道工序，各工序的工时定额分别为 30 小时和 40 小时，则第二道工序在产品的完工率约为（　）。

A. 68%　　B. 69%

C. 70%　　D. 71%

3. 定额管理基础较好，各项消耗定额或费用定额比较准确、稳定，但各月末在产品数量变化较大的企业，产品成本的计算通常采用（　）。

A. 在产品按定额成本计价法　　B. 定额比例法

C. 在产品按固定成本计价法　　D. 约当产量法

4. 在产品采用定额成本计价法计算时，其实际成本与定额成本之间的差异应计入（　）。

A. 在产品成本　　B. 营业外支出

C. 完工产品成本　　D. 期间费用

5. 当月末在产品数量较大，各月末在产品数量变化也较大，但原材料费用在成本中所占比重较大时，产品成本的计算可采用（　）。

A. 在产品按固定成本计价法　　B. 在产品按所耗材料费用计价法

C. 约当产量比例法　　D. 在产品按定额成本计价法

6. 某产品经两道工序制成，其产成品工时定额为 40 小时，其中第一工序为 14 小时，第二工序为 26 小时。每道工序在产品工时定额按本工序工时定额的 50%计算。该产品第一、二工序在产品的完工率为（　）。

A. 17.5%；67.5%　　B. 35%；100%

C. 35%；67.5%　　D. 71%；90%

7. 甲产品经两道工序制成，甲产品工时定额为 50 小时，其中第一道工序 26 小时，第二道工序 24 小时。月末在产品数量：第一工序 1 200 件，第二工序 1 500 件。计算各工序在产品的约当产量之和为（　）。

A. 2 700 件　　B. 1 350 件

C. 1 140 件　　D. 1 452 件

8. 某产品经三道工序制成，原材料不规则投入。其各工序原材料消耗定额为第一工序 60 千克，第二工序 40 千克，第三工序 50 千克。各工序在产品的投料率为（　）。

A. 20%；53.33%；83.33%　　B. 35%；70%；100%

C. 40%；67%；100%　　D. 71%；90%；100%

9. 某产品经两道工序制成，其原材料分两道工序在每道工序开始时一次投入。每道工序原材料消耗定额为第一道工序 250 千克，第二道工序 150 千克。每道工序在产品的投料率为（　）。

A. 31.5%；50%　　B. 62.5%；100%

C. 35%；62.5%　　D. 31.25%；81.25%

10. 某企业生产丙产品，原材料在生产开始时一次投入。月初和本月生产费用总额为原材料 32 320 元，工资 13 230 元，制造费用 10 530 元。本月完工丙产品 120 件，月末在产品的数量为 40 件，完工程度为 37.5%。采用约当产量法计算丙产品的完工产品成本和月末在产品成本为（　　）。

A. 45 360 元；10 720 元　　B. 45 000 元；11 080 元

C. 49 849 元；6 231 元　　D. 44 360 元；11 720 元

二、多项选择题

1. 生产费用在完工产品和月末在产品之间分配的方法主要有（　　）。

A．约当产量法　　B．定额比例法

C．计划成本分配法　　D．在产品按所耗直接材料计价法

2. 企业在选择生产费用在完工产品和月末在产品之间分配的方法时应考虑的因素主要有（　　）。

A. 月末在产品数量的多少　　B. 各月在产品数量变化的大小

C. 各成本项目费用比重的大小　　D. 定额管理基础的好坏

3. 采用约当产量法计算完工产品和月末在产品成本时，其适用的情况是（　　）。

A. 月末在产品数量较大

B. 月末在产品数量较小

C. 各月末在产品数量变化较大

D. 产品成本中原材料和加工费用的比重相差不大

4. 采用定额比例法计算产品成本时，所使用的定额主要有（　　）。

A．材料定额消耗量　　B．材料定额费用

C．定额工时　　D．产品产量定额

5. 采用在产品按定额成本计价法计算产品成本时，应具备（　　）条件。

A. 定额管理基础较好　　B. 消耗定额比较准确

C. 各月末在产品数量变化不大　　D. 各月末在产品数量变化较大

6. 采用定额比例法分配完工产品和月末在产品成本，应具备的条件有（　　）。

A．各月末在产品数量变化较大　　B．各月末在产品数量变化不大

C．消耗定额或成本定额比较稳定　　D．消耗定额或成本定额波动较大

7. 完工产品和月末在产品成本的计算模式主要有（　　）。

A．先计算完工产品成本，再计算月末在产品成本

B．先计算月末在产品成本，再计算完工产品成本

C．先计算月初在产品成本，再计算月末在产品成本

D．将生产费用在完工产品和月末在产品之间按一定比例分配

8. 采用按所耗材料费用计算在产品成本时，应具备的条件是（　　）。

A．产品成本中材料费用所占的比重较大

B．产品成本中材料费用所占的比重较小

C．其他加工费用比重较小

D．其他加工费用比重较大

9. 采用在产品按年初固定成本计价法，其适用的情况是（　　）。

A. 月末在产品数量较大　　B. 月末在产品数量较小

C. 各月末在产品数量变化不大　　D. 各月末在产品数量变化较大

10．企业月末计算出完工产品的实际总成本和单位成本，经仓库验收入库以后，本月完工产品的成本应从“生产成本”账户的贷方转出，将其转入（　）。

A．“库存商品”账户　　B．“原材料”账户

C．“周转材料”账户　　D．“主营业务成本”账户

三、判断题

1．采用约当产量法计算产品成本时， 如果原材料不是在开始生产时一次投入，而是随着加工进度陆续投入的，其投料程度与其加工进度完全一致，则分配材料费用的约当产量与分配加工费用的约当产量应是一致的。（　）

2．采用定额比例法计算完工产品和月末在产品成本时，各成本项目的分配应采用相同的分配标准。（　）

3．在产品按定额成本计价时，定额成本与实际成本之间的差异额，应在年末时采用适当的分配方法在各种产品当中进行分配。（　）

4. 在产品按其所耗原材料费用计价时，在产品所耗其他费用全部由完工产品成本负担。（　）

5．生产费用在完工产品和期末在产品之间的分配，不必按成本项目进行。（　）

6．采用在产品按年初固定成本计价方法时，月末完工产品成本就是当月发生的生产费用之和。（　）

7. 在产品约当产量是指期末在产品按其完工程度折合为相当于完工产品的产量。（　）

8．分别采用定额比例法和定额成本法计算在产品成本，其完工产品成本应是相同的。（　）

9．各月末的在产品数量变化不大的产品，可以不计算月末在产品成本。（　）

10．“生产成本——基本生产成本”账户的月末余额，就是基本生产车间的在产品成本，也就是占用在生产过程中的生产资金。（　）

四、实训题

（一）练习在产品不计算成本法

资料：某企业生产的 A 产品每月月末在产品的数量较少，不计算在产品成本。5 月发生生产费用为原材料 7 200 元，燃料及动力费 2 400 元，直接人工 1 800 元，制造费用 800 元。本月完工产品 200 件，月末在产品 2 件。

要求：计算 5 月 A 产品完工产品的总成本和单位成本。

（二）练习在产品按固定成本计价法

资料：某企业生产的甲产品每月末在产品的数量较大，但各月末在产品数量变化不大，在产品按年初固定成本计价。固定成本为原材料 3 600 元，燃料和动力 2 400 元，直接人工 1 400 元，制造费用 1 200 元。5 月甲产品生产费用：原材料 7 600 元，燃料和动力 6 400 元，直接人工 3 800 元，制造费用 2 020 元。本月完工产品 200 件。

要求：登记甲产品的产品成本计算单，如表 3-14 所示。

表 3-14　产品成本计算单

产品名称：　　　　　　　　　　　　年　　月　　　　　　　　　　单位：

摘　　要	直接材料	燃料及动力	直接人工	制造费用	成本合计
月初在产品成本					
本月生产费用					
合计					
完工产品成本					
月末在产品成本					

（三）练习在产品按所耗直接材料计价法

资料：某企业乙产品的原材料在生产开始时一次投料，产品成本中原材料费用所占比重很大，月末在产品按所耗原材料费用计价。5 月初在产品成本（原材料费用）2 800 元，5 月乙产品的生产费用为直接材料 15 200 元，直接人工 2 800 元，制造费用 800 元。本月完工产品 400 件，月末在产品 200 件。

要求：登记乙产品的产品成本计算单，如表 3-15 所示。

表 3-15　产品成本计算单

产品名称：　　　　　　　　　　　　年　　月　　　　　　　　　　单位：

原 材 料	直接材料	直接人工	制造费用	成本合计
月初在产品成本				
本月生产费用				
合计				
完工产品成本				
月末在产品成本				

（四）练习约当产量法

资料：E 产品经过三道工序连续加工制成，原材料在生产开始时一次投入。E 产品的单位工时定额为 60 小时，其中第一工序为 18 小时，第二工序为 30 小时，第三工序为 12 小时，在产品在各工序的完工率按 50%计算。本月完工 E 产品 74 件，各工序的在产品数量为第一工序 40 件，第二工序 20 件，第三工序 10 件。E 产品的月初和本月生产费用总额为直接材料 72 000 元，直接人工 18 000 元，制造费用 25 000 元。

要求：1. 计算月末各工序在产品的完工率和约当产量。

2. 采用约当产量法计算完工产品成本。

（五）练习约当产量法

资料：C 产品由三道工序制成，原材料随加工进度陆续投入。C 产品的工时定额为第一道工序 30 小时，第二道工序 40 小时，第三道工序 30 小时。某月末在产品数量为第一道工序为 300 件，第二道工序为 400 件，第三道工序为 100 件。该月完工产品 670 件。月初和本月发生的生产费用合计为直接材料 8 000 元，直接人工 2 000 元，制造费用 3 000 元。

要求：采用约当产量法，计算 C 产品的完工产品成本和月末在产品成本。

（六）练习约当产量法

资料：某产品的生产经由三道工序，原材料在每道工序开始时分别一次投入，各工序材料消耗定额及月末在产品数量资料如表 3-16 所示。该月月初在产品原材料费用 10 000 元，本月发生的原材料费用 17 000 元，该月完工该产品 500 件。

表 3-16 各工序材料消耗定额及月末在产品数量

工　序	第一工序	第二工序	第三工序
在产品数量（件）	400	350	300
材料消耗定额（公斤）	30	50	20

要求：1. 分别计算每道工序在产品投料率。

2. 计算在产品约当产量。

3. 按约当产量法计算完工产品和月末在产品的原材料成本。

（七）练习约当产量法

资料：1. 丁工厂生产 A、B、C 三种产品，C 产品无月初在产品。A、B 产品 2013 年 10 月的月初在产品成本资料如表 3-17 所示。

表 3-17 月初在产品成本 单位：元

产品名称	直接材料	燃料及动力	直接人工	制造费用	合　计
A 产品	70 908	1 640	2 592	8 184	83 324
B 产品	30 540	2 270	4 768	9 536	47 114

2. 三种产品 2013 年 10 月发生的生产费用如表 3-18 所示。

表 3-18 10 月发生的各项生产费用 单位：元

项　目	A 产品	B 产品	C 产品
原材料费用分配表	554 092	369 460	453 600
燃料费用分配表	9 850	12 250	14 360
动力费用分配表	3 960	3 080	1 760
人工费用分配表	33 008	12 616	21 313
制造费用分配表	30 800	22 464	18 000
合　计	631 710	419 870	509 033

3. 2013 年 10 月 A 产品完工 1 500 件，月末在产品 500 件，月末在产品完工程度为 60%；本月 B 产品完工 2 000 件，月末在产品 500 件，月末在产品完工程度为 80%；本月 C 产品 6 600 件，全部生产完工，无月末在产品。A 产品所耗原材料在生产开始时一次投入，C 产品和 B 产品所耗的原材料随着加工进度陆续投入。

要求：1. 按约当产量法计算完工产品成本和月末在产品成本。

2. 自制并登记 A、B、C 产品的产品成本计算单。

（八）练习在产品按定额成本计价法

资料：某企业生产甲、乙两种产品，原材料在生产开始时一次投料。单件产品原材料费用定额及在产品工时定额为甲产品 40 元，3 小时；乙产品 35 元，2 小时。月末在产品数量为甲产品 80 件，乙产品 100 件。每小时费用定额：工资费用 12 元，制造费用 11 元。

要求：计算甲、乙产品月末在产品的定额成本，如表 3-19 所示。

表 3-19　月末在产品定额成本计算表　　金额单位：元

产品名称	在产品数量（件）	原材料定额费用	定额工时（小时）	工资费用	制造费用	定额成本
甲产品						
乙产品						

（九）练习在产品按定额成本计价法

资料：甲产品月初和本月发生的生产费用合计为直接材料 48 020 元，直接人工 15 250 元，制造费用 12 000 元。原材料在生产开始时一次投料。单位产品原材料费用定额 70 元。月末在产品 100 件，在产品定额工时共计 1 300 小时，每小时费用定额：人工费用 2.05 元，制造费用 2.40 元。

要求：采用月末在产品按定额成本计价法，分配计算月末在产品定额成本和完工产品成本，并登记甲产品成本计算单，如表 3-20 所示。

表 3-20　甲产品成本计算单　　单位：

成本项目	生产费用合计	月末在产品成本	完工产品成本
直接材料			
直接人工			
制造费用			
合　　计			

（十）练习定额比例法

资料：某企业生产的甲产品采用定额比例法分配生产费用，原材料费用按定额费用比例分配，加工费用按定额工时比例分配。××××年 9 月甲产品成本计算单部分数据如表 3-21 所示。

表 3-21　产品成本计算单

产品名称：　　　　年　　月　　　　金额单位：元

摘　　要		直接材料	直接人工	制造费用	合　　计
月初在产品成本		1 120	950	830	2 900
本月生产费用		8 890	7 660	6 632	23 182
生产费用合计					
完工产品	定额	5 600	3 860 小时		×
	实际成本				
月末在产品	定额	3 500	1 880 小时		×
	实际成本				

要求：1. 计算各成本项目分配率。

2. 分配计算完工产品和月末在产品成本。
3. 登记甲产品成本计算单。

（十一）练习定额比例法

资料：某企业生产乙产品，6月初在产品成本：直接材料1 400元，直接人工600元，制造费用200元。本月发生的生产费用为直接材料8 200元，直接人工3 000元；制造费用1 000元。完工产品4 000件，单件原材料费用定额2元，单件工时定额1.25小时。月末在产品1 000件，单件原材料费用定额2元，工时定额1小时。

要求：1. 计算完工产品、月末在产品的原材料定额费用和定额工时。

2. 计算各成本项目分配率。

3. 采用定额比例法分配完工产品和月末在产品成本。

4. 登记乙产品的产品成本计算单，如表3-22所示。

表3-22 产品成本计算单

产品名称： 年 月 单位：

摘要		直接材料	直接人工	制造费用	合计
月初在产品成本					
本月生产费用					
生产费用合计					
完工产品	定额				
	实际成本				
月末在产品	定额				
	实际成本				

（十二）练习定额比例法

资料：某企业3月的丙产品相关成本数据如表3-23所示。

表3-23 丙产品相关成本数据

成本项目	月初在产品成本		本月生产费用	
	定额	实际（元）	定额	实际（元）
直接材料	1 620元	1 800	4 380元	4 800
直接人工	200小时	500	600小时	900
制造费用		600		1 200
合计	×	2 900	×	6 900

该月丙产品完工110件，其单件定额：原材料30元，工时4小时。

要求：1. 计算完工产品、月末在产品的原材料定额费用和定额工时。

2. 计算各成本项目分配率。

3. 计算完工产品成本和月末在产品成本。

4. 自制并登记丙产品成本计算单。

第 4 章 产品成本计算方法概述

理论目标

1. 了解管理要求对成本计算方法的影响；
2. 理解生产类型的特点及其对成本计算方法的影响；
3. 掌握各种产品成本计算方法的特点。

实践目标

1. 能够根据不同的生产类型特点选择适当的成本计算方法；
2. 了解各种产品成本计算方法如何在实践中综合运用。

案例导入

双喜公司是一家从事食品加工的企业，进行食品的粗加工和精加工，主要产品有面粉（标准粉、全麦粉、饺子粉、麦心粉等）；食用油（花生油、玉米油、胡麻油等）及烘焙产品（面包、蛋糕、饼干等）。各种产品由不同的车间进行生产。有些产品生产工艺不同，所用原料不同，生产周期不同，管理要求也不同；有些产品所用原料相同，生产工艺相近，生产周期相同。该公司要求财务部门确定一套适合本公司的成本核算方案，该方案的实施应保证成本计算的合理性、费用归集的有效性和管理的及时性。

思考

你能为该公司提供一套成本核算方案吗?

4.1 生产特点和管理要求对产品成本计算方法的影响

产品成本的计算就是按照一定的方法系统地记录生产过程中所发生的费用，并按照一定的对象和标准进行归集与分配，确定各种产品的总成本和单位成本的过程。不同的企业和车间，特点不同，生产类型和管理要求不同，采用的产品成本计算方法也不同。只有根据不同生产类型的特点和成本管理要求，选择不同的成本计算方法，才能正确地计算产品成本。

4.1.1 企业生产类型特点及其对产品成本计算方法的影响

1. 企业生产的分类

（1）按生产工艺过程的特点分类

企业生产按工艺过程的特点分类，可以分为简单生产和复杂生产。

简单生产也称单步骤生产，是指生产工艺过程不能间断、不便于分散在几个不同地点进行的生产。其特点是生产周期一般都比较短，产品品种单一，通常没有在产品、半成品或其他中间产品，如发电、供水、采掘生产等。

复杂生产也称为多步骤生产，是指产品的生产工艺过程可以间断、分散在不同地点，分别在不同时间进行的生产步骤所组成的生产。其特点是生产周期一般比较长，产品品种也较多，有在产品、半成品或中间产品。

多步骤生产按其产品加工方式不同，又可以划分为连续式多步骤生产和装配式多步骤生产两种类型。连续式多步骤生产是指从原材料投入后到产品完工，要依次经过若干步骤的连续加工、顺序转移，直至最后一个步骤制成产成品的生产，即除了最后一个步骤生产出产成品外，其余步骤完工的产品都是自制半成品，它们往往又是后续步骤的加工对象，如纺织、冶金等生产。装配式多步骤生产（又称平行加工式生产）是指各种原材料投入后分别加工制成各种零部件，再将零部件装配成产成品的生产，如机床、电器、仪表等的生产。

（2）按生产组织方式分类

生产按组织方式分类，可以分为大量生产、成批生产和单件生产。

大量生产是指不断地大量重复生产相同产品的生产。其主要特点是企业生产的产品品种较少，每种产品的产量较大，通常采用专业设备重复地进行生产，专业化水平也较高，如发电、供水、冶金等的生产。

成批生产是指按照事先规定的产品规格和数量进行的生产。其主要特点是企业生产的产品品种较多，而且往往成批地重复生产，如服装、印刷等的生产。成批生产按照产品批量的大小划分，又可以分为大批生产和小批生产，前者接近于大量生产，后者接近于单件生产。

单件生产是指根据订货单位的要求，生产个别性质特殊的产品的生产。其主要特点是企业生产的产品品种多，每一订单的产品数量很少，一般很少重复生产，如造船、重型机械的制造等。

就一个企业来说，各生产车间的生产并非都是同一种生产类型，可能具有不同的工艺过程特点和不同的生产组织方式。例如汽车制造厂，从整个工厂的产品生产来看，应属于装配式的大量生产，但其内部各车间的产品生产，则可能是连续式的成批生产。所以，在具体划分一个企业的生产类型时，应从企业的整体情况来确定，但是不能排斥其内部的特殊情况。

2. 生产类型特点对产品成本计算方法的影响

由于成本计算方法决定于成本计算对象，所以生产类型的特点对成本计算方法的影响主要表现在成本计算对象的确定上。除此之外，它在成本计算期的确定及生产费用在完工产品与月末在产品之间的分配等方面也产生影响。

（1）对成本计算对象的影响

成本计算对象主要取决于生产类型的特点。在大量大批单步骤的生产中，由于不间断地重复生产同类产品，中间又没有自制半成品存在，所以只能以产品的品种作为成本计算对象来归集生产费用；而在大量大批多步骤生产中，由于各个步骤相对独立地生产半成品，生产费用完全可以按产品的生产步骤归集，所以就可以把各个加工步骤作为成本计算对象，以计算各步骤半成品（最后步骤为产成品）的成本；至于单件或小批量生产，由于产品是以客户的订单或批别组织生产，所以就可以按产品的订单或批别作为成本计算对象，归集生产费用，以计算各订单或各批别的产品总成本。

（2）对成本计算期的影响

在大量大批生产情况下，由于产品生产不间断进行，即不间断地投入也不间断地产出，在会计分期原则下，只能按月定期地计算产品成本，以满足分期计算损益的需要。这种计算期与会计报告期一致。

在小批或单件生产情况下，各批产品的生产周期往往不同，而且批量小、生产不重复或重复少。这样，宜按照各批产品的生产周期计算产品成本。成本计算期与产品的生产周期一致，但与会计报告期不同。

（3）对生产费用在完工产品与月末在产品之间分配的影响

在大量大批生产情况下，由于成本计算期与产品的生产周期不一致，每月月末一般会有在产品存在，所以要将生产费用采用适当的方法在完工产品与月末在产品之间分配。

在小批单件生产情况下，由于成本计算期与产品生产周期一致，什么时候产品完工，什么时候才计算完工产品的成本。因此，在每个报告期末时，一般不需要将生产费用在完工产品与在产品之间分配。

4.1.2　管理要求对产品成本计算方法的影响

产品成本计算方法还受到成本管理要求的影响。例如，单步骤生产或管理上不要求分步骤计算成本的多步骤生产，以品种或批别为成本计算对象，应采用品种法或分批法。管理上要求分步骤计算成本的多步骤生产，以生产步骤为成本计算对象，应采用分步法。在产品品种、规格繁多的企业，管理上要求尽快提供成本资料，简化成本计算工作，应采用分类法计算产品成本。在定额管理基础较好的企业，为加强定额管理工作，应采用定额法。

4.2　产品成本的计算方法

4.2.1　产品成本计算的常用方法

产品成本计算方法主要受企业生产类型和成本管理要求的影响。企业中不同的生产类型和不同的管理要求决定着产品成本计算对象、成本计算期和生产费用在完工产品与在产品之间的分配；不同的成本计算对象、成本计算期等组合在一起，形成了产品成本计算的不同方法。各种产品成本计算方法的主要区别是成本计算对象的不同。例如，品种法是以产品品种为成本计算对象的产品成本计算方法；分批法是以产品批别为成本计算对象的产品成本计算方法；分步法是以产品生产步骤为成本计算对象的产品成本计算方法。

在实际工作中，为了提高成本计算的工作效率，充分利用现有的管理条件，除了运用品种法、分批法、分步法这些基本方法外，还常常采用一些辅助成本计算方法，如分类法是按产品类别归集生产费用，再按一定标准在类内各产品之间进行分配，计算产品成本；定额法是将符合定额的生产费用和脱离定额的差异分别核算，以完工产品的定额成本为基础，加减脱离定额的差异、材料成本差异和定额变动差异来求得实际成本，解决成本的日常控制问题。

企业采用分类法、定额法等计算产品成本时，因为它们是成本计算的辅助方法，必须结合品种法、分批法或分步法这些基本方法加以应用。产品成本计算的基本方法的特点及适用范围如表 4-1 所示。

表 4-1 基本方法的特点及适用范围

<table>
<tr><th colspan="2">生产类型</th><th rowspan="2">成本管理要求</th><th rowspan="2">成本计算对象</th><th rowspan="2">成本计算期</th><th rowspan="2">生产费用在完工产品和在产品之间的分配</th><th rowspan="2">成本计算的基本方法</th></tr>
<tr><th>生产组织特点</th><th>生产工艺过程</th></tr>
<tr><td rowspan="2">大量大批生产</td><td>单步骤生产</td><td></td><td rowspan="2">产品品种</td><td rowspan="2">按月份</td><td>不需要分配</td><td rowspan="2">品种法</td></tr>
<tr><td>多步骤生产</td><td>不要求分步计算成本</td><td>需要分配</td></tr>
<tr><td rowspan="2">单件小批生产</td><td>单步骤生产</td><td></td><td rowspan="2">产品批别</td><td rowspan="2">不定期（生产周期）</td><td rowspan="2">不需要分配</td><td rowspan="2">分批法</td></tr>
<tr><td>多步骤生产</td><td>不要求分步计算成本</td></tr>
<tr><td>大量大批生产</td><td>多步骤生产</td><td>要求分步计算成本</td><td>生产步骤</td><td>按月份</td><td>需要分配</td><td>分步法</td></tr>
</table>

4.2.2 产品成本计算方法的应用

1．运用单一方法

以上几种成本计算方法都有各自的特点和适用范围。因此，不同的工艺技术过程和管理要求就应选用不同的成本计算方法。例如，简单生产或管理上要求按批别计算成本的复杂生产应采用分批法。连续式或装配式的、管理上要求分步骤计算成本的复杂生产应当采用分步法。因此，某些规模较小或产品单一的企业，可以选用单一方法进行成本计算。

2．运用多种方法

尽管各种成本计算方法都有各自的适用范围，但在实际工作中，一个企业往往综合应用多种成本计算方法。企业内部不同的生产车间、同一生产车间的不同产品，它们的生产特点和管理要求并不相同，这样，企业内部就要同时采用几种不同的方法，或者把几种不同的成本计算方法结合起来加以综合考虑。

（1）几种成本计算方法同时运用

一般在工业企业里，既设有基本生产车间又设有辅助生产车间。基本生产车间生产商品产品，辅助生产车间生产工具或提供劳务，在生产特点和管理要求上会有不同，采用的成本计算方法也就会不同。例如，纺织企业，属于大量大批的多步骤生产，而且各步骤生产的半成品可以对外销售，因此，基本生产车间要采用分步法计算产品的成本；而辅助生产车间则为基本生产车间制造模具，一般属于小批生产，可采用品种法或分批法计算成本。

（2）几种成本计算方法综合运用

在有的工业企业，以一种成本计算方法为主，结合其他成本计算方法的某些特点加以综合运用。例如，单件小批生产的电梯生产企业中，产品的主要生产过程是由铸造、机加工、装配等生产阶段所组成的，其最终产品应采用分批法进行成本计算。但从各个生产步骤看，由于其特点和管理要求不同，计算方法就有所不同。如在铸造阶段，由于品种少并可直接对外出售，可采用品种法进行成本计算；从铸造到机加工再到装配，由于是连续式多步骤生产，就可以采用分步法计算成本。再如，服装生产企业属于成批生产，可以采用品种法或分批法，但是，由于其品种规格较多，可以按照一定标准分为若干类别，因此，就可以在采用这些基本方法的基础上，结合采用分类法计算产品成本。

复习思考题

一、单项选择题

1. 区分各种成本计算基本方法的主要标志是（　　）。

A．成本计算对象　　B．成本计算期
C．成本项目　　D．制造费用的分配方法

2. 下列成本计算方法中不属于成本计算基本方法的是（　　）。

A．品种法　　B．分类法
C．分步法　　D．分批法

3. 工业企业的生产按其组织方式不同分为（　　）。

A．单步骤生产和多步骤生产　　B．大量生产、成批生产和单件生产
C．连续式生产和装配式生产　　D．简单生产和复杂生产

4. 分批法的成本计算期通常（　　）。

A．与生产周期一致　　B．与会计报告期一致
C．与日历年度一致　　D．与生产费用一致

5. 在大量大批简单生产的企业里，连续不断地重复生产一种或若干种产品，因而管理上只要求而且也只能按照（　　）。

A．产品的批别计算成本　　B．产品的品种计算成本
C．产品的类别计算成本　　D．产品的生产步骤计算成本

6. 下列各种产品成本计算方法，适用于单件、小批生产的是（　　）。

A．品种法　　B．分批法
C．分步法　　D．定额法

7. 下列各项中，属于期间费用的是（　　）。

A．财务费用　　B．营业外支出
C．生产成本　　D．制造费用

8. 下列不应计入产品成本的是（　）。
A. 直接用于产品生产构成产品实体的原材料
B. 专设销售机构人员的工资及福利费
C. 生产车间固定资产的折旧费
D. 生产过程中发生的废品损失

9. 产品的品种、规格繁多的工业企业，能够简化成本计算工作的方法是（　）。
A. 定额法　　B. 分步法
C. 分类法　　D. 分批法

10. 下列各项中，应计入产品成本的是（　）。
A. 固定资产报废净损失　　B. 支付的矿产资源补偿费
C. 预计产品质量保证损失　　D. 基本生产车间设备计提的折旧费

二、多项选择题

1. 产品成本计算期与产品生产周期不一致的成本计算方法有（　）。
A．品种法　　B．分步法
C．分批法　　D．分类法

2. 产品成本计算的辅助方法有（　）。
A．分类法　　B．分步法
C．定额法　　D．品种法

3. 产品成本计算的辅助方法（　）。
A．不能单独应用
B．根据需要确定是否与基本方法结合应用
C．必须结合基本方法应用
D．能够单独应用

4. 生产特点和成本管理要求对产品成本计算的影响，主要表现在（　）。
A．成本计算对象
B．间接费用的分配方法
C．成本计算期
D．生产费用在完工产品与在产品之间的分配

5. 采掘、发电、自来水等生产属于（　）。
A. 单步骤生产　　B. 大量生产
C. 多步骤生产　　D. 成批生产

6. 制造企业产品按生产工艺过程的特点可分为（　）。
A. 单步骤生产　　B. 单件生产
C. 成批生产　　D. 多步骤生产

7. 在大量大批多步骤生产的情况下，根据成本管理要求的不同可以采用的产品成本计算的基本方法有（　）。
A. 品种法　　B. 分批法
C. 分类法　　D. 分步法

8. 品种法的特点是（　）。
   A. 以产品品种作为成本核算对象
   B. 定期按月计算产品成本
   C. 如果月末在产品数量较多，需要在完工产品和月末在产品之间分配生产费用
   D. 成本计算期与生产周期一致
9. 下列会计账户中，其期末余额应列入资产负债表“存货”项目的有（　）。
   A. 库存商品　　B. 材料成本差异
   C. 生产成本　　D. 委托加工物资
10. 下列各项费用中，属于期间费用的是（　）。
   A. 财务费用　　B. 制造费用
   C. 管理费用　　D. 销售费用

三、判断题

1. 一个企业只可以采用一种成本计算方法。（　）
2. 在多步骤生产中，都应该按照生产步骤计算产品成本。（　）
3. 成本管理的要求不会影响产品成本计算方法的选择。（　）
4. 实际工作中，企业可以单独采用定额法计算产品成本。（　）
5. 成本就是费用，两者完全一致。（　）
6. 企业所计提的固定资产折旧，应全部计入产品成本。（　）
7. 企业管理费用发生的多少，会影响产品成本的高低。（　）
8. 期间费用是企业在生产经营过程中发生的费用，应在其发生时计入产品成本。（　）
9. 同一企业的不同车间由于生产特点和管理要求不同，可分别采用不同的成本计算方法。（　）
10. 在定额管理基础较好的企业，为加强定额管理工作，应采用定额法计算产品成本。（　）

四、简答题

1. 企业的生产如何分类？
2. 如何根据不同的生产类型特点选择适当的成本计算方法？
3. 成本管理要求对产品成本计算方法的影响是什么？
4. 产品成本计算基本方法的特点及适用范围是什么？
5. 各种产品成本计算方法如何在实践中应用？

第 5 章 产品成本计算的品种法

理论目标

1. 理解品种法的特点及适用范围；
2. 掌握品种法的成本计算程序。

实践目标

1. 能够熟练地应用品种法的基本原理解决企业的成本计算问题；
2. 能够对成本计算结果进行账务处理，并登记相关的成本、费用明细账。

案例导入

晋龙公司是一家小型采矿厂，常年生产铁矿石，供应当地的钢铁厂使用。由于生产成本较低、产品一直供不应求，该公司对成本核算一直不重视。随着市场销售的不景气，再加上销售价格的下降，该公司开始要求财会部门加强成本核算，控制各项费用、成本支出，严把消耗关。

思考

你认为该公司应该采用什么方法核算成本，又如何控制成本？

5.1 品种法概述

5.1.1 品种法的概念和特点

产品成本计算的品种法是以产品品种为成本计算对象，归集和分配生产费用，计算产品成本的一种方法。采用品种法计算产品成本既不要求按照产品的批别计算成本，也不要求按照产品的生产步骤计算成本，只要求按照产品的品种计算成本。在实际工作中，无论采用哪种成本计算方法，最终都要计算出各种产品的实际总成本和单位成本。因此，品种法是成本计算最基本的方法，其主要特点表现在以下几个方面。

1．以产品品种作为成本计算对象

采用品种法计算产品成本时，如果企业（或生产车间）只生产一种产品，成本计算对象即该种产品的产成品。产品生产过程中发生的各项费用都属于直接计入费用，包括制造费用在内，不需要在各种产品之间进行费用分配，同时由于大量大批生产单一的产品，产品的生产周期较短，一般没有或极少有在产品，则月末也不需要在完工产品和在产品之间进行费用的分配，在供水、供电、采掘等企业即采用这种单一的品种法，实际工作中又称简单法。如果企业生产的产品品种较多时，则成本计算对象是所生产的各种产品。产品生产过程中发生的各项费用，凡能分清成本计算对象的则直接计入该成本计算对象，凡是不能分清应由哪种产品负担的生产费用，则应采用适当的分配方法，分别计入各成本计算对象。

2．成本计算定期按月进行

在品种法下，产品成本的计算是定期按月进行的，即产品成本的计算期是固定的。成本计算期与会计报告期一致，与产品生产周期不一致。即使在大量大批生产的组织方式下，产品的生产周期可能长于或短于一个月，但成本的计算定期按月进行。

3．月末一般不需要在完工产品与月末在产品之间进行生产费用的分配

在品种法下，月末一般不需要进行生产费用的分配。单步骤生产企业因其月末无在产品或在产品数量很少，所以不计算在产品成本，也就不需要进行生产费用的分配。在不需要提供在产品相关信息的多步骤生产企业，多采用简化的方法，将产品生产成本明细账中归集的全部生产费用，在完工产品与月末在产品之间分配，计算出完工产品成本和月末在产品成本。

5.1.2　品种法的适用范围

品种法广泛应用于大量大批单步骤生产，如发电、采掘等企业。在这种生产类型的企业中，产品的生产工艺流程是单步骤的，并且只能在同一个地点加工完成，因此不需要按生产步骤计算产品成本。在大量大批多步骤生产下，如果企业或车间的规模较小，或者生产是按流水线组织的，管理上并不要求提供半成品成本信息资料，也可以采用品种法计算产品成本。例如小型的砖瓦厂、糖果厂等。此外，企业内部为基本生产提供劳务供应的辅助生产车间，如供电、修理、运输等，其成本计算也可以采用品种法。

5.1.3　品种法的成本计算程序

1．按产品品种设置“基本生产成本明细账”

品种法下应按产品品种设置“基本生产成本明细账”或“成本计算单”。为了反映各项成本费用的耗费情况，了解核心费用对产品成本的影响，要求成本明细账按成本项目设置专栏。同时，与产品成本计算有关的“辅助生产成本明细账”、“制造费用明细账”均应按照要求相应地一并设置出来，并规定其成本项目或费用项目。

2．归集和分配本期（月）发生的各项要素费用

根据生产过程中各项要素费用发生的原始凭证和其他有关凭证，编制各种成本、费用分配表，根据各种费用分配表编制记账凭证，再根据记账凭证登记所开设的成本、费用明细账。

3．归集和分配辅助生产费用

根据各辅助生产车间"辅助生产成本明细账"中归集的本月辅助生产费用，按照企业确定的辅助生产费用的分配方法，编制"辅助生产费用分配表"分配辅助生产费用，并据以编制记账凭证，分别登记有关"基本生产成本明细账"、"制造费用明细账"、"管理费用明细账"和"销售费用明细账"等。

辅助生产车间发生的制造费用，如果通过"制造费用"账户归集，应在分配辅助生产费用之前，将辅助生产车间的制造费用分别转入各辅助生产成本明细账，计入该辅助生产单位的本期费用总额。

4．归集和分配基本生产车间的制造费用

根据各基本生产车间"制造费用明细账"中归集的本月制造费用，按照企业确定的制造费用的分配方法，分别编制各生产车间的"制造费用分配表"分配制造费用，并根据分配的结果编制记账凭证，分别登记有关商品产品的"基本生产成本明细账"(或成本计算单)。

5．计算完工产品成本

根据"基本生产成本明细账"归集的生产费用的累计数（期初在产品成本加上本期生产费用)，采用一定的方法在完工产品和月末在产品之间进行分配，计算出本月完工产品的实际总成本和月末在产品成本。各产品完工产品实际总成本分别除以其实际完工总产量，即该产品的本月实际单位成本。

6．结转完工产品成本

根据产品成本计算的结果，编制本月"完工产品成本汇总表"，填制结转本月完工产品成本的记账凭证，并分别登记有关"基本生产成本明细账"和"库存商品明细账"。

5.2 品种法的运用

5.2.1 企业基本情况和相关成本资料

三和公司为单步骤生产企业，设有一个基本生产车间，连续大量生产甲、乙两种产品，按品种法计算产品成本。另设有供电、运输两个辅助生产车间，为本公司提供供电、运输服务。辅助生产车间发生的费用全部通过"辅助生产成本"归集核算。

20××年8月有关成本费用资料如下。

1．月初在产品成本

甲、乙两种产品的月初在产品成本，如表5-1所示。

表 5-1　月初在产品成本　　单位：元

摘　　要	直接材料	直接人工	制造费用	合　　计
甲产品月初在产品成本	164 000	32 470	3 675	200 145
乙产品月初在产品成本	123 740	16 400	3 350	143 490

2．本月生产数量

甲产品本月完工 500 件，月末在产品 100 件，实际生产工时 100 000 小时；乙产品本月完工 200 件，月末在产品 40 件，实际生产工时 50 000 小时。甲、乙两种产品的原材料都在生产开始时一次投入，加工费用发生比较均衡，月末在产品完工程度均为 50% 。

本月供电和运输车间提供的劳务量如表 5-2 所示。

表 5-2　供电和运输车间提供的劳务量

受益部门	供电车间（度）	运输车间（千米）
供电车间		400
运输车间	3 000	
基本生产车间：	33 000	3 000
产品生产	27 000	
一般耗费	6 000	3 000
厂部管理部门	10 000	1 100
合　　计	46 000	4 500

3．本月发生的生产费用

1）本月发料凭证汇总表，如表 5-3 所示。

表 5-3　发料凭证汇总表

20××年 8 月　　单位：元

领料部门和用途	材料类别			合　　计
	原材料	包装物	低值易耗品	
基本生产车间耗用：				
甲产品耗用	800 000	10 000		810 000
乙产品耗用	600 000	4 000		604 000
甲、乙产品共同耗用	28 000			28 000
基本生产车间一般耗用	2 000		100	2 100
辅助生产车间耗用：				
供电车间耗用	1 000			1 000
运输车间耗用	1 200			1 200
厂部管理部门耗用	1 200		400	1 600
合　　计	1 433 400	14 000	500	1 447 900

备注：生产甲、乙两种产品共同耗用的材料，按甲、乙两种产品直接耗用原材料的比例进行分配。

2）本月工资结算汇总表及职工福利费用计算表，如表 5-4 所示。

表 5-4 工资及福利费汇总表

20××年 8 月　　单位：元

人员类别	应付工资总额	计提的福利费	职工薪酬合计
基本生产车间：			
产品生产工人	420 000	58 800	478 800
车间管理人员	20 000	2 800	22 800
辅助生产车间：			
供电车间	8 000	1 120	9 120
运输车间	7 000	980	7 980
厂部管理人员	40 000	5 600	45 600
合　　计	495 000	69 300	564 300

3）本月应计提固定资产折旧费 22 000 元，其中基本生产车间折旧费 10 000 元，供电车间折旧费 2 000 元，运输车间折旧费 4 000 元，厂部管理部门折旧费 6 000 元。

4）本月应分摊的财产保险费 3 195 元，其中供电车间负担 800 元，运输车间负担 600 元，基本生产车间负担 1 195 元，厂部管理部门负担 600 元（该保险费已经预付给保险公司）。

5）本月以库存现金支付的办公费用为 2 500 元，其中基本生产车间负担 315 元；供电车间负担 145 元；运输车间负担 480 元；厂部管理部门负担 1 560 元。

6）本月以银行存款支付的费用为 14 700 元，其中基本生产车间负担水费 2 000 元，差旅费 5 000 元；供电车间负担的水费 2 300 元；运输车间负担的水费 400 元；厂部管理部门负担的水费 1 200 元，差旅费 3 800 元 。

5.2.2 公司的成本计算程序

1．设置相关的成本明细账

根据公司的会计制度要求，在计算产品成本时，应开设“基本生产成本明细账”、“辅助生产成本明细账”和“制造费用明细账”，其他账簿从略。

2．各项要素费用的分配

根据各项生产费用发生的原始凭证和其他有关资料，编制各项要素费用分配表，分配各项要素费用。

（1）分配材料费用

生产甲、乙两种产品共同耗用材料按甲、乙两种产品直接耗用原材料的比例分配。分配结果如表 5-5、表 5-6 所示。

表 5-5 甲、乙产品共同耗用材料分配表

20××年 8 月　　单位：元

产品名称	直接耗用原材料	分 配 率	分配费用
甲产品	800 000	0.02	16 000
乙产品	600 000		12 000
合　　计	1 400 000		28 000

表 5-6　材料费用分配表

20××年 8 月　　单位：元

会计科目	明细科目	原材料	包装物	低值易耗品	合计
基本生产成本	甲产品	816 000	10 000		826 000
	乙产品	612 000	4 000		616 000
	小计	1 428 000	14 000		1 442 000
辅助生产成本	供电车间	1 000			1 000
	运输车间	1 200			1 200
	小计	2 200			2 200
制造费用	基本生产车间	2 000		100	2 100
管理费用	修理费	1 200		400	1 600
合计		1 433 400	14 000	500	1 447 900

根据“材料费用分配表”，编制发出材料的会计分录如下，并据以登记相关成本、费用明细账。

借：基本生产成本——甲产品　　826 000
　　　　　　　　——乙产品　　616 000
　　辅助生产成本——供电车间　　1 000
　　　　　　　　——运输车间　　1 200
　　制造费用——基本生产车间　　2 100
　　管理费用——修理费　　1 600
　贷：原材料　　1 433 400
　　　周转材料　　14 500

（2）分配工资及福利费用

甲、乙两种产品应分配的工资及福利费按甲、乙两种产品的实际生产工时比例分配。分配结果如表 5-7 所示。

表 5-7　工资及福利费用分配表

20××年 8 月　　单位：元

会计科目		职工薪酬（工资及福利费）			
会计科目	明细科目	分配标准	分配率	分配额	合计
基本生产成本	甲产品	100 000		319 200	319 200
	乙产品	50 000		159 600	159 600
	小计	150 000	3.192	478 800	478 800
辅助生产成本	供电车间				9 120
	运输车间				7 980
	小计				17 100
制造费用	基本生产车间				22 800
管理费用	工资、福利费				45 600
合计					564 300

根据“工资及福利费分配表”，编制分配职工薪酬的会计分录如下， 并据以登记相关成本、费用明细账。

借：基本生产成本——甲产品　　319 200
　　　　　　　　——乙产品　　159 600
　　辅助生产成本——供电车间　　9 120
　　　　　　　　——运输车间　　7 980
　　制造费用——基本生产车间　　22 800
　　管理费用——职工薪酬　　45 600
　贷：应付职工薪酬　　564 300

（3）计提固定资产折旧费用

分配结果如表 5-8 所示。

表 5-8　折旧费用分配表

20××年 8 月　　单位：元

会计科目	明细科目	费用项目	分配金额
制造费用	基本生产车间	折旧费	10 000
辅助生产成本	供电车间	折旧费	2 000
	运输车间	折旧费	4 000
管理费用		折旧费	6 000
合　计			22 000

根据“折旧费用分配表”，编制会计分录如下，并据以登记相关成本、费用明细账。

借：制造费用——基本生产车间　　10 000
　　辅助生产成本——供电车间　　2 000
　　　　　　　　——运输车间　　4 000
　　管理费用——折旧费　　6 000
　贷：累计折旧　　22 000

（4）分配财产保险费用

分配结果如表 5-9 所示。

表 5-9　财产保险费分配表

20××年 8 月　　单位：元

会计科目	明细科目	费用项目	分配金额
制造费用	基本生产车间	保险费	1 195
辅助生产成本	供电车间	保险费	800
	运输车间	保险费	600
管理费用	保险费	保险费	600
合　计			3 195

根据“财产保险费分配表”，编制会计分录如下，并据以登记相关成本、费用明细账。

借：制造费用——基本生产车间　　1 195
　　辅助生产成本——供电车间　　800
　　　　　　　　——运输车间　　600
　　管理费用——保险费　　600
　贷：预付账款——财产保险费　　3 195

（5）分配本月以库存现金和银行存款支付的费用

分配结果如表 5-10 所示。

表 5-10　其他费用分配表

20××年 8 月　　单位：元

会计科目	明细科目	差旅费	办公费	水费	合计
制造费用	基本生产车间	5 000	315	2 000	7 315
辅助生产成本	供电车间	—	145	2 300	2 445
	运输车间	—	480	400	880
管理费用		3 800	1 560	1 200	6 560
合计		8 800	2 500	5 900	17 200

根据“其他费用分配表”，编制会计分录如下，并据以登记相关成本、费用明细账。

借：制造费用——基本生产车间　　7 315
　　辅助生产成本——供电车间　　2 445
　　　　　　　　——运输车间　　880
　　管理费用——差旅费、办公费等　　6 560
　贷：库存现金　　2 500
　　　银行存款　　14 700

3．归集和分配辅助生产费用

根据各项要素费用分配表及编制的会计分录，登记的有关“辅助生产成本明细账”如表 5-11、表 5-12 所示。

表 5-11　辅助生产成本明细账

车间名称：供电车间　　单位：元

××××年		凭证号	摘要	材料费	人工费	折旧费	保险费	水电费	办公费	运输费	余额
月	日										
8	31	略	分配材料费用	1 000							1 000
	31		分配职工薪酬		9 120						10 120
	31		分配折旧费			2 000					12 120
	31		分配财产保险费				800				12 920
	31		分配其他费用					2 300	145		15 365
	31		分配辅助生产费用							1 400	16 765
	31		分配辅助生产费用	[1 000]	[9 120]	[2 000]	[800]	[2 300]	[145]	[1 400]	0

表 5-12 辅助生产成本明细账

车间名称：运输车间 单位：元

××××年		凭证号	摘 要	材料费	人工费	折旧费	保险费	水电费	办公费	余 额
月	日									
8	31	略	分配材料费用	1 200						1 200
	31		分配职工薪酬		7 980					9 180
	31		分配折旧费			4 000				13 180
	31		分配财产保险费				600			13 780
	31		分配其他费用					400	480	14 660
	31		分配辅助生产费用					1 020		15 680
	31		分配辅助生产费用	1 200	7 980	4 000	600	1 420	480	0

三和公司的供电和运输车间提供单一产品或服务，未单独设置制造费用明细账，车间发生的全部费用直接计入各车间的“辅助生产成本明细账”。

根据“辅助生产成本明细账”归集的待分配辅助生产费用和辅助生产车间本月劳务供应量，采用计划成本分配法分配辅助生产费用。每度电的计划成本为 0.34 元，每千米运输费的计划成本为 3.50 元；成本差异全部由管理费用负担。产品生产用电按甲、乙两种产品的生产工时比例分配，计入“基本生产成本明细账”中“直接材料”成本项目，分配结果如表 5-13、表 5-14 所示。

表 5-13 辅助生产费用分配表

20××年 8 月 金额单位：元

辅助生产车间名称				供电车间	运输部门	金额合计
待分配辅助生产费用				15 365	14 660	30 025
供应劳务量				46 000	4 500	—
计划单位成本				0.34	3.50	—
辅助生产车间耗用	应借：辅助生产成本	供电车间	耗用数量		400	
			分配金额		1 400	1 400
		运输部门	耗用数量	3 000		
			分配金额	1 020		1 020
基本生产车间耗用	应借：基本生产成本	产品耗用	耗用数量	27 000		
			分配金额	9 180		9 180
	应借：制造费用	一般耗用	耗用数量	6 000	3 000	
			分配金额	2 040	10 500	12 540
行政管理部门耗用	应借：管理费用		耗用数量	10 000	1 100	
			分配金额	3 400	3 850	7 250

续表

辅助生产车间名称	供电车间	运输部门	金额合计
按计划成本分配金额合计	15 640	15 750	31 390
辅助生产发生的实际费用	16 765	15 680	32 445
成本差异	1 125	–70	1 055

备注：供电车间实际总成本=15 365+1 400=16 765（元）；运输车间实际总成本=14 660+1 020=15 680（元）

表 5-14　产品生产用电分配表

20××年 8 月

产　　品	生产工时（小时）	分配率（元/小时）	分配金额（元）
甲产品	100 000	0.0612	6 120
乙产品	50 000		3 060
合　　计	150 000		9 180

根据“辅助生产费用分配表”和“产品生产用电分配表”，编制会计分录如下，并据以登记相关成本、费用明细账。

（1）按计划成本分配

借：辅助生产成本——供电车间　　1 400
　　　　　　　　——运输车间　　1 020
　　基本生产成本——甲产品　　6 120
　　　　　　　　——乙产品　　3 060
　　制造费用——基本生产车间　　12 540
　　管理费用　　7 250
　贷：辅助生产成本——供电车间　　15 640
　　　　　　　　　——运输车间　　15 750

（2）将辅助生产成本差异计入“管理费用”

借：管理费用　　1 055
　贷：辅助生产成本——供电车间　　1 125
　　　　　　　　　——运输车间　　70

4．归集和分配基本生产车间的制造费用

根据各项要素费用分配表、辅助生产费用分配表及编制的会计分录，登记的有关“制造费用明细账”如表 5-15 所示。

根据基本生产车间“制造费用明细账”归集的制造费用总额，按甲、乙两种产品的生产工时比例分配制造费用，编制“制造费用分配表”，分配结果如表 5-16 所示。

根据“制造费用分配表”，编制会计分录如下，并登记相关的“基本生产成本明细账”。

借：基本生产成本——甲产品　　37 300
　　　　　　　　——乙产品　　18 650
　贷：制造费用——基本生产车间　　55 950

表 5-15 制造费用明细账

车间名称：基本生产车间 单位：元

××××年		凭证号	摘 要	材料费	人工费	折旧费	保险费	水电费	运输费	其 他	余 额
月	日										
8	31	略	分配材料费用	2 100							2 100
	31		分配职工薪酬		22 800						24 900
	31		分配折旧费			10 000					34 900
	31		分配财产保险费				1 195				36 095
	31		分配其他费用					2 000		5 315	43 410
	31		分配辅助生产费用					2 040	10 500		55 950
	31		分配制造费用	2 100	22 800	10 000	1 195	4 040	10 500	5 315	0

表 5-16 制造费用分配表

20××年 8 月

产 品	生产工时（小时）	分配率（元/小时）	分配金额（元）
甲产品	100 000	0.373	37 300
乙产品	50 000		18 650
合 计	150 000		55 950

5．计算完工产品成本

根据“基本生产成本明细账”归集的生产费用合计数和有关产品产量记录，在完工产品和月末在产品之间分配生产费用。

根据各项要素费用分配表、辅助生产费用分配表、制造费用分配表及编制的会计分录，登记的有关“基本生产成本明细账”如表 5-17、表 5-18 所示。

表 5-17 基本生产成本明细账

产品名称：甲产品 单位：元

××××年		凭证字号	摘 要	直接材料	直接人工	制造费用	合 计
月	日						
7	31		月末在产品成本	164 000	32 470	3 675	200 145
8	31	略	分配材料费用	826 000			826 000
	31		分配职工薪酬		319 200		319 200
	31		分配辅助生产费用	6 120			6 120
	31		分配制造费用			37 300	37 300
	31		本月生产费用合计	832 120	319 200	37 300	1 188 620
	31		本月累计	996 120	351 670	40 975	1 388 765
	31		结转完工入库产品成本	830 100	319 700	37 250	1 187 050
	31		月末在产品成本	166 020	31 970	3 725	201 715

表 5-18　基本生产成本明细账

产品名称：乙产品　　　　单位：元

××××年		凭证字号	摘　　要	直接材料	直接人工	制造费用	合　　计
月	日						
7	31		月末在产品成本	123 740	16 400	3 350	143 490
8	31	略	分配材料费用	616 000			616 000
	31		分配职工薪酬		159 600		159 600
	31		分配辅助生产费用	3 060			3 060
	31		分配制造费用			18 650	18 650
	31		本月生产费用合计	619 060	159 600	18 650	797 310
	31		本月累计	742 800	176 000	22 000	940 800
	31		结转完工入库产品成本	619 000	160 000	20 000	799 000
	31		月末在产品成本	123 800	16 000	2 000	141 800

该公司本月甲产品完工入库 500 件，月末在产品 100 件；乙产品完工入库 200 件，月末在产品 40 件。按约当产量法分别计算甲、乙两种产品的完工产品成本和月末在产品成本。月末在产品约当产量计算情况如表 5-19、表 5-20 所示。

表 5-19　在产品约当产量计算表

产品名称：甲产品　　　　单位：件

成本项目	在产品数量	投料程度（加工程度）	约当产量
直接材料	100	100%	100
直接人工	100	50%	50
制造费用	100	50%	50

表 5-20　在产品约当产量计算表

产品名称：乙产品　　　　单位：件

成本项目	在产品数量	投料程度（加工程度）	约当产量
直接材料	40	100%	40
直接人工	40	50%	20
制造费用	40	50%	20

根据甲、乙两种产品的月末在产品约当产量，编制的“完工产品与月末在产品生产费用分配表”如表 5-21、表 5-22 所示。

表 5-21 完工产品与月末在产品生产费用分配表

产品名称：甲产品　　20××年 8 月　　金额单位：元

项　目		直接材料	直接人工	制造费用	合　计
生产费用累计		996 120	351 670	40 975	1 388 765
产品产量（件）	完工产品数量	500	500	500	
	在产品约当量	100	50	50	
	合计	600	550	550	
费用分配率（单位成本）		1 660.20	639.40	74.50	2 374.10
完工产品总成本		830 100	319 700	37 250	1 187 050
月末在产品成本		166 020	31 970	3 725	201 715

表 5-22 完工产品与月末在产品生产费用分配表

产品名称：乙产品　　20××年 8 月　　金额单位：元

项　目		直接材料	直接人工	制造费用	合　计
生产费用累计		742 800	176 000	22 000	940 800
产品产量（件）	完工产品数量	200	200	200	
	在产品约当量	40	20	20	
	合计	240	220	220	
费用分配率（单位成本）		3 095	800	100	3 995
完工产品总成本		619 000	160 000	20 000	799 000
月末在产品成本		123 800	16 000	2 000	141 800

6．结转完工产品成本

根据表 5-21、表 5-22 中的分配结果，编制的本月“完工产品成本汇总表”如表 5-23 所示。

表 5-23 完工产品成本汇总表

20××年 8 月　　单位：元

成本项目	甲产品（500 件）		乙产品（200 件）	
	总成本	单位成本	总成本	单位成本
直接材料	830 100	1 660.20	619 000	3 095
直接人工	319 700	639.40	160 000	800
制造费用	37 250	74.50	20 000	100
合　计	1 187 050	2 374.10	799 000	3 995

根据“完工产品成本汇总表”及“产成品入库单”，填制结转完工入库产品生产成本的记账凭证，并据以登记相关的“基本生产成本明细账”和“库存商品明细账”。编制会计分录如下。

借：库存商品——甲产品　　1 187 050

　　　　　　——乙产品　　799 000

贷：基本生产成本——甲产品　　1 187 050
　　　　　　　　——乙产品　　799 000

复习思考题

一、单项选择题

1．品种法是按照产品（　　）归集生产费用，计算产品成本的一种方法。

A．批别　　B．品种

C．类别　　D．生产步骤

2．在品种法下，生产车间若只生产一种产品，则该车间发生的生产费用（　　）该种产品成本。

A．全部直接计入　　B．全部间接计入

C．部分是直接计入，部分是间接计入　　D．需要在各种产品之间分配计入

3．品种法适用的生产组织类型是（　　）。

A．大量大批生产　　B．多步骤生产

C．大量小批生产　　D．单件小批生产

4．最基本的成本计算方法是（　　）。

A．品种法　　B．分批法

C．分步法　　D．分类法

5．下列企业中，（　　）适合运用品种法计算产品成本。

A．糖果厂　　B．造船厂

C．服装厂　　D．汽车厂

6．企业采用品种法计算产品成本，一般（　　）。

A．定期（月末）计算产品成本　　B．每季计算产品成本

C．每月月末无须计算产品成本　　D．随时计算产品成本

7．下列各项中，属于品种法特点的是（　　）。

A．分品种、分批别、分步骤计算产品成本

B．分品种、分批别、不分步骤计算产品成本

C．分品种、不分批别、不分步骤计算产品成本

D．不分品种、分批别、分步骤计算产品成本

8．在大量大批多步骤生产的情况下，如果管理上不要求分步骤计算产品成本，应采用的成本计算方法是（　　）。

A．品种法　　B．分批法

C．约当产量法　　D．分步法

9．在大量大批单步骤生产的情况下，产品成本的计算方法一般是（　　）。

A．分步法　　B．分批法

C．分类法　　D．品种法

10．供水、供电、采掘等企业一般应采用的成本计算方法是（　）。

A．分批法　　B．品种法

C．约当产量法　　D．分步法

二、多项选择题

1．品种法是（　）。

A．最基本的成本计算方法

B．要求按批别计算成本

C．成本计算期与生产周期一致

D．以产品品种作为成本计算对象的方法

2．下列企业中，在计算成本时适宜采用品种法的是（　）。

A．发电厂　　B．采煤厂

C．机械制造厂　　D．钢铁厂

3．品种法适用于（　）。

A．大量大批单步骤生产

B．大量大批多步骤生产

C．管理上不要求分步骤计算成本的大量大批多步骤生产

D．管理上要求分步骤计算成本的大量大批多步骤生产

4．采用品种法计算产品成本时，需根据各种费用分配表及相关的记账凭证登记（　）等。

A．基本生产成本明细账　　B．废品损失明细账

C．辅助生产成本明细账　　D．制造费用明细账

5．在大量大批多步骤生产的情况下，根据管理要求的不同可以采用的产品成本计算的基本方法有（　）。

A．品种法　　B．分批法

C．分类法　　D．分步法

6．品种法的成本计算程序包括（　）。

A．按产品品种设置“基本生产成本明细账”归集生产费用

B．归集和分配辅助生产费用

C．归集和分配制造费用

D．计算完工产品成本

7．品种法与分批法的主要区别是（　）。

A．成本计算对象不同　　B．会计核算期间不同

C．成本计算对象所含成本项目不同　　D．成本计算期不同

8．关于成本计算的品种法，下列说法正确的是（　）。

A．没有完工产品与月末在产品之间费用分配问题

B．成本计算期与会计报告期是一致的

C．适用于大量大批，管理上不要求分步骤计算成本的多步骤生产

D．以产品批别作为成本计算对象

9．成本计算期与产品生产周期不一致的成本计算方法有（　）。

A．品种法　　B．分步法

C．分批法　　D．约当产量法

10．下列成本计算方法中属于成本计算基本方法的是（　）。

A．品种法　　B．分类法

C．分步法　　D．分批法

三、判断题

1．品种法只适用于单步骤生产的企业。（　）

2．按品种法计算产品成本，不存在生产费用在各种产品之间分配的问题。（　）

3．品种法的成本计算对象是每件产品。（　）

4．采用品种法计算产品成本时，成本的计算期一般与会计报告期一致，与生产周期不一致。（　）

5．在月末计算产品成本时，如果没有在产品，或者在产品数量很少，则可以不计算月末在产品成本。（　）

6．对于多步骤生产的企业，当采用品种法计算产品成本时，往往需要将生产费用在完工产品与月末在产品之间进行分配。（　）

7．品种法下产品成本的计算一般都定期在每个月的月末进行。（　）

8．重型机械、船舶及服装生产企业都适合采用品种法。（　）

9．品种法下，应按产品品种设置产品成本明细账。（　）

10．发电、采掘等企业适合选择的成本计算方法是品种法。（　）

四、实训题

（一）练习产品成本计算的品种法

资料：甲公司采用约当产量法计算 B 产品成本。原材料在生产开始时一次投入，其他加工费用发生较为均衡，期末在产品的完工程度平均按 50%计算。甲公司 2013 年 7 月有关 B 产品资料如下。

1．月初 B 在产品 220 件，直接材料为 220 000 元，直接人工为 18 000 元，制造费用为 24 000 元。

2．本月投入生产 B 产品 780 件，本月完工产品 840 件，月末在产品 160 件。

3．本月生产 B 产品发生的有关成本费用资料如下。

（1）本月生产 B 产品耗用主要材料 700 000 元，燃料 40 000 元，车间一般性耗用材料 3 000 元。

（2）本月分配生产 B 产品的工人工资 145 800 元，福利费 18 360 元，车间管理人员工资 40 000 元。

（3）本月生产 B 产品应负担的车间水电费 30 700 元，劳保用品费 3 500 元。

要求：1. 填制 B 产品的产品成本计算单，如表 5-24 所示。

2. 编制结转本月完工入库产品成本的会计分录。

表 5-24 产品成本计算单

产品名称：　　　　　　　　　　　　　年　　月　　　　　　　　　　　　　单位：元

摘　要	产量（件）	直接材料	直接人工	制造费用	合　计
月初在产品成本					
本月生产费用					
生产费用合计					
单位成本					
完工产品成本					
月末在产品成本					

（二）练习产品成本计算的品种法

资料：新华工厂一车间生产 A、B 两种产品，原材料在生产开始时一次投料，成本计算采用品种法。产品共同耗用原材料按定额消耗量比例进行分配，生产工人工资和制造费用按实际工时比例分配。20××年 10 月有关资料如下。

1．A 产品期初在产品成本：原材料 13 200 元，工资 4 600 元，制造费用 1 200 元；B 产品期初在产品成本为 0。

2．本月发生的生产耗费如表 5-25、表 5-26 所示。

表 5-25 原材料费用分配表

年　　月

产品名称	甲材料定额消耗量（千克）	甲 材 料	
		分 配 率	实际成本（元）
A 产品	4 000		
B 产品	2 500		
合　计			66 300

表 5-26 工资、制造费用分配表

年　　月　　　　　　　　　　　　　金额单位：元

产品名称	实际工时（小时）	生产工人工资		制造费用	
		分 配 率	分配金额	分 配 率	分配金额
A 产品	26 000				
B 产品	16 000				
合　计			16 800		63 000

A 产品完工产品和月末在产品的生产费用分配，按约当产量法分配，该产品本月完工 2 100 千克，期末在产品 1 500 千克，完工程度 60%，系一次投料逐步加工。B 产品完工产量 1 000 千克，无期末在产品。

要求：1．填制“原材料费用分配表”、“工资、制造费用分配表”。

2．编制“产品成本计算单”，计算完工产品成本 。

（三）练习产品成本计算的品种法

资料：正华公司设有一个基本生产车间，大量生产甲、乙两种产品，采用品种法计算产品成本。另设有一个供电车间，为全厂提供供电服务，供电车间的费用全部通过“辅助生产成本”归集核算。

2013 年 12 月有关成本费用资料如下。

1．月初在产品成本

甲产品月初在产品成本：直接材料 10 000 元，直接人工 12 000 元、制造费用 8 000 元；乙产品无月初在产品成本。

2．本月生产数量

甲产品本月实际生产工时 40 000 小时，本月投产 1 000 件，本月完工 800 件，月末在产品 400 件，原材料在生产开始时一次投入，在产品加工程度估计为 50%。甲产品采用约当产量法计算完工产品和月末在产品的成本。

乙产品本月实际生产工时 20 000 小时，本月完工 400 件，月末无在产品。

3．12 月发出材料情况

基本生产车间领用材料 90 000 元，共同用于生产甲、乙产品，甲产品材料消耗定额为 2 千克，乙产品材料消耗定额 4 千克，材料费用按照定额消耗量比例分配；基本生产车间一般耗用 10 000 元，供电车间领用 4 000 元。

4．12 月应付职工薪酬情况

基本生产车间生产工人薪酬 150 000 元，车间管理人员薪酬 12 000 元，供电车间人员薪酬 15 000 元，企业行政管理人员薪酬 28 000 元。基本生产车间生产工人薪酬按生产工时比例在甲、乙产品间进行分配。

5．12 月计提固定资产折旧费

基本生产车间生产设备折旧费 30 000 元，供电车间设备折旧费 10 000 元，企业行政管理部门管理设备折旧费 4 000 元。

6．12 月以银行存款支付其他费用支出

基本生产车间办公费 15 000 元，供电车间办公费 5 000 元。

7．12 月供电车间对外提供劳务情况

基本生产车间耗电 35 000 度，企业行政管理部门耗电 5 000 度，供电车间的辅助生产费用采用直接分配法分配。

要求：1．根据上述资料，计算：

（1）12 月甲、乙产品应分配的材料费用；

（2）12 月甲、乙产品应分配的职工薪酬；

（3）供电车间辅助生产费用合计金额；

（4）供电车间辅助生产费用分配率；

（5）12 月基本生产车间归集的制造费用。

2．填制“制造费用分配表”和“产品成本计算单”，如表 5-27、表 5-28 和表 5-29 所示。

表 5-27　制造费用分配表

年　　月

产品名称	生产工时（小时）	分配率	分配金额（元）
甲产品			
乙产品			
合　计			

表 5-28　产品成本计算单

产品名称：甲产品　　　　年　　月　　　　产量：　　　　单位：元

摘　要	直接材料	直接人工	制造费用	成本合计
月初在产品成本				
本月生产费用				
成本合计				
完工产量				
约当产量				
分配率				
完工产品成本				
月末在产品成本				

表 5-29　产品成本计算单

产品名称：乙产品　　　　年　　月　　　　产量：　　　　单位：元

摘　要	直接材料	直接人工	制造费用	成本合计
本月生产费用				
成本合计				
完工产品成本				
单位成本				

（四）练习产品成本计算的品种法

资料：某企业设有一个基本生产车间和一个辅助生产车间。基本生产车间生产甲、乙两种产品，采用品种法计算产品成本。基本生产成本明细账设置“直接材料”、“直接人工”和“制造费用”三个成本项目。辅助生产车间的制造费用不通过“制造费用”账户进行核算。

1．20××年 10 月该企业发生的经济业务如下。

(1) 基本生产车间领料 50 000 元，其中直接用于甲产品生产的 A 材料 10 000 元，直接用于乙产品生产的 B 材料 15 000 元，甲、乙产品共同耗用的 C 材料 20 000 元（按甲、乙产品的定额消耗量比例进行分配，甲产品的定额消耗量为 4 000 千克，乙产品的定额消耗量为 1 000 千克），基本生产车间一般性耗用的消耗材料 5 000 元；辅助生产车间领料 6 000 元；共计 56 000 元。

(2) 基本生产车间本月报废低值易耗品一批，实际成本为 2 000 元，残料入库，计价 100 元，采用五五摊销法进行核算。

(3) 基本生产车间的生产工人工资 20 000 元（按甲、乙产品耗用生产工时比例进行分配，甲产品的生产工时为 6 000 小时，乙产品的生产工时为 2 000 小时），车间管理人员工资 4 000 元；辅助生产车间的人员工资 7 500 元；共计 31 500 元。

(4) 基本生产车间月初固定资产原值 100 000 元，月末固定资产原值 120 000 元；辅助生产车间月初、月末固定资产原值均为 40 000 元；按月折旧率 1%计提折旧。

(5) 基本生产车间发生其他支出 4 540 元；辅助生产车间发生其他支出 3 050 元；共计 7 590 元，均通过银行办理转账结算。

2．辅助生产车间（运输部门）提供劳务 10 000 千米，其中为基本生产车间提供 8 000 千米，为企业管理部门提供 2 000 千米。辅助生产费用按直接分配法进行分配。

3．基本生产车间的制造费用按生产工时比例进行分配。

4．甲产品的原材料在生产开始时一次投入，直接材料费用按产成品和月末在产品数量比例进行分配，直接人工费用和制造费用采用约当产量法进行分配。甲产品本月完工入库产品 1 000 件，月末在产品 400 件，完工率为 40%。乙产品各月在产品数量变化不大，生产费用在完工产品与在产品之间的分配，采用在产品按固定成本计价法。甲、乙产品的月初在产品成本资料如表 5-30、表 5-31 所示。

要求：1．归集该月辅助生产费用并进行分配。

2．归集该月基本生产车间制造费用并进行分配。

3．计算甲、乙产品的成本，并登记相关的“产品成本明细账”，如表 5-30、表 5-31 所示。

表 5-30　产品成本明细账

产成品产量：

产品名称：甲产品　　　　年　　月　　　　在产品约当产量：

项　目	直接材料	直接人工	制造费用	合　计
月初在产品成本	16 000	11 900	16 600	44 500
本月生产费用				
生产费用合计				
分配率				
完工产成品成本				
月末在产品成本				

表 5-31　产品成本明细账

产品名称：乙产品　　　　年　　月　　　　单位：元

项　目	直接材料	直接人工	制造费用	合　计
月初在产品成本	9 500	3 500	5 000	18 000
本月生产费用				
生产费用合计				
完工产成品成本				
月末在产品成本				

第6章 产品成本计算的分批法

理论目标

1. 理解分批法的特点及适用范围；
2. 掌握分批法的成本计算程序；
3. 掌握简化分批法的成本计算程序。

实践目标

1. 能够熟练地应用分批法的基本原理解决企业的成本计算问题；
2. 能够运用简化分批法进行成本计算；
3. 能够对成本计算结果进行账务处理，并登记相关的成本、费用明细账。

案例导入

刚刚成立的一休服装有限责任公司主要以生产儿童休闲服装和儿童羽绒服为主。根据市场调研，该公司生产的儿童休闲服装将在市场中占有较大份额，决定大批生产；儿童羽绒服季节性较强，将实行小批量生产；另外，该公司还可以接受订单制作学生校服。该公司在成立时聘任了一名刚从学校毕业的会计专业的大学生秦明进行成本核算工作，秦明对成本核算没有经验，加上是新设公司又没有历史核算资料可以参考，因而不知采用什么方法去核算上述产品的成本。

思考

如果你是该公司的会计顾问，你能否帮秦明一把？

6.1 分批法概述

6.1.1 分批法的概念和特点

产品成本计算的分批法是以产品批别作为成本计算对象，归集和分配生产费用、计算产品成本的一种方法。对于小批单件生产企业，产品生产是按不同批别组织的，而产品批别又是由企业生产计划部门根据用户的订单确定的。生产计划部门按确定的产品批别签发“生产任务通知单”，在“生产任务通知单”中对各批生产任务进行编号，称为工作令号或生产批号（批别）。企业的各个部门按生产批号协同工作，仓库按生产批号储备及发放材料，技术管理部门按生产批号安排生产流程，生产车间按生产批号组织生产，财会部门据生产批号支付费用并进行产品成本计算。

产品批别是以用户订单为依据确定的，所以分批法又称订单法。但是，产品批别与用户的订单并不完全一致。如果一张订单只有一种产品，但数量很大，用户要求分批交货的，则应按交货时间划分批别组织生产；如果一张订单中有两种以上的产品，为便于生产管理，应按产品品种划分批别组织生产；此外，若同一时期，几张订单中有相同产品，交货日期也相近，则可以将相同的产品合并为一批组织生产。总之，根据具体情况，可以将一张订单分为几个批别，也可以将几张相同的订单合并为一个批别。

与品种法相比较，分批法的特点主要表现在以下几个方面。

1．以企业确定的产品批别作为成本计算对象

采用分批法计算产品成本时，生产费用应按产品批别归集，并按产品批别（或生产批号）开设“基本生产成本明细账”，计算各批产品的成本。从生产费用计入产品成本的方式上来看，对于发生的直接材料、直接人工等费用可根据有关凭证直接计入各批产品成本；对于不能按批次划分的间接费用，则应按一定标准分配计入各批产品的成本中。

2．成本计算期与生产周期一致

在分批法下，产品成本要在各批产品完工后才能计算，所以，成本计算是不定期的。成本计算期与生产周期一致，而与会计报告期不一致。

3．月末一般不需要在完工产品与月末在产品之间进行生产费用的分配

运用分批法计算产品成本，由于成本计算期与生产周期一致，所以，若月末产品全部完工，明细账中归集的生产费用就是该批完工产品的总成本；若月末产品均未完工，则已归集的生产费用构成该批产品的月末在产品成本。所以，分批法一般只进行生产费用在各批产品之间的分配，而不需要生产费用在完工产品与月末在产品之间分配。

但在实际工作中，会出现批内产品跨月陆续完工的情况，有时还会存在将同批产品中已完工部分先行发售给用户分批出货的情形，因此在月份会计报表中应提供已完工产品的生产成本，这时就有必要在完工产品和月末在产品之间分配生产费用。若跨月完工产品数量不多，为简化核算，可以按计划单位成本、定额单位成本或近期相同产品的实际单位成本作为本月完工产品的单位成本，计算完工产品的总成本，并从“基本生产成本明细账”中转出。待该批产品全部完工时，再计算该批产品的实际总成本和单位成本，但对已经转账的产品成本，不做账面调整。若批内产品跨月完工的数量较大，应根据具体条件采用适当的方法（如约当产量法、定额比例法等），在完工产品与月末在产品之间分配生产费用，以提高成本计算的准确性。

6.1.2 分批法的适用范围

分批法适用于具有多步骤生产工艺特点，但不要求分步骤计算成本的小批单件生产企业，如飞机制造、船舶制造、重型机器、专用设备制造等企业。在这种生产类型的企业中，一批产品通常不会重复生产，即使出现重复生产，也不可能是定期的。因为这类企业的生产组织是按照购货单位的订单确定的，而不同的订单所订购的产品品种、规格、数量不同，生产的工艺过程也有一定的差异，这就要求企业按照购货单位的订单分批组织生产，计算各批产品的成本。分批法的适用范围主要包括：

1）根据购货单位的订单组织生产的企业或车间；

2）根据市场变化不断改变产品品种的企业或车间；

3）提供专业修理服务的企业或车间；

4）从事新产品试制、自制设备、自制工具模具的企业或车间。

6.1.3 分批法的成本计算程序

采用分批法计算产品成本，除了“基本生产成本明细账”的设置和完工产品成本的计算与品种法有所区别外，其他均与品种法一致。

1．按产品批别设置“基本生产成本明细账”

分批法下应按产品批别设置“基本生产成本明细账”或“成本计算单”。为了反映各项成本费用的耗费情况，了解核心费用对产品成本的影响，要求成本明细账按成本项目设置专栏。同时，与产品成本计算有关的“辅助生产成本明细账”、“制造费用明细账”均应按照要求相应地一并设置出来，并规定其成本项目或费用项目。

2．归集和分配本期（月）发生的各项要素费用

根据生产过程中各项要素费用发生的原始凭证和其他有关凭证，编制各种成本、费用分配表，根据各种费用分配表编制记账凭证，再根据记账凭证登记所开设的成本、费用明细账。

3．归集和分配辅助生产费用

辅助生产费用的分配方法和程序同品种法，不再重述。

4．归集和分配基本生产车间的制造费用

制造费用的分配方法和程序同品种法，不再重述。

5．计算完工产品成本

分批法一般不需要在完工产品和月末在产品之间分配生产费用。当某批次产品全部完工时，则该批别产品成本明细账所归集的生产费用合计数，即该批产品的实际总成本。如果某批次产品跨月陆续完工，可以简化计算，或者采用一定的方法在完工产品和月末在产品之间进行分配，计算出本月完工产品的总成本和月末在产品成本。各批完工产品实际总

成本分别除以其实际完工总产量，即该批产品的实际单位成本。

6．结转完工产品成本

根据产品成本计算的结果，编制“完工产品成本汇总表”，填制结转本月完工产品成本的记账凭证，并分别登记有关“基本生产成本明细账”和“库存商品明细账”。

6.1.4　分批法的基本形式

根据企业投产的产品批数的多少、产品生产周期的长短，以及会计核算工作量的大小，常用的分批法有两种基本形式，即一般分批法与简化分批法。

1．一般分批法

一般分批法即按常规的成本计算程序进行核算的方法，是分批法的常规形式。首先依据产品的生产批号，设置“基本生产明细账”；其次根据各种费用的原始凭证和有关资料，编制各种生产费用分配表，将生产费用在各批产品之间进行分配，计算各批别产品的成本。各种生产费用，不论直接计入费用，还是间接计入费用，发生后当月都应在各批产品之间分配完毕。一般分批法适用于同一会计期间内投产的产品批数不多，且月末在产品数量较少的企业。此法又称当月分配式的分批法、分批计算在产品成本的分批法。

2．简化分批法

简化分批法是一般分批法的简化形式。在小批单件生产企业里，如果同一月份内投产的产品批数非常多，并且产品生产周期长，仍然采用按月分配生产费用的方式，则核算工作将极其繁重。因此，为减少会计核算工作量，在实际工作中产生了各批产品只按月归集分配直接计入费用（直接材料），不按月分配间接计入费用（直接人工和制造费用），间接计入费用通过设置“基本生产成本二级账”累计登记，当某批别产品完工时才将间接计入费用分配计入该批产品成本，所以又称累计分批法、不分批计算在产品成本的分批法。

6.2　一般分批法的运用

6.2.1　企业基本情况和相关成本资料

厦华公司为小批单件制造企业，设有一个基本生产车间。生产组织按“生产任务通知单”（生产批号）进行。2014 年 3 月根据客户的订单要求，决定生产三个批次的产品。采用一般分批法计算各批次产品成本。另外，根据企业生产的实际情况，由于生产过程中消耗的动力较大，为了单独考核动力的消耗情况，决定将“直接材料”成本项目分解为“原材料”、“燃料及动力”两个成本项目，“直接人工”和“制造费用”成本项目不变。

2014 年 3 月的生产情况及有关成本费用资料如下。

1．3 月的生产情况

201415 号　甲产品 8 件，2 月投产，本月全部完工。

201416 号　乙产品 15 件，2 月投产，本月完工 9 件，未完工 6 件。

201417 号　丙产品 16 件，本月投产，本月完工 4 件。

甲、乙、丙产品的材料投入方式均为生产开始时一次投入。

2．生产成本资料

各批产品的月初在产品成本如表 6-1 所示。根据各项生产费用分配表的分配结果，汇总得到各批产品本月发生的生产费用如表 6-2 所示。

表 6-1　月初在产品成本

2014 年 3 月　　单位：元

批　号	原 材 料	直接人工	燃料及动力	制造费用	合　计
201415	13 120	7 280	14 400	3 560	38 360
201416	19 290	8 805	15 420	5 835	49 350

表 6-2　各批产品本月生产费用

2014 年 3 月 31 日　　单位：元

批　号	原 材 料	直接人工	燃料及动力	制造费用	合　计
201415		5 960	6 300	1 940	14 200
201416		9 180	5 730	4 095	19 005
201417	18 720	11 480	16 360	6 020	52 580

3．生产费用分配要求

201415 号甲产品，上月投产，本月全部完工，不需要在完工产品与月末在产品之间分配生产费用。

201416 号乙产品，上月投产，本月完工 9 件，有 6 件未完工，月末在产品数量较大，所以应当采用适当方法，在该批产品的完工产品和月末在产品之间分配生产费用。根据原材料的投入方式，对直接材料费用按照完工产品和在产品的实际数量比例分配。其他各项费用，采用约当产量法进行分配。根据统计确认，月末在产品的完工程度为 60%。

201417 号丙产品，本月完工 4 件，数量较少，根据有关规定，可按计划单位成本转出。经查丙产品每件计划成本为原材料 1 170 元，燃料及动力 950 元，直接人工 630 元，制造费用 330 元，合计 3 080 元。

6.2.2　公司各批次产品的成本计算程序

1．设置相关的成本明细账

按照生产批号分别开设 201415 号（甲产品）、201416 号（乙产品）和 201417 号（丙产品）的“基本生产成本明细账”。各成本明细账户内按照“原材料”、“直接人工”、“燃料及动力”、“制造费用”成本项目分设专栏，分别反映各批次产品的生产费用情况。各成本明细账的格式如表 6-3、表 6-4、表 6-5 所示，其他账簿从略。

2．登记各生产批号的成本明细账

根据本月发生的生产费用，经分配后，计入各批号成本明细账，如表 6-3，表 6-4、表 6-5 所示。

表 6-3 基本生产成本明细账

生产批号：201415 购货单位：A 投产日期：2 月
产品名称：甲产品 批量：8 件 完工日期：3 月

2014 年		凭证		摘要	原材料	直接人工	燃料及动力	制造费用	合计
月	日	字	号						
3	1			月初在产品成本	13 120	7 280	14 400	3 560	38 360
	31			分配职工薪酬		5 960			5 960
	31			分配动力费用			6 300		6 300
	31			分配制造费用				1 940	1 940
	31			本月累计	13 120	13 240	20 700	5 500	52 560
	31			结转完工产品成本	13 120	13 240	20 700	5 500	52 560

表 6-4 基本生产成本明细账

产品批号：201416 购货单位：B 投产日期：2 月
产品名称：乙产品 批量：15 件 完工：3 月完工 9 件

2014 年		凭证		摘要	原材料	直接人工	燃料及动力	制造费用	合计
月	日	字	号						
3	1			月初在产品成本	19 290	8 805	15 420	5 835	49 350
	31			分配职工薪酬		9 180			9 180
	31			分配动力费用			5 730		5 730
	31			分配制造费用				4 095	4 095
	31			本月累计	19 290	17 985	21 150	9 930	68 355
	31			结转完工产品成本	11 574	12 846.43	15 107.14	7 092.86	46 620.43
	31			月末在产品成本	7 716	5 138.57	6 042.86	2 837.14	21 734.57

表 6-5 基本生产成本明细账

产品批号：201417 购货单位：C 投产日期：3 月
产品名称：丙产品 批量：16 件 完工：3 月完工 4 件

2014 年		凭证		摘要	原材料	直接人工	燃料及动力	制造费用	合计
月	日	字	号						
3	31			分配材料费用	18 720				18 720
	31			分配职工薪酬		11 480			11 480
	31			分配动力费用			16 360		16 360
	31			分配制造费用				6 020	6 020
	31			本月合计	18 720	11 480	16 360	6 020	52 580
	31			结转完工产品成本	4 680	2 520	3 800	1 320	12 320
	31			月末在产品成本	14 040	8 960	12 560	4 700	40 260

3. 计算并结转完工产品成本

1）201415 号甲产品本月已全部完工，其成本明细账中归集的生产费用，即为完工产品的总成本。编制结转完工产品成本的会计分录如下。

借：库存商品——甲产品　　52 560

　贷：基本生产成本——甲产品　　52 560

2）201416 号乙产品本月完工 9 件，其成本明细账中归集的生产费用，需要在完工的 9 件产品和未完工的 6 件之间进行分配。其分配计算过程如下。

① 材料费用分配率= $\frac{19\ 290}{9+6}$ =1 286（元/件）

完工产品的材料费用=9×1 286=11 574（元）

月末在产品的材料费用=6×1 286=7 716（元）

② 月末在产品约当产量=6×60%=3.6（件）

直接人工费用分配率= $\frac{17\ 985}{9+3.6}$ =1 427.381（元/件）

完工产品的人工费用=9×1 427.381=12 846.43（元）

月末在产品的人工费用=3.6×1 427.381=5 138.57（元）

③ 燃料及动力费用分配率= $\frac{21\ 150}{9+3.6}$ =1 678.5714（元/件）

完工产品的燃料及动力费用=9×1 678.5714=15 107.14（元）

月末在产品的燃料及动力费用=3.6×1 678.5714=6 042.86（元）

④ 制造费用分配率= $\frac{9\ 930}{9+3.6}$ =788.0952（元/件）

完工产品的制造费用=9×788.0952=7 092.86（元）

月末在产品的制造费用=3.6×788.0952=2 837.14（元）

编制结转完工产品成本的会计分录如下。

借：库存商品——乙产品　　46 620.43

　贷：基本生产成本——乙产品　　46 620.43

3）201417 号丙产品本月完工 4 件，根据成本分配要求，按计划成本计算并结转完工的 4 件丙产品成本。编制结转完工产品成本的会计分录如下。

借：库存商品——丙产品　　12 320

　贷：基本生产成本——丙产品　　12 320

6.3 简化的分批法

6.3.1 简化分批法的概念和特点

简化分批法是一般分批法的简化形式，是通过期末在产品不分配间接计入费用（加工费用）来达到简化核算的产品成本计算方法。在小批单件生产企业里，如果同一月内投产的产品批数非常多，并且产品生产周期长，在各批产品完工之前，各批次产品的成本明细账户内只登记直接材料费用和生产工时，而不需要按月分配和登记各项间接计入费用，不计算各批产品的在产品成本；只在有完工产品的月份，才分配间接计入费用，计算并登记各该批产品的成本。在这种情况下，已经将间接计入费用在各批产品之间的分配和完工产品与在产品之间的分配结合起来，使得生产费用在各成本计算对象之间的横向分配与生产费用在完工产品和期末在产品之间的纵向分配合并在一起进行，从而大大简化了成本计算工作，因而成为简化的分批法。同时，因为各批产品的在产品成本综合归集在“基本生产成本二级账”中，所以又称累计分批法、不分批计算在产品成本的分批法。

简化分批法与一般分批法相比较，主要有以下几个特点。

1．需要设置“基本生产成本二级账”

采用简化分批法除了按照产品批别设置“基本生产成本明细账”外，还需要按照生产车间设置“基本生产成本二级账”。此两种账户内应设置各成本项目和生产工时栏目。二级账汇总登记该车间各批产品在生产过程中耗费的所有生产费用和生产工时；各批次产品的“基本生产成本明细账”日常只登记本批次产品耗费的直接材料费用和生产工时。只有在有完工产品的月份，才将二级账中累计起来的间接计入费用（加工费用），按照完工产品的生产工时占全部累计工时的比例，分配结转给完工产品；未完工产品的间接计入费用，仍保留在二级账中。

2．不分批计算在产品成本

当把完工批次产品应负担的间接计入费用转入各批完工产品的“基本生产成本明细账”后，“基本生产成本二级账”反映的是全部未完工批次的月末在产品成本。各未完工批次产品的“基本生产成本明细账”中只反映累计直接计入费用（直接材料）和累计生产工时，不反映各该批次产品的月末在产品成本。

3．需要计算累计间接计入费用分配率

简化分批法下，各批次产品完工之前不分配间接计入费用，而是随着生产的进行而逐步累计。当有完工产品产出的月份，根据“基本生产成本二级账”中归集的间接计入费用的累计数和累计生产工时，通过计算累计间接计入费用分配率，按照完工批次产品的累计生产工时，计算完工批次产品应负担的各项间接计入费用，并登记转出。累计间接计入费用分配率计算公式见式（6-1）和式（6-2）。

$$\text{全部产品某项间接计入费用累计分配率}=\frac{\text{全部产品该项间接计入费用累计数}}{\text{全部产品累计生产工时}} \tag{6-1}$$

$$\text{某批完工产品应负担的间接计入费用}=\text{该批完工产品累计生产工时}\times\text{累计分配率} \tag{6-2}$$

4．生产费用的横向和纵向分配一次完成

在简化的分批法下，各批产品的直接计入费用是在各该批次产品的“基本生产成本明细账”直接归集的，当批内有产品完工时，随同间接计入费用一起在完工产品与月末在产品之间分配，所以它不涉及各批产品之间的横向分配，只涉及批内完工产品与月末在产品之间的纵向分配。而各批产品的间接计入费用是通过“基本生产成本二级账”归集的，属于各批产品共同的费用，所以当有产品完工时，间接计入费用不仅要在各批产品之间进行分配，还要在完工产品与月末在产品之间进行分配。也就是说，既要进行横向分配，又要进行纵向分配，而且两种分配是同步进行的，这就决定了间接计入费用在各批产品之间，以及在完工产品与月末在产品之间的分配一次性完成。

6.3.2 简化分批法的运用

1. 企业基本情况和相关成本资料

汾西集团下属的第二分厂属于小批生产，该分厂的产品批别多，生产周期较长，每月末经常有大量未完工的产品批次。为了简化核算工作，采用简化的分批法计算成本。

汾西集团第二分厂20××年8月各批产品的有关资料如下。

（1）8月的生产批号。

① 7720批号：甲产品8件，7月投产，8月全部完工。

② 7721批号：乙产品10件，7月投产，8月完工4件。

③ 7822批号：丙产品5件，8月投产，尚未完工。

④ 7823批号：丁产品15件，8月投产，尚未完工。

⑤ 7824批号：戊产品12件，8月投产，尚未完工。

（2）各批号产品耗用的原材料费用和生产工时。

① 7720批号：7月消耗原材料8 000元，生产工时4 000小时；8份消耗原材料10 000元，生产工时5 020小时。

② 7721批号：7月消耗原材料4 000元，生产工时1 500小时；8月消耗原材料20 000元，生产工时20 000小时，原材料已经全部投入。

③ 7822批号：原材料消耗5 600元，生产工时3 200小时。

④ 7823批号：原材料消耗5 200元，生产工时3 000小时。

⑤ 7824批号：原材料消耗5 000元，生产工时2 100小时。

(3)8月末，该厂全部产品累计原材料费用57 800元，工时38 820小时，直接人工15 528元，制造费用23 292元。期末完工产品生产工时总额为23 020小时，其中7720批号的甲产品全部完工，该批产品生产工时为9 020小时；7721批号的乙产品部分完工，已完工产品的生产工时为14 000小时。

2. 各批次产品的成本计算程序

1）设置相关的成本明细账。根据核算要求设置“基本生产成本二级账”（第二分厂）如表6-6所示，同时按照生产批号分别开设各批次产品的“基本生产成本明细账”，格式如表6-7～表6-11所示，其他账簿从略。

2）登记“基本生产成本二级账”，计算累计间接计入费用分配率。

表6-6 基本生产成本二级账

生产单位：第二分厂　　　　单位：元

20××年		摘　要	直接材料	生产工时	直接人工	制造费用	合　计
月	日						
8	31	本月累计	57 800	38 820	15 528	23 292	96 620
	31	分配率			0.4	0.6	

续表

20××年		摘　　要	直接材料	生产工时	直接人工	制造费用	合　　计
月	日						
	31	完工产品转出	27 600	23 020	9 208	13 812	50 620
	31	月末在产品成本	30 200	15 800	6 320	9 480	46 000

本月有完工产品，因此需要计算累计间接计入费用分配率，以便于计算完工产品成本。累计间接计入费用分配率计算如下。

$$累计人工费用分配率=\frac{15\,528}{38\,820}=0.4（元/小时）$$

$$累计制造费用分配率=\frac{23\,292}{38\,820}=0.6（元/小时）$$

3）登记各生产批号的“基本生产成本明细账”，并计算完工产品成本。

根据本月发生的生产费用，登记“基本生产成本二级账”和各生产批号的“基本生产成本明细账”。按照累计间接计入费用分配率和各批次完工产品耗用的生产工时，计算出完工产品应负担的间接计入费用（加工费用）。将分配依据和费用分配结果登记在有完工产品的各批次“基本生产成本二级账”中，以确定各批次完工产品的成本。最后，将完工产品总成本和生产工时，从“基本生产成本二级账”中转出，结出期末余额。各批次产品成本计算结果如表 6-7～表 6-11 所示。

表 6-7　基本生产成本明细账

生产批号：7720　　　　批量：8 件　　　　投产日期：7 月

产品名称：甲产品　　　　单位：元　　　　完工日期：8 月

20××年		摘　　要	直接材料	生产工时	直接人工	制造费用	合　　计
月	日						
7	31	本月发生	8 000	4 000			
8	31	本月发生	10 000	5 020			
	31	本月累计	18 000	9 020			
	31	分配率			0.4	0.6	
	31	分配间接费用			3 608	5 412	9 020
	31	完工转出	18 000	9 020	3 608	5 412	27 020

表 6-8　基本生产成本明细账

生产批号：7721　　　　批量：10 件　　　　投产日期：7 月

产品名称：乙产品　　　　单位：元　　　　完工日期：8 月完工 4 件

20××年		摘　　要	直接材料	生产工时	直接人工	制造费用	合　　计
月	日						
7	31	本月发生	4 000	1 500			
8	31	本月发生	20 000	20 000			
	31	本月累计	24 000	21 500			

续表

20××年		摘　要	直接材料	生产工时	直接人工	制造费用	合　计
月	日						
	31	分配率			0.4	0.6	
	31	分配间接费用		14 000	5 600	8 400	14 000
	31	完工转出	9 600	14 000	5 600	8 400	23 600
	31	月末在产品	14 400	7 500			

备注：明细账中的直接材料，完工转出的成本=（24 000÷10）×4=9 600（元）

表 6-9　基本生产成本明细账

生产批号：7822　　批量：5 件　　投产日期：8 月

产品名称：丙产品　　单位：元　　完工日期：

20××年		摘　要	直接材料	生产工时	直接人工	制造费用	合　计
月	日						
8	31	本月发生	5 600	3 200			

表 6-10　基本生产成本明细账

生产批号：7823　　批量：15 件　　投产日期：8 月

产品名称：丁产品　　单位：元　　完工日期：

20××年		摘　要	直接材料	生产工时	直接人工	制造费用	合　计
月	日						
8	31	本月发生	5 200	3 000			

表 6-11　基本生产成本明细账

生产批号：7824　　批量：12 件　　投产日期：8 月

产品名称：戊产品　　单位：元　　完工日期：

20××年		摘　要	直接材料	生产工时	直接人工	制造费用	合　计
月	日						
8	31	本月发生	5 000	2 100			

复习思考题

一、单项选择题

1. 分批法的成本计算对象是（　　）。

A．产品批别　　B．产品品种

C．产品订单　　D．生产步骤

2. 分批法的成本计算期一般按（　）。

A．月份归集　　B．生产合同

C．生产周期　　D．会计核算期

3. 分批法适用的生产组织类型是（　）。

A．复杂生产　　B．大批生产

C．大量生产　　D．小批单件生产

4. 采用简化分批法，产品完工之前“基本生产成本明细账”登记的内容包括（　）。

A．不登记任何费用

B．只登记原材料费用

C．只登记直接计入费用和生产工时

D．只登记间接计入费用，不登记直接计入费用

5. 下列企业中，（　）适合运用分批法计算产品成本。

A．面粉厂　　B．造船厂

C．发电厂　　D．水泥厂

6. 小批单件生产、管理上不要求分步计算成本的企业，计算成本时应采用（　）。

A．品种法　　B．分步法

C．分类法　　D．分批法

7. 简化分批法之所以简化，是由于（　）。

A．不计算在产品成本

B．不分批计算在产品成本

C．采用累计的间接费用分配率分配生产费用

D．在产品完工以前不登记产品成本明细账

8. 产品成本计算不定期，一般也不需要在完工产品与月末在产品之间分配费用的成本计算方法是（　）。

A．品种法　　B．分步法

C．分类法　　D．分批法

9. 某制药厂正在试制生产某流感疫苗。为了核算此疫苗的试制生产成本，该制药厂最适合选择的成本计算方法是（　）。

A．品种法　　B．分批法

C．分类法　　D．分步法

10. 适合汽车修理企业采用的成本计算方法是（　）。

A．品种法　　B．定额法

C．分批法　　D．分步法

二、多项选择题

1. 关于成本计算的分批法，下列说法正确的是（　）。

A．没有完工产品与月末在产品之间费用分配问题

B．成本的计算期与会计报告期往往是不一致的

C．适用于小批单件，管理上不要求分步骤计算成本的多步骤生产

D．以产品批别作为成本计算对象

2. 分批法适用于（　）。

A．单步骤生产

B．多步骤生产

C．管理上不要求分步骤计算成本的多步骤生产

D．管理上要求分步骤计算成本的多步骤生产

3. 分批法与品种法的主要区别是（　）。

A．成本计算对象不同　　B．会计核算期间不同

C．成本计算对象所含成本项目不同　　D．成本计算期不同

4. 简化的分批法适用于（　）。

A．同一月份投产的批数很多　　B．同一月份投产的批数很少

C．月末完工产品的批数较少　　D．月末完工产品的批数较多

5. 在简化分批法下，（　）是错误的。

A．无须设置基本生产二级明细账

B．在基本生产成本二级明细账中只登记直接计入费用

C．产品完工之前，基本生产成本三级明细账只登记直接计入费用和生产工时

D．在基本生产成本二级账中只登记间接计入费用

6. 简化分批法也被称为（　）。

A．分批计算在产品成本的分批法　　B．间接费用分配法

C．累计分批法　　D．不分批计算在产品成本的分批法

7. 在简化的分批法下，说法正确的有（　）。

A. 产品完工之前，产品成本明细账既要登记直接计入费用，又要登记间接计入费用

B. 产品完工之前，产品成本明细账只登记直接材料费用和生产工时

C. 不分批计算在产品成本

D. 在基本生产成本二级账中，既要登记直接计入费用，又要登记间接计入费用

8. 采用简化的分批法，在某批产品完工前，其成本计算单中登记（　）。

A. 不登记任何费用　　B. 登记生产工时

C. 登记直接材料费用　　D. 只登记间接计入费用

9. 采用分批法计算成本，批内产品跨月完工产品数量不多，为简化核算，可以按（　）作为本月完工产品的单位成本，以计算完工产品的总成本。

A. 计划单位成本　　B. 定额单位成本

C. 近期相同产品的实际单位成本　　D. 计划销售单价

10. 采用简化的分批法，说法正确的有（　）。

A. 不计算全部在产品成本　　B. 计算全部在产品成本

C. 不计算在产品成本　　D. 不分批计算在产品成本

三、判断题

1. 分批法下不存在在产品的计价问题。（　）

2. 分批法下的产品批别必须与购买者的订单一致。（　）

3. 采用分批法计算产品成本时，成本的计算期一般与报告期一致，与生产周期不一致。（　）

4. 相比较而言，简化分批法下的月末完工产品的批数越多，成本的核算工作就越简化。(　　)

5. 分批法下不存在完工产品与月末在产品之间分配费用的问题。(　　)

6. 产品成本计算的分批法又称订单法。(　　)

7. 重型机械、船舶及服装生产都适合采用分批法。(　　)

8. 分批法下，产品成本明细账的设置不一定与订单一致。(　　)

9. 发电、采掘等企业适合选择的成本计算方法是分批法。(　　)

10. 采用分批法计算产品成本，在单件生产的情况下，不必将生产费用在完工产品与在产品之间进行分配。(　　)

四、实训题

(一) 练习一般分批法下的成本计算

资料：某企业按照客户的订货要求，小批量生产产品，采用分批法计算产品成本，该企业 20××年 3 月生产的产品批号及完工情况如表 6-12 所示。

表 6-12　产品批号及完工情况表

批　号	产品名称	批量（件）	投产时间	完工时间
101	A 产品	50	2 月 5 日	3 月 27 日
201	B 产品	25	3 月 9 日	尚未完工

该企业 3 月发生生产费用及工时情况如表 6-13 所示。

表 6-13　生产费用及生产工时表

批　号	生产工时（小时）	原材料费用（元）
101	2 500	9 000
201	1 500	13 000

两批产品共发生工资费用 3 000 元，制造费用 8 400 元，按工时比例分配。

要求：1. 填制“工资及制造费用分配表”，如表 6-14 所示。

2. 填制“产品成本计算单”，计算各批产品成本，如表 6-15、表 6-16 所示。

表 6-14　工资及制造费用分配表

20××年 3 月　　　　金额单位：

批　号	生产工时（小时）	直接人工		制造费用	
		分配率	分配额	分配率	分配额
101					
201					
合　计					

表 6-15 产品成本计算单

生产批号： 批量： 投产日期：
产品名称： 单位： 完工日期：

月	日	摘　　要	直接材料	直接人工	制造费用	合　　计
2	28	本月发生	7 000	1 125	2 250	10 375
3	31	本月发生				
		生产费用合计				
		完工产品总成本				
		单位成本				

表 6-16 产品成本计算单

生产批号： 批量： 投产日期：
产品名称： 单位： 完工日期：

月	日	摘　　要	直接材料	直接人工	制造费用	合　　计

（二）练习一般分批法下的成本计算

资料：翔宇机械厂属于单件小批多步骤生产企业，按购货单位要求小批生产甲、乙、丙三种产品，产品成本计算采用分批法，该企业20××年9月的有关成本资料如下。

（1）901 批号甲产品 50 件，7 月投产，本月全部完工，7、8 两月累计发生的生产费用为直接材料 4 000 元，直接人工 1 000 元，制造费用 1 200 元。本月发生的生产费用为直接人工 400 元，制造费用 500 元。

（2）902 批号乙产品 100 件，8 月投产，本月完工 60 件，未完工 40 件，8 月发生的生产费用为直接材料 60 000 元，直接人工 15 000 元，制造费用 13 000 元。本月发生的生产费用为直接人工 7 000 元，制造费用 6 000 元。

（3）903 批号丙产品 7 件，本月投产，尚未完工，本月发生的生产费用为直接材料 20 000 元，直接人工 5 600 元，制造费用 4 800 元 。

三种产品的原材料均在生产开始时一次投入。902 批号乙产品本月完工产品数量所占比重较大（60%），采用约当产量法将生产费用在批内完工产品和月末在产品之间进行分配，在产品完工程度为 50%。

要求：分别编制 901 批号甲产品、902 批号乙产品和 903 批号丙产品的成本计算单。

（三）练习简化分批法下的成本计算

资料：某厂的生产组织类型属于小批生产，生产批数较多，用简化分批法计算产品成本。该厂 20××年 9 月的有关成本资料如下。

（1）9 月的生产批号。

901 批：甲产品 5 件，8 月投产 ，9 月 20 日全部完工。

902 批：乙产品 10 件，8 月投产，9 月完工 6 件。

903 批：丙产品 5 件，8 月投产，尚未完工。

904 批：丁产品 6 件，9 月投产，尚未完工。

(2) 9 月末各生产批号累计原材料费用（原材料在生产开始时一次投入）和生产工时。

901 批：原材料 18 000 元，生产工时 9 020 小时。

902 批：原材料 24 000 元，生产工时 25 100 小时。

903 批：原材料 15 800 元，生产工时 4 700 小时。

904 批：原材料 11 080 元，生产工时 8 220 小时。

(3) 9 月末，该厂全部产品累计原材料费用 68 880 元，生产工时 47 040 小时，直接人工 18 816 元，制造费用 28 224 元。9 月末完工产品的生产工时为 23 020 小时，其中乙产品 14 000 小时。

要求：1. 计算和登记累计间接计入费用分配率。

2. 登记"基本生产成本二级账"和各批产品的"基本生产成本明细账"，计算各批完工产品成本。格式如表 6-17～表 6-21 所示。

表 6-17　基本生产成本二级账　　单位：

月	日	摘　　要	直接材料	生产工时	直接人工	制造费用	合　　计
9	30	生产费用累计数					
	30	累计间接费用分配率					
	30	完工产品成本					
	30	月末在产品成本					

表 6-18　基本生产成本明细账

生产批号：　　批量：　　投产日期：

产品名称：　　单位：　　完工日期：

20××年		摘　　要	直接材料	生产工时	直接人工	制造费用	合　　计
月	日						

表 6-19　基本生产成本明细账

生产批号：　　批量：　　投产日期：

产品名称：　　单位：　　完工日期：

20××年		摘　　要	直接材料	生产工时	直接人工	制造费用	合　　计
月	日						

表 6-20 基本生产成本明细账

生产批号： 批量： 投产日期：

产品名称： 单位： 完工日期：

20××年		摘 要	直接材料	生产工时	直接人工	制造费用	合 计
月	日						

表 6-21 基本生产成本明细账

生产批号： 批量： 投产日期：

产品名称： 单位： 完工日期：

20××年		摘 要	直接材料	生产工时	直接人工	制造费用	合 计
月	日						

（四）练习简化分批法下的成本计算

资料：宏图企业的生产类型属于小批生产，生产批数较多，用简化分批法计算产品成本。该企业 20××年 4 月的产品批别如下。

201 批号 A 产品 10 台，2 月投产，本月完工。

302 批号 B 产品 15 台，3 月投产，本月完工。

303 批号 C 产品 8 台，3 月投产，本月完工 2 台，完工产品工时 2 025 小时。

401 批号 D 产品 12 台，本月投产，尚未完工。

402 批号 E 产品 10 台，本月投产，尚未完工。

403 批号 F 产品 15 台，本月投产，尚未完工。

该企业 4 月的月初在产品成本资料如表 6-22 所示。

表 6-22 月初在产品成本 金额单位：元

产品批别	累计工时（小时）	直接材料	直接人工	制造费用
累计总数	29 000	30 000	22 000	15 000
其中：201 号 A 产品	11 000	9 500		
302 号 B 产品	13 000	12 000		
303 号 C 产品	5 000	8 500		

该企业本月全部产品的生产工时 21 000 小时，其中 A 产品 3 900 小时，B 产品 6 700 小时，C 产品 3 100 小时，D 产品 3 300 小时，E 产品 3 000 小时，F 产品 1 000 小时。本月发生的直接人工费用总额为 22 960 元，制造费用总额为 18 920 元。D 产品、E 产品和 F 产品本月开工，投入的原材料费用分别为 14 000 元、10 000 元和 6 000 元。各种产品的原材料费用均在生产开始时一次投料。

要求：1. 计算累计间接费用分配率。
2. 设置并登记该企业的“基本生产成本二级账”。
3. 设置并登记各批号产品的“基本生产成本明细账”。

第 7 章 产品成本计算的分步法

7

理论目标

1. 理解分步法的分类及适用范围；
2. 明确逐步结转分步法、平行结转分步法的特点及成本计算程序；
3. 掌握成本还原的基本原理。

实践目标

1. 能够熟练地应用逐步结转分步法、平行结转分步法进行产品成本的计算；
2. 能够运用成本还原的方法，反映产品成本的原始构成情况；
3. 能够依据企业的不同情况选择相应的成本计算方法。

案例导入

齐鲁第一毛纺厂是生产毛纺织品的企业，该企业设有准备和纺纱两个基本生产车间，大量生产毛线。准备车间将原材料（原毛等）经洗毛、印染、梳毛、粗纺等工序制成毛条，全部供应给纺纱车间；纺纱车间将毛条经分条、细纱、精纺等工序制成各种型号的毛线。生产毛线所用原材料在每步骤生产开始时一次投入，其他费用陆续发生。

思考

你认为该厂适合采用哪种成本计算方法计算产品成本？

7.1 分步法概述

7.1.1 分步法的概念和特点

产品成本计算的分步法是以产品的品种及生产步骤作为成本计算对象，归集和分配生产费用，计算产品成本的一种方法。在分步法下，产品的生产费用按各生产步骤进行归集，因此，产成品的成本计算需要按一定方式结转各步骤费用，以确定各种商品产品的成本。

分步法不仅要按产品品种计算最终的商品产品的成本，而且要求计算这些产品在各个生产步骤上的成本或份额。

采用分步法计算产品成本时，由于不同企业对于生产步骤成本管理有着不同的要求，以及出于简化成本核算工作的考虑，按照产品生产步骤归集生产费用计算产品成本时，各个生产步骤成本的计算和结转可以采用逐步结转，也可以采用平行结转，所以，产品成本计算的分步法也就分为逐步结转分步法和平行结转分步法两种。

与品种法相比较，分步法的特点主要表现在以下几个方面。

1．以产品的品种及生产步骤作为成本计算对象

在分步法下，如果企业只生产一种产品，成本计算对象就是该种产品及所经的生产步骤，“基本生产成本明细账”应按照产品的生产步骤开设。如果生产多种产品，成本计算对象是各种产品及所经的生产步骤，“基本生产成本明细账”应按照每种产品的生产步骤开设。

应注意的是，成本计算的步骤要结合管理上的要求，可能与生产工艺上的实际生产步骤不完全一致。为简化核算，只对成本管理上有必要分步计算成本的生产步骤单独设置成本计算单，进行成本计算。根据成本管理的需要，有时生产步骤按车间设置，则此时分步骤计算成本就是分车间计算成本；对规模不大、管理上不要求提供车间成本的企业，也可以将几个车间合并为一个生产步骤计算成本；反之，在规模较大的企业，按成本管理的要求，也可以在一个车间内按工段划分生产步骤计算成本。

2．成本计算定期按月进行

在分步法下，企业的生产组织类型通常是大量大批生产，生产过程较长且可以间断，而且往往都是跨月陆续完工的。因此，成本计算期不可能与产品生产周期一致，而是与会计报告期一致，即定期按月计算产品成本。

3．月末通常需要在完工产品与月末在产品之间进行生产费用的分配

在大量大批多步骤生产下，由于材料不断投入，产品陆续完工，各生产步骤月末通常有在产品，因此，各生产步骤所归集的生产费用，需要采用适当的方法在完工产品和月末在产品之间进行分配。

由于产品生产是分步骤组织的，上一步骤生产的半成品是下一步骤的加工对象，下一步骤生产活动是否能够正常进行，取决于上一步骤半成品是否能够及时转移过来。因此，计算各步骤成本，不只是出于成本管理的要求，也是为了保证生产活动的正常进行。也就是说，与其他成本计算方法不同的是，采用分步法计算产品成本，在生产步骤之间还存在成本结转问题。所以，计算和结转各步骤的产品成本是分步法的主要特点。

7.1.2　分步法的适用范围

分步法适用于大量大批多步骤生产，并且管理上要求分步骤计算成本的企业，如冶金、纺织、机械制造、造纸等企业。在这些企业中，产品的生产一般可以分为若干个生产步骤进行，如钢铁企业的生产步骤可以分为炼铁、炼钢、轧钢等；纺织企业的生产步骤可以分为纺纱、织布等；造纸企业的生产步骤可以分为制浆、制纸、包装等；机械制造企业的生产步骤可以分为铸造、加工、装配等。为了加强对各生产步骤的成本管理，企业不仅要求按照产品品种计算成本，而且还要求按照产品的生产步骤计算成本，以便于考核和分析各产品及其各生产步骤的成本计划执行情况。

7.2 逐步结转分步法

7.2.1 逐步结转分步法的概念和特点

逐步结转分步法是按照产品加工的先后顺序，逐步计算并结转半成品成本，直到最后步骤累计计算出产成品成本的成本计算方法。

逐步结转分步法的成本计算对象是产成品及所经生产步骤的半成品。各生产步骤都需要计算本步骤所产的半成品成本。半成品成本随着半成品实物的转移而结转，直到最后生产步骤计算出完工产成品成本。因此，月末各生产步骤将生产费用在完工产品与月末在产品之间进行分配时，生产费用是指本步骤发生的费用加上上步骤转入的半成品成本，完工产品是指本生产步骤完工的半成品（最后生产步骤即产成品），月末在产品是指本生产步骤正在加工尚未完工的在制品，即狭义的在产品。据此，可以总结出逐步结转分步法的特点：

1）半成品实物的转移与其成本的结转是一致的；

2）逐步结转分步法下的完工产品与在产品是狭义的；

3）逐步结转分步法是品种法的多次连续应用。

7.2.2 逐步结转分步法的适用范围

逐步结转分步法适用于大量大批连续式多步骤生产，并且各步骤半成品具有独立的经济意义，成本管理需要各生产步骤提供半成品成本资料的企业。在这类企业中，生产周期较长，生产步骤具有明显的先后顺序，上一步骤的完工半成品是下一步骤的加工对象，不论自制半成品是否需要通过半成品库进行收发，在逐步结转分步法下，各步骤半成品实物的转移应伴随半成品成本的结转，以便逐步计算出各步骤的半成品和最后步骤的产成品成本。因为，此法分步反映了半成品成本的计算和结转情况，所以又称计算半成品成本的分步法。

7.2.3 逐步结转分步法的成本计算程序

1．按产品的生产步骤和产品品种设置“基本生产成本明细账”

在逐步结转分步法下，其成本明细账（或成本计算单）是按照产品的生产步骤和产品品种分别设置的。为了反映各步骤生产费用的耗费情况，账户内必须分别成本项目设置专栏，除第一步骤外，以后各步骤须将“直接材料”成本项目设置为“半成品费用”成本项目，其他成本项目不变。同时，与产品成本计算有关的“辅助生产成本明细账”、“制造费用明细账”均应按照要求相应地一并设置出来，并规定其成本项目或费用项目。

2．归集和分配本月发生的各项要素费用

在分步法下，要按产品生产步骤归集和分配生产费用。生产过程中发生的各项生产费用，能够分步骤划分的直接计入费用，在费用发生的原始凭证和其他有关凭证上应注明产品的生产步骤，以便于直接计入各该步骤成本明细账（或产品成本计算单）；对于不能分清

属于哪个生产步骤的生产费用，则应在费用发生的原始凭证上注明费用的用途，以便于先按费用项目进行归集，再按照企业确定的分配方法在各生产步骤之间进行分配，最后计入各该步骤成本明细账（或产品成本计算单）。

3．归集和分配辅助生产费用

辅助生产费用的分配方法和程序同品种法，不再重述。

4．归集和分配基本生产车间的制造费用

制造费用的分配方法和程序同品种法，不再重述。

5．计算和结转各生产步骤的半成品成本，直至最后步骤计算出产成品成本

会计期末，各生产步骤必须采用一定的方法，将本步骤“基本生产成本明细账”归集的生产费用，在本步骤的完工半成品和未完工半成品之间进行分配，并及时向下一生产步骤结转，以便于计算本月的完工产品成本。

6．结转完工产品成本

在逐步结转分步法下，按半成品是否需要中间库收发，会计处理具体又可分为两种情况：一种是在企业设半成品库的情况下，半成品收发应通过“自制半成品”账户核算。完工入库时，应借记“自制半成品——××半成品”，贷记“基本生产成本——××半成品”；下一步骤生产领用时，再编制相反的会计分录。另一种是在企业不设半成品库的情况下，半成品成本在各步骤成本计算单中直接结转，不必通过“自制半成品”账户核算。

逐步结转分步法的成本计算程序如图 7-1 所示。

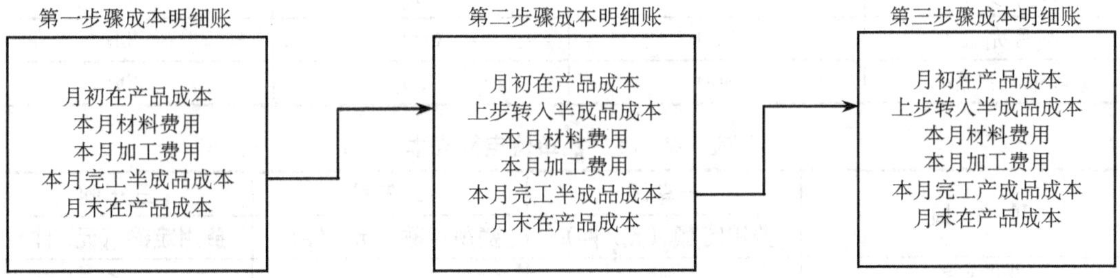

图 7-1　逐步结转分步法成本计算程序

由图 7-1 可见，逐步结转分步法实际上是品种法的多次连续应用。逐步结转分步法的成本计算程序，除了“基本生产成本明细账”的设置与品种法有所区别外，其他与品种法基本一致。

7.2.4　逐步结转分步法的类型

采用逐步结转分步法，各生产步骤之间半成品成本的结转，按照半成品成本转入下一生产步骤成本明细账（或产品成本计算单）的形式不同，分为分项逐步结转分步法和综合逐步结转分步法两种。

1．分项逐步结转分步法

分项逐步结转分步法是将各生产步骤耗用的半成品成本，分别按成本项目从上一步骤转入下一步骤成本明细账（或产品成本计算单）的相应成本项目中，直到最后步骤，从而累计计算出完工产品成本的方法。

分项结转半成品成本时，可以按照半成品的实际单位成本结转，也可以按照半成品的计划（或定额）单位成本结转。按实际成本结转各生产步骤半成品成本时，各步骤转入的半成品成本应以耗用半成品数量乘以实际单位成本（分成本项目）计算，所耗半成品实际单位成本可比照材料核算处理，可采用先进先出法、加权平均法等方法计算。半成品成本按照计划成本（或定额成本）结转时，其核算方法与材料按计划成本核算相似，即日常半成品收发按计划成本计价，待实际成本计算出来后，计算出成本差异率，按成本项目分项调整成本差异。

（1）企业基本情况和相关成本资料

某企业甲产品的生产先后经过三个连续的加工步骤，该企业不设置半成品库，前一个生产车间的半成品直接转入后一个生产车间继续加工，直至最后步骤生产出产成品。甲产品的材料投入方式为生产开始时一次投入。各生产步骤月末在产品按定额成本计价。20××年 9 月有关成本核算资料如表 7-1～表 7-3 所示。该企业会计制度要求采用分项逐步结转分步法进行成本核算。

表 7-1　生产车间的产量记录

20××年 9 月　　　　计量单位：件

项　　目	一车间（A 半成品）	二车间（B 半成品）	三车间（甲产品）
月初在产品	200	200	100
本月投产	800	700	800
本月完工	700	800	700
月末在产品	300	100	200

表 7-2　在产品单位定额成本

项　　目	一车间	二车间	三车间
	费用定额（元/件）	费用定额（元/件）	费用定额（元/件）
直接材料	45	78	84
直接人工	80	100	150
制造费用	80	120	168
单位定额成本	205	298	402

表 7-3　甲产品成本资料　　　　单位：元

项　　目	本月本步骤发生的生产费用		
	一车间	二车间	三车间
直接材料	38 100		
直接人工	65 750	23 850	22 450
制造费用	57 350	25 690	44 560
合　　计	161 200	49 540	67 010

（2）根据以上资料，按照生产步骤（车间）分别开设 A 半成品、B 半成品、甲产品的“基本生产成本明细账”

甲产品的成本计算如表 7-4～表 7-6 所示。

表 7-4　基本生产成本明细账

车间名称：一车间　　　　本月完工：700 件

产品名称：A 半成品　　　　月末在产品：300 件

项　　目	直接材料	直接人工	制造费用	合　　计
月初在产品定额成本	9 000	16 000	16 000	41 000
本月生产费用	38 100	65 750	57 350	161 200
生产费用合计	47 100	81 750	73 350	202 200
完工 A 半成品总成本	33 600	57 750	49 50	140 700
月末在产品定额成本	13 500	24 000	24 000	61 500

表中月末在产品定额成本计算如下。

月末在产品的直接材料=45 元/件×300 件=13 500 元

月末在产品的直接人工=80 元/件×300 件=24 000 元

月末在产品的制造费用=80 元/件×300 件=24 000 元

完工 A 半成品成本等于一车间本月生产费用合计减去月末在产品的定额成本。根据计算结果，编制完工 A 半成品成本结转第二步骤的会计分录如下。

借：基本生产成本——二车间　　　　140 700

　贷：基本生产成本——一车间　　　　140 700

表 7-5　基本生产成本明细账

车间名称：二车间　　　　本月完工：800 件

产品名称：B 半产品　　　　月末在产品：100 件

项　　目	直接材料	直接人工	制造费用	合　　计
月初在产品定额成本	15 600	20 000	24 000	59 600
一车间转入半成品成本	33 600	57 750	49 350	140 700
本月生产费用		23 850	25 690	49 540
生产费用合计	49 200	101 600	99 040	249 840
完工 B 半成品总成本	41 400	91 600	87 040	220 040
月末在产品定额成本	7 800	10 000	12 000	29 800

表中月末在产品定额成本计算如下。

月末在产品的直接材料=78 元/件×100 件=7 800 元

月末在产品的直接人工=100 元/件×100 件=10 000 元

月末在产品的制造费用=120 元/件×100 件=12 000 元

完工 B 半产品成本等于二车间本月生产费用合计减去月末在产品的定额成本。根据计算结果，编制完工 B 半成品成本结转第三步骤的会计分录如下。

借：基本生产成本——三车间　　　　220 040

贷：基本生产成本——二车间　　　　　　　　　　　　　220 040

表 7-6　基本生产成本明细账

车间名称：三车间　　　　　　　　　　　　　　　　　　　　本月完工：700 件

产品名称：甲产品　　　　　　　　　　　　　　　　　　　月末在产品：200 件

项　目	直接材料	直接人工	制造费用	合　计
月初在产品定额成本	8 400	15 000	16 800	40 200
二车间转入半成品成本	41 400	91 600	87 040	220 040
本月生产费用		22 450	44 560	67 010
生产费用合计	49 800	129 050	148 400	327 250
完工甲产品总成本	33 000	99 050	114 800	246 850
月末在产品定额成本	16 800	30 000	33 600	80 400

表中月末在产品定额成本计算如下。

月末在产品的直接材料=84 元/件×200 件=16 800 元

月末在产品的直接人工=150 元/件×200 件=30 000 元

月末在产品的制造费用=168 元/件×200 件=33 600 元

完工甲产品成本等于三车间本月生产费用合计减去月末在产品的定额成本。根据计算结果，编制完工甲产品成本结转的会计分录如下。

借：库存商品——甲产品　　　　　　　　　　　246 850

　贷：基本生产成本——三车间（甲产品）　　　　　　　　246 850

如果该企业的自制半成品设置中间仓库，则各车间（生产步骤）完工的半成品出入库，必须编制有关的会计分录，并登记“自制半成品明细账”。

综上所述，分项逐步结转分步法可以直接提供产品成本的原始构成资料，有利于从整个企业的角度分析和考核分成本项目的成本计划执行情况。但分项结转的工作量较大，尤其是自制半成品通过中间仓库收发时，成本计算、结转和记账工作十分繁重。因此，分项逐步结转分步法适用于产品品种较少、生产步骤不多、成本管理上要求各生产步骤提供原始成本项目资料的企业。

2．综合逐步结转分步法

综合逐步结转分步法是将各生产步骤耗用的半成品成本，以综合形式（不分成本项目）从上一步骤转入下一步骤成本明细账（或产品成本计算单）的“半成品费用”或“直接材料”项目中，直到最后步骤，累计计算出完工产品成本的方法。

综合逐步结转分步法下，各生产步骤完工的半成品可以转入企业的自制半成品仓库，各车间根据生产需要，再履行领用出库手续；企业也可以不设置自制半成品仓库，这时各生产步骤完工的半成品直接转入下一步骤。半成品成本综合结转的计价标准，可根据企业实际情况，按半成品的实际成本、计划成本或定额成本结转。

仍用分项逐步结转分步法的资料，各车间（生产步骤）完工的半成品不通过自制半成品仓库。采用综合逐步结转分步法，20××年 9 月产品成本计算及成本明细账的登记如表 7-7～表 7-9 所示。

表 7-7　基本生产成本明细账

车间名称：一车间　　　　　　　　　　　　　　　　本月完工：700 件
产品名称：A 半成品　　　　　　　　　　　　　　　月末在产品：300 件

项　　目	直接材料	直接人工	制造费用	合　　计
月初在产品定额成本	9 000	16 000	16 000	41 000
本月生产费用	38 100	65 750	57 350	161 200
生产费用合计	47 100	81 750	73 350	202 200
完工 A 半成品总成本	33 600	57 750	49 350	140 700
月末在产品定额成本	13 500	24 000	24 000	61 500

表中月末在产品定额成本及完工半成品成本的计算，同表 7-4。

表 7-8　基本生产成本明细账

车间名称：二车间　　　　　　　　　　　　　　　　本月完工：800 件
产品名称：B 半产品　　　　　　　　　　　　　　　月末在产品：100 件

项　　目	半成品费用	直接人工	制造费用	合　　计
月初在产品定额成本	15 600	20 000	24 000	59 600
一车间转入半成品成本	140 700			140 700
本月生产费用		23 850	25 690	49 540
生产费用合计	156 300	43 850	49 690	249 840
完工 B 半成品总成本	148 500	33 850	37 690	220 040
月末在产品定额成本	7 800	10 000	12 000	29 800

表中月末在产品定额成本的计算同表 7-5。完工半成品成本的计算，与分项结转有所不同，一车间完工的半成品 140 700 元是以综合成本形式转入二车间的，所以，各成本项目计算结果与分项逐步结转分步法下不同，但是总成本却是一致的。

表 7-9　基本生产成本明细账

车间名称：三车间　　　　　　　　　　　　　　　　本月完工：700 件
产品名称：甲产品　　　　　　　　　　　　　　　　月末在产品：200 件

项　　目	半成品费用	直接人工	制造费用	合　　计
月初在产品定额成本	8 400	15 000	16 800	40 200
二车间转入半成品成本	220 040			220 040
本月生产费用		22 450	44 560	67 010
生产费用合计	228 440	37 450	61 360	327 250
完工甲产品总成本	211 640	7 450	27 760	246 850
月末在产品定额成本	16 800	30 000	33 600	80 400

表中月末在产品定额成本计算同表 7-6。完工产品成本的计算，与分项结转有所不同，二车间完工的半成品 220 040 元是以综合成本形式转入三车间的，所以各成本项目计算结果与分项结转不同，但是完工产品的总成本却是一致的。

3．综合逐步结转的成本还原

从以上计算过程和结果可以看出，在综合逐步结转分步法下，随着自制半成品实物在各生产步骤之间的转移，其成本是综合反映在“半成品费用”项目上。在生产步骤较多的企业里，最后生产步骤的产成品成本中，“半成品费用”成本项目占总成本的比重很大，反映的是最后生产步骤耗用上步骤半成品的费用；而其他成本项目，反映的是最后生产步骤的加工费用，所占比重较小。这显然没有反映出企业产品按“直接材料”、“直接人工”、“制造费用”的成本构成情况，也不利于对成本计划的执行情况进行分析和考核，因此，还需要进行成本还原。

所谓成本还原，是将产成品成本中的“半成品费用”综合成本项目，逐步进行分解，求得按原始成本项目反映的产成品成本资料。成本还原的程序与成本计算的顺序相反，是从最后一个生产步骤开始，由后向前逐步进行还原，直到第一个步骤。之后，将各生产步骤相同成本项目的成本数额加以汇总，就可以求得成本还原以后按原始成本项目反映的产成品实际总成本。这一实际总成本与成本还原前产成品的实际总成本是相等的。

成本还原的方法有成本还原分配率法和成本项目比重法（结构百分比法）。

（1）成本还原分配率法

成本还原可以通过计算还原分配率的方法进行。还原分配率是本月产成品所耗上一步骤半成品费用与本月所产该种半成品成本的比率。计算公式见式（7-1）、式（7-2）。

$$成本还原分配率=\frac{本月产成品所耗上一步骤半成品成本合计}{本月所产该种半成品成本合计} \tag{7-1}$$

$$某成本项目还原金额=上步骤本月所产该半成品某成本项目金额\times成本还原分配率 \tag{7-2}$$

仍使用以上综合逐步结转分步法的成本资料，三车间所产产成品成本中，耗用上一步骤（二车间）的 B 半成品成本为 211 640 元，需要进行成本还原；二车间本月所产该种 B 半成品的总成本为 220 040 元，则第一次成本还原的分配率为 0.961 825，即

$$第一次成本还原分配率=\frac{211\,640}{220\,040}=0.961\,825$$

用计算出的成本还原分配率，分别乘以二车间所产 B 半成品成本中的各成本项目金额，就可以求得产成品成本中所耗上一步骤 B 半成品还原后的成本，即

产成品所耗第一步骤 A 半成品成本：148 500×0.961 825=142 831（元）

产成品所耗半成品中的直接人工：33 850×0.961 825=32 558（元）

产成品所耗半成品中的制造费用：37 690×0.961 825=36 251（元）

一车间本月所产 A 半成品的总成本为 140 700 元，本月产成品成本中所耗用的 A 半成品成本为 142 831 元，则第二次成本还原的分配率为 1.015 145 7，即

$$第二次成本还原分配率=\frac{142\,831}{140\,700}=1.015\,145\,7$$

用计算出的成本还原分配率，分别乘以一车间所产 A 半成品成本中的各成本项目金额，就可以求得产成品成本中所耗 A 半成品还原后的成本，即

产成品所耗半成品中的直接材料：33 600×1.015 145 7=34 109（元）

产成品所耗半成品中的直接人工：57 750×1.015 145 7=58 625（元）

产成品所耗半成品中的制造费用：49 350×1.015 145 7=50 097（元）

将成本还原后各生产步骤相同成本项目的成本汇总，就可以求得产成品还原后的总成本，即

“直接材料”项目：34 109（元）

“直接人工”项目：7 450+32 558+58 625=98 633（元）

“制造费用”项目：27 760+36 251+50 097=114 108（元）

采用这一方法的计算结果如表 7-10 所示。

表 7-10　产成品成本还原计算表

20××年 9 月　　　　单位：元

项　　目	成本还原分配率	B 半成品	A 半成品	直接材料	直接人工	制造费用	合　　计
① 还原前产成品总成本		211 640			7 450	27 760	246 850
② 本月二车间所产 B 半成品成本			148 500		33 850	37 690	220 040
③ B 半成品成本还原	0.961 825	−211 640	142 831		32 558	36 251	0
④ 本月一车间所产 A 半成品成本				33 600	57 750	49 350	140 700
⑤ A 半成品成本还原	1.015 146		−142 831	34 109	58 625	50 097	0
还原后甲产品总成本 ⑥ =①+③+⑤				34 109	98 633	114 108	246 850
还原后单位成本⑦ =⑥÷700				48.73	140.90	163.01	352.64

（2）成本项目比重法

成本项目比重法是将本月产成品所耗用的半成品成本，按照上步骤所产半成品各成本项目金额占半成品成本的比重进行逐步还原的方法。计算公式见式（7-3）、式（7-4）。

$$\text{成本项目比重}(\%) = \frac{\text{该半成品某成本项目金额}}{\text{上步骤所产半成品成本合计}} \times 100\% \tag{7-3}$$

$$\text{某成本项目还原金额} = \text{本月产成品所耗半成品成本合计} \times \text{成本项目比重} \tag{7-4}$$

仍以上述资料为准，说明成本还原的过程。三车间所产产成品成本中，耗用上一步骤（二车间）的 B 半成品成本为 211 640 元，需要分解出在“211 640 元”中各成本项目的具体数额。成本项目比重计算如表 7-11 所示。

表 7-11　二车间所产 B 半产品成本项目比重计算表

成本项目	二车间 B 半成品实际成本（元）	成本构成（各成本项目比重）(%)
半成品费用	148 500	67.487 73
直接人工	33 850	15.383 57
制造费用	37 690	17.128 7
合　　计	220 040	100

根据表 7-11 所计算的成本项目比重，对三车间甲产品成本中的 B 半成品成本 211 640 元进行成本还原。

产成品所耗第一步骤 A 半成品成本：211 640×67.487 73%=142 831（元）

产成品所耗半成品中的直接人工：211 640×15.383 67%=32 558（元）

产成品所耗半成品中的制造费用：211 640×17.128 7%=36 251（元）

从以上计算可以看出，在所还原的半成品成本中，还有 142 831 元属于第一步骤的 A 半成品成本，仍然需要还原。此时应按照第一步骤所产 A 半成品成本项目比重进行还原，为此计算成本项目比重如表 7-12 所示。

表 7-12　一车间所产 A 半产品成本项目比重计算表

成本项目	一车间 A 半产品实际成本（元）	成本构成（各成本项目比重）(%)
直接材料	33 600	23.880 597
直接人工	57 750	41.044 776
制造费用	49 350	35.074 627
合　　计	140 700	100

根据表 7-12 所计算的成本项目比重，对耗用 A 半成品成本 142 831 元，进行最后一次成本还原。

产成品所耗半成品中的直接材料：142 831×23.880 597=34 109（元）

产成品所耗半成品中的直接人工：142 831×41.044 776=58 625（元）

产成品所耗半成品中的制造费用：142 831×35.074 627=50 097（元）

该企业产品生产顺序经过三个步骤加工完成，因此，成本还原进行上述两个步骤即可。最后，将成本还原后相同成本项目的数额相加，就可以计算出产成品还原后的总成本。采用这一方法的计算结果与前述成本还原分配率法计算结果完全相同，如表 7-13 所示。

表 7-13　产成品成本还原计算表

20××年 9 月　　单位：元

项　　目	B 半成品	A 半成品	直接材料	直接人工	制造费用	合　　计
① 还原前产成品总成本	211 640			7 450	27 760	246 850
②所产 B 半成品成本构成		67.487 73%		15.383 57%	17.128 7%	100%
③B 半成品成本还原	−211 640	142 831		32 558	36 251	0
④所产 A 半成品成本构成			23.880 6%	41.044 8%	35.074 6%	100%
⑤A 半成品成本还原		−142 831	34 109	58 625	50 097	0

续表

项　　目	B 半成品	A 半成品	直接材料	直接人工	制造费用	合　　计
还原后甲产品总成本 ⑥=①+③+⑤			34 109	98 633	114 108	246 850
还原后单位成本⑦=⑥÷700			48.73	140.90	163.01	352.64

在实际工作中，如果企业定额管理工作基础较好，可以简化成本还原的核算，即将最后步骤所耗半成品成本，按上步骤定额成本结构比重还原，近似计算还原后产成品总成本。

综合逐步结转分步法，各步骤半成品成本结转较为简便，同时，各步骤的成本计算单直观反映耗用上步骤半成品的成本和本步骤的加工费用，有利于各步骤成本的分析和考核。但产品成本还原要增加许多工作量。因此，这种方法适用于成本管理上要求计算各步骤半成品成本，但不要求各步骤提供原始成本项目资料的企业。

7.3 平行结转分步法

7.3.1 平行结转分步法的概念和特点

平行结转分步法是分步法的简化形式。它是各生产步骤在计算产品成本时，不计算所耗用半成品成本，只计算本步骤发生的生产费用，以及本步骤费用中应计入最终完工产品成本的“份额”，再将各生产步骤的成本“份额”平行结转、汇总计算出产成品成本的一种方法，又称不计算半成品成本的分步法。

平行结转分步法的成本计算对象是产成品及所经过的生产步骤。平行结转的优势是各生产步骤可以平行独立地进行成本计算，不要求提供半成品成本资料，使产品成本的计算得以简化和加速。与逐步结转分步法相比较，平行结转分步法具有以下特点。

1）半成品实物的转移与半成品成本的结转相分离。在平行结转分步法下，当各生产步骤半成品实物在步骤之间转移时，其半成品成本仍保留在原步骤的成本计算单内。

2）平行结转分步法下的完工产品与在产品是广义的。各生产步骤所归集的生产费用（不包括所耗上步骤半成品成本），应于月末在完工产品（产成品）和广义在产品之间进行分配，以确定应计入产成品的成本“份额”。这里所说的广义在产品是指对最终产成品而言的在产品，包括本步骤正在加工中的在制品、本步骤已完工入库的半成品和已转移到以后生产步骤进行加工，但尚未最后制成产成品的半成品。

3）不需要进行成本还原。由于平行结转分步法下的产成品成本是将各生产步骤发生的料、工、费中应计入相同产成品的成本“份额”平行汇总求得的，反映的是原始成本项目信息，所以不需要成本还原。

7.3.2 平行结转分步法的适用范围

平行结转分步法适用于成本管理上要求分步骤归集生产费用，但不要求提供半成品成本信息的企业，特别是半成品很少对外出售的大量大批装配式多步骤生产企业。在这些企业中，各生产步骤对各种原材料平行地进行加工，使之成为各种零件和部件，再由总装车间（最后生产步骤）装配成各种产成品。各生产步骤所产半成品的种类比较多，如果半成品很少对外出售，为了简化和加速成本核算工作，往往采用平行结转分步法。在某些连续式的多步骤生产企业，如果各生产步骤所产半成品仅供本企业下一步骤继续加工，不对外销售，也可以采用平行结转分步法。

7.3.3 平行结转分步法的成本计算程序

采用平行结转分步法计算产品成本，一般先由各生产步骤计算出某产品在本步骤发生的各项生产费用；再将各步骤的生产费用在本月完工产品（产成品）和月末在产品之间进行分配，以确定各步骤应计入产成品的成本"份额"；最后将各生产步骤应计入相同产成品的成本"份额"平行汇总，计算出产成品的实际总成本和单位成本，并进行完工产品成本结转。平行结转分步法的成本计算程序如图 7-2 所示。

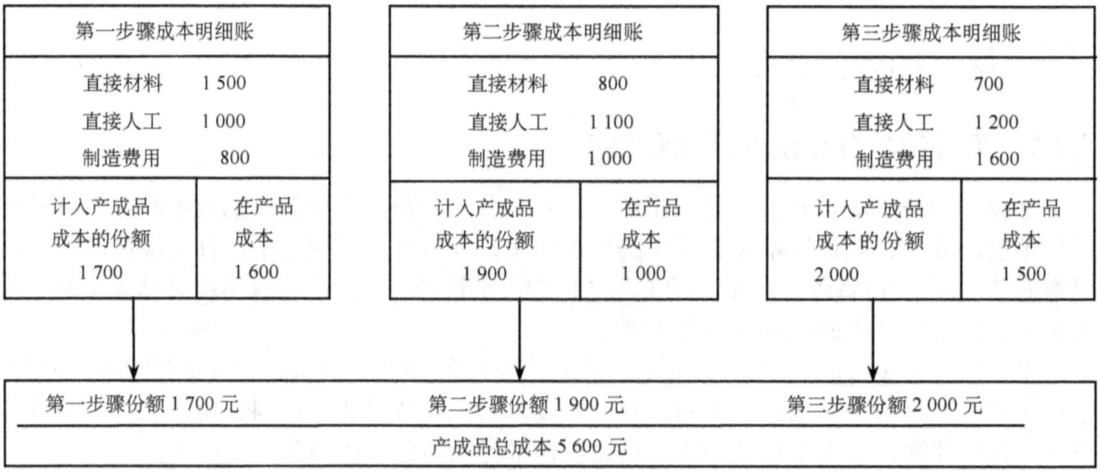

图 7-2 平行结转分步法的成本计算程序

7.3.4 平行结转分步法的运用

1．企业基本情况和相关成本资料

某企业设有三个基本生产车间，大量生产 A 产品，自制半成品不通过中间仓库收发，全部交给下一生产步骤继续加工。A 产品生产用的原材料在第一车间生产开始时一次投入。根据该企业成本管理要求，必须分生产车间（生产步骤）控制费用；同时由于第一车间、第二车间生产的半成品都全部用于 A 产品的生产，不对外销售，所以为了简化成本计算，不计算半成品成本，成本核算采用平行结转分步法。

根据平行结转分步法的原理，该企业的成本计算对象是 A 产成品及所经过的生产步骤，即生产成本明细账应按照第一车间、第二车间、第三车间三个生产车间和 A 产成品开设，并按照"直接材料"、"直接人工"、"制造费用"三个常用的成本项目分设专栏进行核算。

该企业各步骤生产费用在完工产品和月末在产品之间的分配采用约当产量法。本月完工产品是指第三车间生产完工交库的 A 产成品，月末在产品是指广义在产品，包括本步骤的月末在产品和已经交给以后步骤、但尚未最终完工的半成品。

该企业 20××年 10 月各生产车间发生的生产费用已经在各成本计算对象之间进行了分配，各生产车间月初在产品成本和本月本车间发生的生产费用如表 7-14 所示，本月各生产车间产品生产数量如表 7-15 所示。

表 7-14　各生产车间生产费用资料

产品名称：A 产品　　20××年 10 月　　单位：元

项　　目	第一车间	第二车间	第三车间
月初在产品成本	42 928	11 272	5 563
其中：直接材料	21 340	—	—
直接人工	12 828	6 168	3 245
制造费用	8 760	5 104	2 318
本月发生生产费用	88 400	63 800	40 805
其中：直接材料	42 500	—	—
直接人工	27 300	40 200	23 803
制造费用	18 600	23 600	17 002

表 7-15　生产车间的产量记录

产品名称：A 产品　　20××年 10 月　　计量单位：件

项　　目	第一车间	第二车间	第三车间
月初在产品	26	14	12
本月投产或上步转入半成品	100	110	100
本月完工转入下步或交库	110	100	84
月末在产品	16	24	28
在产品完工程度（%）	75	79	93

2．20××年 10 月 A 产品的成本计算程序

根据以上相关成本资料，该企业本月 A 产品的成本计算有两个步骤：第一步计算出各生产车间应计入 A 产成品成本的“份额”；第二步将各生产车间计算出来的应计入 A 产成品成本的“份额”汇总，计算出 A 产成品的实际总成本和单位成本。

（1）计算各生产车间应计入最终产成品成本的“份额”

采用平行结转分步法，各生产车间只归集本步骤发生的生产费用。月末，应将本步骤生产费用的合计数，在完工产品和月末在产品之间进行分配。这里的完工产品是指最终产成品，月末在产品是指广义在产品。在采用约当产量法将生产费用在完工产品和月末在产品之间进行分配时，各步骤月末在产品约当产量的计算公式见式（7-5）、式（7-6）。

某步骤月末广义在产品约当产量=该步骤月末在产品数量×在产品完工程度+
该步骤完工转入以后各步骤但未最后完工的半成品数量+
该步骤完工转入半成品库的半成品数量　　（7-5）

某生产步骤生产总量=该步骤广义在产品约当产量+最终完工产品数量×
单位产成品耗用该步骤的半成品数量　　（7-6）

采用平行结转分步法编制各生产车间的成本计算单如表 7-16、表 7-17 和表 7-18 所示。

表 7-16 产品成本计算单

车间名称：第一车间　　20××年 10 月

产品名称：A 产品　　完工产量：84 件　　单位：元

项目		直接材料	直接人工	制造费用	合计
月初在产品成本①		21 340	12 828	8 760	42 928
本月生产费用②		42 500	27 300	18 600	88 400
生产费用合计③=①+②		63 840	40 128	27 360	131 328
最终产成品数量④		84	84	84	—
在产品约当量	本步骤在产品约当量⑤	16	16×75%	16×75%	—
	已交下一步未完工半成品⑥	24+28	24+28	24+28	—
生产总量（分配标准）⑦=④+⑤+⑥		152	148	148	—
分配率（单位产品成本份额）⑧=③÷⑦		420	271.1351	184.8649	876
84 件产成品份额⑨=⑧×84		35 280	22 775.35	15 528.65	73 584
月末在产品成本⑩=③－⑨		28 560	17 352.65	11 831.35	57 744

表 7-16 中“本步骤在产品约当量”需要根据各成本项目的特点确定。如果材料费用是在生产开始时一次投入的，则在产品应按 100%的完工程度计算；如果材料费用属于陆续分次投入则要考虑材料的投料程度，而人工费用和制造费用则必须根据在产品的完工程度计算。

表 7-17 产品成本计算单

车间名称：第二车间　　20××年 10 月

产品名称：A 产品　　完工产量：84 件　　单位：元

项目		直接材料	直接人工	制造费用	合计
月初在产品成本①		—	6 168	5 104	11 272
本月生产费用②		—	40 200	23 600	63 800
生产费用合计③=①+②		—	46 368	28 704	75 072
最终产成品数量④		—	84	84	—
在产品约当量	本步骤在产品约当量⑤	—	24×79%	24×79%	—
	已交下一步未完工半成品⑥	—	28	28	—
生产总量（分配标准）⑦=④+⑤+⑥		—	131	131	—
分配率（单位产品成本份额）⑧=③÷⑦		—	353.954 2	219.114 5	573.068 7
84 件产成品份额⑨=⑧×84		—	29 732.15	18 405.62	48 137.77
月末在产品成本⑩=③－⑨		—	16 635.85	10 298.38	26 934.23

表 7-17 中，“本步骤在产品约当量”的计算：24×79%=18.96（件），为简便起见，取整数 19 件，从而有生产总量 84+19+28=131（件）。

表 7-18　产品成本计算单

车间名称：第三车间　　　　20××年 10 月

产品名称：A 产品　　　　完工产量：84 件　　　　单位：元

项　　目		直接材料	直接人工	制造费用	合　　计
月初在产品成本①		—	3 245	2 318	5 563
本月生产费用②		—	23 803	17 002	40 805
生产费用合计③=①+②		—	27 048	19 320	46 368
最终产成品数量④		—	84	84	—
在产品约当量	本步骤在产品约当量⑤	—	28×93%	28×93%	—
	已交下一步未完工半成品⑥	—	—	—	—
生产总量（分配标准）⑦=④+⑤+⑥		—	110	110	—
分配率（单位产品成本份额）⑧=③÷⑦		—	245.890 9	175.636 4	421.527 3
84 件产成品份额⑨=⑧×84		—	20 654.84	14 753.46	35 408.30
月末在产品成本⑩=③−⑨		—	6 393.16	4 566.54	10 959.70

表 7-18 中，“本步骤在产品约当量”的计算：28×93%=26.04（件），为简便起见，取整数 26 件，从而有生产总量 84+26=110（件）。

（2）汇总计算 A 产成品的实际总成本和单位成本

采用平行结转分步法，将各生产步骤（生产车间）应计入相同产成品成本的“份额”汇总，就可以求得 A 产品的实际总成本，除以产成品数量 84 件，即可计算出 A 产品的单位成本。根据表 7-16～表 7-18 的计算结果，编制 A 产品成本汇总计算表，如表 7-19 所示。

表 7-19　产成品成本汇总计算表

20××年 10 月

产品名称：A 产品　　　　完工产量：84 件　　　　单位：元

生产车间	直接材料	直接人工	制造费用	合　　计
第一车间结转的成本“份额”	35 280	22 775.35	15 528.65	73 584
第二车间结转的成本“份额”	—	29 732.15	18 405.62	48 137.77
第三车间结转的成本“份额”	—	20 654.84	14 753.46	35 408.30
完工 A 产品实际总成本	35 280	73 162.34	48 687.73	157 130.07
单位成本	420	870.98	579.62	1 870.60

根据“产成品成本汇总计算表”，编制完工 A 产品入库的会计分录如下。

借：库存商品——A 产品　　　　157 130.07

　贷：基本生产成本——第一车间　　　　73 584

　　　　　　　　——第二车间　　　　48 137.77

　　　　　　　　——第三车间　　　　35 408.30

7.3.5 平行结转分步法与逐步结转分步法的区别

平行结转分步法与逐步结转分步法均属于产品成本计算方法——分步法，两者有许多共同点，如成本计算期都是与会计报告期一致，均应按月计算产品成本；月末均存在生产费用的分配问题等。但是这两种方法在运用上还是有一定区别的，主要表现在以下几个方面。

1. 成本管理的要求不同

逐步结转分步法是计算半成品成本的分步法，平行结转分步法是不计算半成品成本的分步法。生产企业是否需要计算半成品成本，取决于企业成本管理要求。

如果企业生产的半成品具有独立的经济意义：半成品可以加工为多种产成品；半成品可以对外销售；需要进行半成品成本控制；与同行业进行半成品成本比较等，在成本管理上就会要求各生产步骤必须计算出完工半成品成本，并且半成品成本随着半成品实物的转移而结转，即采用逐步结转分步法。这种方法能为各生产步骤在产品的实物管理和成本管理提供资料，全面反映各步骤产品的生产耗费水平。

如果企业生产的半成品不对外销售，只是为了生产自用，在成本管理上可以不要求计算半成品成本，即采用平行结转分步法，各生产步骤只需要计算出应计入相同产成品的“份额”，半成品实物向下一步骤转移时，其成本不结转，仍然保留在发生地的成本计算单中。所以，这种方法不能提供各生产步骤的半成品成本资料，从而也就不便于通过生产成本明细账考核各生产车间的存货占用资金情况。

2. 成本计算方式不同

在逐步结转分步法下，其成本计算犹如滚雪球，需要按照生产步骤顺序进行，并按步骤依次计算并结转半成品成本，最后步骤累计计算出的成本即产成品成本。各生产步骤的成本核算要等上一步骤的成本核算结果（转入的半成品成本）。尤其是半成品按实际成本进行综合结转时，还需要进行成本还原，这会增加成本核算的工作量；当采用分项结转时，虽然可以直观地提供按原始成本项目反映的产品成本构成，不需要进行成本还原，但是各生产步骤成本结转工作比较复杂。如果半成品按计划成本结转，各生产步骤的成本核算工作可以同时进行，但是存在半成品成本差异的计算和分摊问题，也比较复杂。

在平行结转分步法下，各步骤不计算耗用上一步骤半成品成本，只需要计算本步骤发生的生产费用，以及这些费用中应计入产成品成本的“份额”，并将其进行平行汇总，即可得到产成品成本。各步骤应计入产成品成本的“份额”可以同时计算，不需要等待，可以简化和加速成本核算。而且各步骤提供的计入产成品的“份额”反映的是产品成本的原始构成，不需要进行成本还原。

3. 在产品的含义不同

在逐步结转分步法下，其在产品是狭义的，仅指本步骤未加工完成的在制品，因此，各步骤所归集的生产费用应于月末在本步骤完工产品和狭义在产品之间进行分配。在平行结转分步法下，在产品是指广义的，不仅包括本步骤的在制品，也包括在以后各步骤或入库的半成品，因此，各步骤月末生产费用的分配是在完工产品（产成品）与广义在产品之间进行分配。

复习思考题

一、单项选择题

1．下列方法中属于不计算半成品成本的分步法是（　　）。

A．逐步结转分步法　　B．综合结转分步法

C．分项结转分步法　　D．平行结转分步法

2．狭义的在产品只包括（　　）。

A．需要进一步加工的半成品　　B．正在本生产步骤加工的在产品

C．对外销售的自制半成品　　D．产成品

3．综合结转分步法下成本还原的对象是（　　）。

A．产成品成本　　B．各步骤半成品成本

C．最后步骤的产成品成本　　D．产成品所耗上步骤半成品的综合成本

4．分步法的主要特点是（　　）。

A．计算半成品成本　　B．计算各步骤应计入产成品份额

C．按产品的生产步骤计算产品成本　　D．分车间计算产品成本

5．下列企业中，（　　）适合运用分步法计算产品成本。

A．采煤厂　　B．造船厂

C．发电厂　　D．纺织厂

6．在逐步结转分步法下，其完工产品与月末在产品之间的费用分配是指（　　）之间的费用分配。

A．产成品与广义的在产品

B．完工半成品与月末加工中的在产品

C．产成品与月末在产品

D．前面各步骤完工半成品与加工中的在产品，最后步骤的产成品与加工中的在产品

7．在平行结转分步法下，完工产品与月末在产品之间的费用分配是指（　　）。

A．在各步骤完工半成品与狭义在产品之间分配

B．在产成品与广义在产品之间分配

C．在各步骤完工半成品与广义在产品之间分配

D．在产成品与狭义在产品之间分配

8．某种产品由三个生产步骤加工完成，采用逐步结转分步法计算成本。本月第一生产步骤转入第二生产步骤的生产费用为 5 300 元，第二生产步骤转入第三生产步骤的生产费用为 14 100 元。本月第三生产步骤发生的费用为 5 500 元，第三步骤月初在产品费用为 1 800 元，月末在产品费用为 1 600 元，本月该种产品的产成品成本为（　　）。

A．10 900　　B．19 800

C．16 400　　D．12 700

9．不便于通过生产成本明细账考核各生产车间存货占用资金情况的成本计算方法是（　）。

A．品种法　　B．分批法

C．逐步结转分步法　　D．平行结转分步法

10．下列关于综合逐步结转分步法的表述中，正确的是（　）。

A．各生产步骤可以同时计算产品成本

B．能够提供各步骤半成品的成本资料

C．不必逐步结转半成品成本

D．能够直接提供按原始成本项目反映的产成品成本资料

二、多项选择题

1．逐步结转分步法的特点是（　）。

A．半成品成本随着实物的转移而结转　　B．可以计算出半成品成本

C．期末在产品是广义在产品　　D．期末在产品是狭义在产品

2．采用综合结转分步法，应将各步骤所耗用的半成品成本，以（　）项目综合计入其生产成本明细账中。

A．直接材料　　B．直接人工

C．半成品费用　　D．制造费用

3．广义的在产品是指（　）。

A．尚在本步骤加工中的在产品

B．转入各半成品库的半成品

C．全部加工完成的产成品

D．已从半成品库转到以后各步骤进一步加工、尚未最后制成的半成品

4．采用分步法时，作为成本计算对象的生产步骤可以（　）。

A．按生产车间设立　　B．按实际生产步骤设立

C．在一个车间内按不同生产步骤设立　　D．将几个车间合并设立

5．平行结转分步法的特点有（　）。

A．各生产步骤可以同时计算产品成本

B．不能提供半成品成本资料

C．半成品成本结转与半成品实物转移脱节

D．不能够直接提供按原始成本项目反映的产成品成本资料

6．产品成本计算的分步法按半成品成本是否随半成品的实物转移而结转可以分为（　）。

A．综合逐步结转分步法　　B．平行结转分步法

C．分项逐步结转分步法　　D．逐步结转分步法

7．在采用平行结转分步法计算成本时，以下表述正确的有（　）。

A．上一步骤的生产费用不进入下一步骤的成本计算单

B．不计算各步骤所产的半成品成本

C．不计算各步骤所耗上一步骤的半成品成本

D．除最后一步骤外，其余步骤不用划分完工产品与在产品

8．下列关于平行结转分步法的表述中，正确的有（　　）。
A．各生产步骤可以同时计算产品成本
B．能够提供各步骤半成品的成本资料
C．不必逐步结转半成品成本
D．能够直接提供按原始成本项目反映的产成品成本资料

9．下列关于分项逐步结转分步法的表述中，正确的有（　　）。
A．各生产步骤可以同时计算产品成本
B．能够提供各步骤半成品的成本资料
C．不必逐步结转半成品成本
D．能够直接提供按原始成本项目反映的产成品成本资料

10．下列关于综合逐步结转分步法的表述中，不正确的有（　　）。
A．各生产步骤可以同时计算产品成本
B．能够提供各步骤半成品的成本资料
C．不必逐步结转半成品成本
D．能够直接提供按原始成本项目反映的产成品成本资料

三、判断题

1．逐步结转分步法实际上就是品种法的多次连续应用。(　　)

2．分步法的成本计算对象是每种产品和每种产品所经过的生产步骤。(　　)

3．逐步结转分步法下，若采用综合结转法结转半成品成本，则还需要进行成本还原。(　　)

4．在平行结转分步法下，各生产步骤完工产品与月末在产品之间的费用分配是指产成品与广义在产品之间的费用分配。(　　)

5．分步法的适用范围是所有的大量大批多步骤生产企业。(　　)

6．逐步结转分步法也称作不计算半成品成本的分步法。(　　)

7．逐步结转分步法按照半成品是否入半成品库的标准，可划分为综合结转法和分项结转法。(　　)

8．逐步结转分步法下，无论采用何种方法结转半成品成本，第一个生产步骤的产品成本明细账的登记是相同的。(　　)

9．产品成本需要进行成本还原的次数与其计算成本的生产步骤数相等。(　　)

10．采用平行结转分步法，各步骤可以同时计算产品成本，但各步骤间不结转半成品成本。(　　)

四、实训题

（一）练习综合逐步结转分步法的成本还原

资料：如表 7-20 所示。

要求：1．计算成本还原分配率。

2．进行成本还原，并填列表 7-20。

表 7-20 产品成本还原计算表

产品名称：甲产品 单位：元

项　目	还原分配率	A 半成品	直接材料	直接人工	制造费用	成本合计
还原前产成品成本		8 400		2 800	4 160	15 360
本月所产 A 半成品成本			2 900	1 380	2 720	7 000
所耗半成品成本还原						
还原后产成品成本						

（二）练习综合逐步结转分步法下的成本计算

资料：某企业生产甲产品，分两个步骤分别在两个车间进行生产，采用综合结转分步法计算产品成本。第一车间为第二车间提供半成品甲，第二车间将半成品甲加工成产成品甲，半成品甲通过仓库收发（半成品成本采用加权平均法计算）。

1）某年 6 月第一车间和第二车间发生的生产费用（不包括所耗半成品费用）如表 7-21 所示。

表 7-21 生产费用资料 单位：元

车间名称	直接材料	直接人工	制造费用	合　计
第一车间	12 500	7 000	12 300	31 800
第二车间		5 500	12 200	17 700

2）各生产车间的月初及月末在产品成本，均按定额成本计算，成本资料如表 7-22、表 7-23 所示。

表 7-22 月初在产品定额成本 单位：元

车间名称	直接材料	半成品	直接人工	制造费用	合　计
第一车间	3 800		2 000	4 600	10 400
第二车间		6 200	1 300	2 500	10 000

表 7-23 月末在产品定额成本 单位：元

车间名称	直接材料	半成品	直接人工	制造费用	合　计
第一车间	3 420		1 800	4 140	9 360
第二车间		3 100	650	1 250	5 000

3）在半成品仓库，半成品甲月初余额 120 件，实际成本 8 080 元。本月第一车间加工完成半成品甲 500 件，送交半成品仓库；第二车间从半成品仓库领用半成品甲 550 件。本月完工入库产成品 400 件。

要求：1．计算自制半成品甲和产成品甲的成本。

2．登记“自制半成品明细账”，如表 7-25 所示。

3．登记各生产车间的成本计算单，如表 7-24、表 7-26 所示。

4．进行成本还原，填制“产成品成本还原计算表”，如表 7-27 所示。

表 7-24　产品成本计算单

车间名称：　　　　年　　月　　半成品名称：　　单位：元

摘　要	直接材料	直接人工	制造费用	合　计
月初在产品成本				
本月生产费用				
生产费用合计				
完工产品成本				
月末在产品成本				

表 7-25　自制半成品明细账

产品名称：　　　　计量单位：件　　　　单位：元

月	日	摘　要	收　入			发　出			结　存		
			数量	单价	金额	数量	单价	金额	数量	单价	金额
6	1	期初结存							120	67.33	8 080
	30	一车间交库									
	30	二车间领用									

表 7-26　产品成本计算单

车间名称：　　　　年　　月　　产成品名称：　　单位：元

摘　要	半成品费用	直接人工	制造费用	合　计
月初在产品成本				
本月生产费用				
生产费用合计				
完工产品成本				
月末在产品成本				

表 7-27　产成品成本还原计算表

产品名称：　　　　年　　月　　产量：　　单位：元

项　目	还原分配率	半成品	直接材料	直接人工	制造费用	合　计
还原前产成品成本						
本月所产半成品成本						
成本还原						
还原后产成品成本						
产成品单位成本						

（三）练习综合逐步结转分步法下的成本计算

资料：甲产品由三个生产步骤连续加工制成，原材料在第一步骤生产开始时一次投入，半成品在各生产步骤间直接转移。20××年 12 月相关资料如表 7-28、表 7-29 所示。

表 7-28　产量记录　　计量单位：件

项　　目	月初在产品	本月投入	本月完工	月末在产品	在产品完工率
第一步骤	50	550	500	100	50%
第二步骤	100	500	500	100	50%
第三步骤	200	500	550	150	50%

表 7-29　生产费用资料　　单位：元

成本项目	第一步骤费用		第二步骤费用		第三步骤费用	
	月初	本月	月初	本月	月初	本月
直接材料（半成品）	25 000	275 000	95 000		330 000	
直接人工	6 250	131 250	20 000	200 000	40 000	210 000
制造费用	5 000	105 000	15 000	150 000	30 000	157 500

要求：1．根据上述资料，用综合逐步结转分步法，计算各生产步骤完工半成品成本及完工甲产品成本，并登记相关步骤的成本计算单，如表 7-30～表 7-32 所示。

2．进行成本还原，填制“产成品成本还原计算表”，如表 7-33 所示。

表 7-30　第一步骤成本计算单　　单位：元

摘　　要	直接材料	直接人工	制造费用	合　　计
月初在产品成本				
本月生产费用				
生产费用合计				
约当产量				
分配率（单位成本）				
完工产品成本				
月末在产品成本				

表 7-31　第二步骤成本计算单　　单位：元

摘　　要	半成品费用	直接人工	制造费用	合　　计
月初在产品成本				
本月生产费用				
生产费用合计				
约当产量				
分配率（单位成本）				
完工产品成本				
月末在产品成本				

表 7-32　第三步骤成本计算单　　单位：元

摘　　要	半成品费用	直接人工	制造费用	合　　计
月初在产品成本				
本月生产费用				
生产费用合计				
约当产量				
分配率（单位成本）				
完工产品成本				
月末在产品成本				

表 7-33　产成品成本还原计算表

产品名称：　　年　　月　　产量：　　单位：元

项　　目	第二步骤半成品	第一步骤半成品	直接材料	直接人工	制造费用	合　　计
还原前产成品成本						
第二步骤完工半成品成本						
第一次成本还原						
第一步骤完工半成品成本						
第二次成本还原						
还原后产成品成本						
产成品单位成本						

第一次成本还原的还原分配率=

第二次成本还原的还原分配率=

（四）练习平行结转分步法下的成本计算

资料：A 企业设有三个基本生产车间，大量生产的甲产品依次经过第一、第二和第三车间加工，半成品不通过仓库收发，全部交给下一生产步骤继续加工。甲产品生产用的原材料在第一车间生产开始时一次投入。根据该企业成本管理要求，成本核算采用平行结转分步法。

该企业各步骤生产费用在完工产品和月末在产品之间的分配采用约当产量法。20××年 10 月各生产车间产品生产数量如表 7-34 所示，月初在产品成本和本月本车间发生的生产费用如表 7-35 所示。

表 7-34　生产车间的产量记录

产品名称：甲产品　　20××年 10 月　　计量单位：件

项　　目	第一车间	第二车间	第三车间
月初在产品	100	200	400
本月投入或上步转入	1 100	1 000	1 000
本月完工转入下步或交库	1 000	1 000	1 100

续表

项　目	第一车间	第二车间	第三车间
月末在产品	200	200	300
在产品完工程度（%）	50	75	90

表 7-35　各生产车间生产费用

产品名称：甲产品　　　　20××年 10 月　　　　单位：元

项目	第一车间	第二车间	第三车间
月初在产品成本	64 250	35 000	14 000
其中：直接材料	35 000		
直接人工	16 250	20 000	8 000
制造费用	13 000	15 000	6 000
本月本步骤发生生产费用	102 250	70 000	73 500
其中：直接材料	55 000		
直接人工	26 250	40 000	42 000
制造费用	21 000	30 000	31 500

要求：1．计算各生产车间应计入最终产成品成本的“份额”。

2．填制各生产车间的成本计算单，如表 7-36～表 7-38 所示。

3．汇总计算甲产品的实际总成本和单位成本，填制“产成品成本汇总计算表”如表 7-39 所示。

表 7-36　产品成本计算单

车间名称：　　　　年　　月

产品名称：　　　　完工产量：　　　　单位：元

项　目		直接材料	直接人工	制造费用	合　计
月初在产品成本					
本月生产费用					
生产费用合计					
最终产成品数量					
在产品约当量	本步在产品约当量				
	已交下步未完工半成品				
约当总产量（分配标准）					
分配率（单位产成品成本份额）					
结转 1 100 件产成品成本份额					
月末在产品成本					

表 7-37　产品成本计算单

车间名称：　　　　　　　　　　　　　年　　月

产品名称：　　　　　　　　　　　　　完工产量：　　　　　　　　　　　单位：元

项　目		直接材料	直接人工	制造费用	合　计
月初在产品成本					
本月生产费用					
生产费用合计					
最终产成品数量					
在产品约当量	本步在产品约当量				
	已交下步未完工半成品				
约当总产量（分配标准）					
分配率（单位产成品成本份额）					
结转 1 100 件产成品成本份额					
月末在产品成本					

表 7-38　产品成本计算单

车间名称：　　　　　　　　　　　　　年　　月

产品名称：　　　　　　　　　　　　　完工产量：　　　　　　　　　　　单位：元

项　目	直接材料	直接人工	制造费用	合　计
月初在产品成本				
本月生产费用				
生产费用合计				
最终产成品数量				
本步在产品约当量				
约当总产量（分配标准）				
分配率（单位产成品成本份额）				
结转 1 100 件产成品成本份额				
月末在产品成本				

表 7-39　产成品成本汇总计算表

年　　月

产品名称：　　　　　　　　　　　　　完工产量：　　　　　　　　　　　单位：元

生产车间	直接材料	直接人工	制造费用	合　计
第一车间结转的成本“份额”				
第二车间结转的成本“份额”				
第三车间结转的成本“份额”				
完工产品实际总成本				
单位成本				

第 8 章 产品成本计算的分类法

理论目标

1. 理解分类法的特点、联产品和副产品的概念；
2. 了解分类法的适用范围；
3. 掌握分类法的计算方法；
4. 掌握联产品和副产品的计算方法。

实践目标

1. 能够填制类别产品成本计算单；
2. 能够填制联产品成本计算单。

案例导入

在鸡肉加工中，联产品与副产品的成本问题凸显。价值最高的产品是鸡胸脯肉，它从鸡的身体前端取得，而鸡腿肉则从鸡的身体后端得到。其他可食用的产品还包括鸡翅与内脏。许多不可食用的产品也有其多样化的用途，如家禽羽毛用作床上用品及运动产品。

鸡肉加工厂可以将胸脯肉作为成本系统中唯一的主要产品，其他所有产品则被定为副产品。许多副产品的销售，都是为了降低分摊给主要产品的鸡肉加工成本。也可以将任何销售给零售商的产品都看成联产品，包括胸脯肉、半胸肉、大腿肉、小腿、翅膀等，不销售给零售商的产品被定为副产品。将鸡肉加工成本分配给联产品之前，从副产品中得到的收入可以抵消一部分成本。

思考

鸡肉加工厂的成本怎样分配更合理?

8.1 分类法概述

8.1.1 分类法的概念和特点

产品成本计算的分类法是以产品类别作为成本计算对象，来归集生产费用，计算各类产品的总成本，再按一定的分配方法来分配计算出类内各种产品的成本的一种成本计算方法。这种方法的目的在于简化企业的成本核算工作。其主要特点表现在以下几个方面。

1．分类法以每个产品类别作为成本计算对象

按照产品的类别设立基本生产成本明细账，按规定的成本项目归集该类产品的生产费用。

2．分类法的成本计算期要根据企业的生产特点和成本管理要求来确定

分类法是成本计算的辅助方法，它要与成本计算的基本方法结合使用，如果与品种法、分步法结合使用，则在月末定期进行成本计算；如果与分批法结合使用，产品成本计算期与生产周期一致。

8.1.2 分类法的适用范围

分类法主要适用于产品的品种、规格繁多，又可以按一定的要求划分为若干类别的生产企业或车间。例如，蛋糕店生产的蛋糕、奶制品企业生产的牛奶、服装厂生产的服装等。在这些行业中，假如按每种品种设置明细账，则产品成本的计算工作量比较大。为了简化核算，这些企业可以采取分类法进行核算，可以分为以下几种。

1）使用同一原材料进行加工而同时生产出几种主要产品的企业或车间。

2）使用相同原材料、同样工艺过程而生产出来不同规格产品的企业或车间。

3）在生产主要产品的生产过程中附带生产一些非主要产品的企业或车间。

8.1.3 分类法的成本计算程序

1．合理划分产品类别，按产品类别设立生产成本明细账

采用分类法计算产品成本时，首先要根据产品结构，生产工艺过程，所耗用原材料的不同，将产品划分为若干类别，然后再按照产品类别设立生产成本明细账。

2．在开设的生产成本明细账内，归集生产费用

按规定的成本项目归集生产费用，计算各类产品的总成本。月末，采用一定的方法，将归集的生产费用在完工产品与在产品之间分配，汇总计算出各类完工产品总成本。

3．采用适当的方法，将各类完工产品成本在类内各产品中进行分配

月末，计算出各类完工产品的总成本后，再选择合理的分配标准，在类内各种产品之间分配费用，计算出每种产品的成本。实际工作中，生产费用在类内各种产品之间进行分配时，通常采用的方法有系数法和定额比例法。定额比例法的应用前面章节已述及，不再赘述，这里着重介绍系数法。

（1）确定分配标准

确定分配标准即选择与耗费关系最密切的因素作为分配标准。例如定额消耗量、定额成本、售价、质量、体积和长度等。需要注意的是，所选的分配标准应该与产品成本的高低成正比例关系。

（2）确定系数

一般是在同类产品中选择一种有代表性的产品，如产量较大、生产较稳定或规格适中的产品为标准产品，将其系数定为“1”，再将其他各种产品的分配标准数量分别与标准产品的分配标准数量相比较，计算出其他产品与标准产品的比率（系数），计算公式如式（8-1）所示。系数一经确定，在一定的时期内应该相对稳定。

$$\text{某产品系数}=\frac{\text{该产品分配标准数量}}{\text{标准产品分配标准数量}} \tag{8-1}$$

（3）计算出标准产品产量，计算公式如式（8-2）所示

$$\text{某产品标准产量}=\text{该产品实际产量}\times\text{该产品系数} \tag{8-2}$$

（4）计算费用分配率，计算公式如式（8-3）所示

$$\text{某产品某项费用分配率}=\frac{\text{该类完工产品该项费用总额}}{\text{该类内各种产品标准产量之和}} \tag{8-3}$$

（5）计算出类内各种产品成本，计算公式如式（8-4）所示

$$\text{某产品应分配的某项费用}=\text{该产品的标准产量}\times\text{该产品该项费用分配率} \tag{8-4}$$

8.2 分类法的运用

8.2.1 企业基本情况和相关成本资料

某企业生产 A、B、C 三种产品，按产品结构和工艺过程，将其归于一类，即甲类，成本计算采用分类法。2013 年 8 月的有关生产资料如下。

1）产品产量：本月生产 A 产品 5 000 件，B 产品 4 000 件，C 产品 2 500 件。月末在产品：A 产品 200 件，B 产品 300 件。

2）本月甲类产品的生产费用为直接材料 32 050 元，直接人工 8 500 元，制造费用 10 300 元；月初在产品成本为直接材料 5 000 元，直接人工 2 750 元，制造费用 2 250 元。

3）各种产品成本的分配方法：原材料按事先确定的耗料系数比例分配，其他费用按工时系数比例确定。耗料系数根据产品的材料消耗定额计算确定，工时系数根据产品的工时定额计算确定。以 A 产品为标准产品。材料消耗定额为 A 产品 1.5 千克，B 产品 3.0 千克，C 产品 0.6 千克；工时定额为 A 产品 0.8 小时，B 产品 1.6 小时，C 产品 0.4 小时。月末在产品完工程度为 50%。

8.2.2 成本计算程序

根据上述材料，甲类各产品成本计算如下。

1）确定 A、B、C 三种产品的用料系数和工时系数，计算结果如表 8-1 所示。

表 8-1　系数计算表

产品名称	原材料消耗定额（千克）	用料系数	工时消耗定额（小时）	工时系数
A	1.5	1	0.8	1
B	3.0	2	1.6	2
C	0.6	0.4	0.4	0.5

2）计算完工产品和月末在产品的标准产品产量，计算结果如表 8-2 所示。

表 8-2　标准产品产量计算表

产品名称	产品产量（件）	原材料				加工费			
		用料系数	产成品折合标准产量	在产品实际数量	在产品折合标准产量	工时系数	产成品折合标准产量	在产品折合约当产量	在产品折合标准产量
A	5 000	1	5 000	200	200	1	5 000	100	100
B	4 000	2	8 000	300	600	2	8 000	150	300
C	2 500	0.4	1 000			0.5	1 250		
合　计			14 000		800		14 250		400
标准产品产量		14 800				14 650			

3）计算类别完工产品成本和月末在产品成本，计算结果如表 8-3 所示。

表 8-3　类别产品成本计算单

产品类别：甲类　　金额单位：元

摘　要	直接材料	直接人工	制造费用	合　计
月初在产品成本	5 000	2 750	2 250	10 000
本月发生费用	32 050	8 500	10 300	50 850
费用合计	37 050	11 250	12 550	60 850
产成品标准产品产量	14 000	14 250	14 250	
在产品标准产品产量	800	400	400	
标准产品产量合计	14 800	14 650	14 650	
费用分配率	2.5	0.77	0.86	
完工产品成本	35 000	10 972.5	12 255	58 227.5
月末在产品成本	2 000	308	344	2 652

表 8-3 中各种费用分配率的计算如下。

直接材料费用分配率=37 050÷14 800=2.5

直接人工费用分配率=11 250÷14 650=0.77

制造费用分配率=12 550÷14 650=0.86

4）计算 A、B、C 完工产品成本，计算结果如表 8-4 所示。

表 8-4 类内各种产成品成本计算单

单位：元

项　目	产量	原材料标准产品产量	直接材料	工时标准产品产量	直接人工	制造费用	合　计
分配率			2.5		0.77	0.86	
A 产品	5 000	5 000	12 500	5 000	3 850	4 300	20 650
B 产品	4 000	8 000	20 000	8 000	6 160	6 880	33 040
C 产品	2 500	1 000	2 500	1 250	962.5	1 075	4 537.5
合　计		14 000	35 000	14 250	10 972.5	12 255	58 227.5

8.3 联产品和副产品成本的计算

8.3.1 联产品成本的计算

联产品是指使用同样的原材料，经过同一工艺，同时生产出具有同等地位但是用途不同的主要产品。例如，炼油厂的原油，经过催化，加工出汽油、重柴油、轻柴油等联产品。

在产品生产的整个过程结束时经过分离才能成为联产品，而有的产品分离后可直接出售，有的产品分离后需要进一步的加工才可出售。因此，将分离前在联合生产过程中发生的成本称为联合成本。将分离后进一步加工过程中发生的成本称为可归属成本。联产品成本的计算就是将联合成本在各种联产品之间进行分配。联合成本的分配方法有很多，常用的有系数分配法、实物量比例分配法、相对销售价值分配法、可实现净值比例分配法。

1．系数分配法

系数分配法是将各种联产品的实际产量按事先制定的系数折合成标准生产量，再将联合成本按各联产品的标准生产量进行分配的方法。确定系数的标准可以是产品的特征，如重量、体积等；也可以是经济指标，如定额成本、售价等。

2．实物量比例分配法

实物量比例分配法是按联产品在分离时的重量、体积等比例来分配联合成本的方法。这种方法的最大优点是计算简便易行，但是计算出的单位成本是平均单位成本，容易造成成本与收入不匹配。

3．相对销售价值分配法

相对销售价值分配法是按联产品的售价比例来分配联合成本的方法。这种方法克服了实物量比例分配法的不足，但是按产品的销售价比例分摊联合成本，导致各联产品的毛利率相同。而事实上并不是售价高的产品成本就高，售价低的成本就低，如电子产品，并且有的联产品在分离后仍需进一步的加工才可出售。

4．可实现净值比例分配法

可实现净值比例分配法是按联产品的可实现净值比例来分配联合成本的方法。可实现净值是指产品的最终售价减去其可归属成本后的价值。计算公式见式（8-5）。

可实现净值=产品销售价格−该产品可归属成本　(8-5)

由式（8-5）可以看出，对于分离后就可出售的联产品，其可实现净值就是产品的销售价格减去该产品可归属成本。

【例 8-1】某化工厂用某种原料经过同一生产工艺，同时产出 A、B 两种联产品。2012 年 10 月共生产 A 产品 2 000 千克，B 产品 1 000 千克。假设没有期初、期末在产品。该月生产这些联产品的联合成本为原材料 30 000 元，直接人工 10 800 元，制造费用 19 200 元。A 产品售价每千克 250 元，B 产品每千克 300 元，假设全部产品均售出。

根据上述资料，要求分别用系数分配法、实物量比例分配法、相对销售价值分配法、可实现净值比例分配法计算 A、B 两种产品的成本。

（1）采用系数分配法

假定 A 产品为标准产品，其系数为“1”，计算结果如表 8-5 所示。

表 8-5　联产品成本计算单

产品名称	产量（千克）	系数	标准产量（千克）	分配比例（%）	应负担的成本（元）			
					直接材料	直接人工	制造费用	合　计
A	2 000	1	2 000	64	19 200	6 912	12 288	38 400
B	1 000	1.125	1 125	36	10 800	3 888	6 912	21 600
合　计	3 000		3 125	100	30 000	10 800	19 200	60 000

采用系数分配法时，必须合理地确定各联产品的系数，才能使得联合成本的分配结果正确。

（2）采用实物量比例分配法

计算结果如表 8-6 所示。

表 8-6　联产品成本计算单

产品名称	产量（千克）	联合成本（元）				分配率	应负担的成本（元）			
		直接材料	直接人工	制造费用	合计		直接材料	直接人工	制造费用	合计
A	2 000						20 000	7 200	12 800	40 000
B	1 000						10 000	3 600	6 400	20 000
合　计	3 000	3 0000	10 800	19 200	60 000	20	30 000	10 800	19 200	60 000

采用实物量比例分配法的优点是易行简单，但是，这种分配方法的分配结果可能不太合理。因为，有些成本与实物量并不是直接有关联的。

（3）采用相对销售价值分配法

计算结果如表 8-7 所示。

采用相对销售价值分配法时，使得高售价与高成本相匹配，但现实中并不是所有的成本都与售价有关。因而，这种方法适用于分离后不再进行加工的联产品成本的分配。

（4）采用可实现净值比例分配法

假设 A、B 分离后仍需加工，继续加工成本分别为 10 000 元和 8 000 元。计算结果如表 8-8 所示。

表 8-7 联产品成本计算单

产品名称	产量（千克）	单价(元)	销售价值(元)	比例(%)	应负担的成本（元）			
					直接材料	直接人工	制造费用	合计
A	2 000	250	500 000	62.5	18 750	6 750	12 000	37 500
B	1 000	300	300 000	37.5	11 250	4 050	7 200	22 500
合 计	3 000		800 000	100	30 000	10 800	19 200	60 000

表 8-8 联产品成本计算单

产品名称	产量（千克）	单价(元)	销售价值(元)	分离后加工成本（元）	可实现净值（元）	比例（%）	应负担的成本（元）
A	2 000	250	500 000	10 000	490 000	62.66	37 596
B	1 000	300	300 000	8 000	292 000	37.34	22 404
合 计	3 000		800 000		782 000	100	60 000

采用可实现净值比例分配法时，需要注意联合成本与可归属成本的界限，主要适用于分离后仍需要加工方可出售的联产品。

8.3.2 副产品成本的计算

副产品是指企业在使用同一种原材料，经过同一生产工艺，生产出主要产品的同时附带生产出来的一些非主要产品。例如，炼油厂生产中产生的石油焦，炼钢厂生产中产生的炉渣等。副产品不是企业生产的主要目的，其价值较低，但它仍具有一定的经济价值，而且客观上发生耗费。因此，需要计算副产品成本。

副产品成本的计算通常分为以下几种情况。

1．分离后价值较低可直接出售的副产品

对这类副产品，一般不负担分离前的联合成本，其联合成本由主要产品承担，其销售收入可并入主要产品的销售收入中或作为其他业务收入处理。

2．分离后价值较高可直接出售的副产品

对这类副产品，一般按其销售价格扣除销售税金、销售费用和销售利润后的余额作为其应负担的联合成本，即该副产品的成本。

【例 8-2】某企业在生产主要产品甲产品时，同时附带生产出副产品 A 产品。本月生产的甲产品 1 000 千克已全部完工入库，月末没有在产品，甲产品归集的生产费用合计为 500 000 元，其中，直接材料 300 000 元，直接人工 150 000 元，制造费用 50 000 元。本月附带生产的 A 产品 50 千克已全部入库，A 产品售价为 100 元每千克，销售应交税费 5 元每千克，正常销售利润为 15%。A 产品成本从甲产品成本的直接材料项目中扣除。根据上述资料，计算如下。

A 产品单位成本=100−5−100×15%=80（元）

A 产品总成本=80×50=4 000（元）

甲产品总成本=500 000−4 000=496 000（元）

甲产品单位成本=496 000÷1 000=496（元）

3．分离后价值较低且需要进一步加工的副产品

对这类副产品，因为其价值较低，所以不考虑分离前的联合成本，只考虑其可归属成本。

4．分离后价值较高且需要进一步加工的副产品

对这类副产品，需要考虑其分离前负担的联合成本和分离后的可归属成本。

【例 8-3】 假设副产品 A 与甲产品分离后并不能直接出售，而是需要进一步加工成为乙产品后才能出售。进一步对副产品 A 的加工过程中发生直接材料 500 元，直接人工 300 元，制造费用 200 元。加工后生产的乙产品，本月实际产量 80 千克，售价为 200 元每千克，销售税费 6 元每千克，正常销售利润 12%。根据上述资料，计算如下。

乙产品单位成本=200–6–200×12%=170（元）

乙产品总成本=170×80=13 600（元）

A 副产品总成本=13 600–（500+300+200）=12 600（元）

甲产品总成本=500 000–12 600=487 400（元）

复习思考题

一、单项选择题

1．成本计算的分类法的特点是（　　）。

A．按产品品种计算产品成本

B．按产品类别计算产品成本

C．按产品批别归集生产费用，计算产品成本

D．按生产步骤归集生产费用，计算产品成本

2．产品成本计算的分类法适用于（　　）。

A．大量大批生产的产品

B．品种、规格繁多的产品

C．可按一定标准分类的产品

D．品种、规格繁多并可按一定标准分类的产品

3．采用分类法，应当按（　　）设置生产成本明细账。

A．联产品　　B．副产品

C．产品品种　　D．产品类别

4．采用分类法的目的在于（　　）。

A．分品种计算产品成本　　B．分类别计算产品成本

C．简化各种产品成本的计算工作　　D．简化各类产品成本的计算工作

5．采用分类法是（　　）。

A．满足企业管理需要　　B．适应生产组织的特点

C．适应生产工艺的要求　　D．为简化成本计算工作

6. 分类法在按消耗定额或费用定额计算产品系数的情况下，按系数比例分配的费用结果与按定额耗用量比例或定额费用比例分配费用的结果是（　　）。

A. 前者小于后者　　B. 前者大于后者
C. 两者结果相同　　D. 定额耗用量或定额费用比例更加准确

7. 以下各种成本计算方法中属于辅助方法的是（　　）。

A. 分批法　　B. 分步法
C. 分类法　　D. 品种法

8. 联产品是指（　　）。

A. 不同材料加工出的不同产品　　B. 同种材料加工出的几种主要产品
C. 同种材料加工出的不同质量产品　　D. 同种材料加工出的主要产品和副产品

9. 下列可以采用分类法计算产品成本的是（　　）。

A. 单件小批生产　　B. 各种类型的生产
C. 单步骤大量大批生产　　D. 多步骤大量大批生产

10. 联产品在分离前计算出的总成本是（　　）。

A. 联合成本　　B. 分项成本
C. 直接成本　　D. 间接成本

二、多项选择题

1. 采用分类法，可将（　　）等方面相同或相似的产品归为一类。

A. 产品的售价　　B. 产品性质和用途
C. 产品生产工艺技术过程　　D. 产品结构和耗用原材料

2. 分类法的适用范围是（　　）。

A. 联产品
B. 副产品
C. 等级产品
D. 品种、规格繁多，可按一定标准分类的产品

3. 采用分类法，同类产品内各种产品可以按照（　　）分配确定。

A. 售价　　B. 总系数
C. 定额费用　　D. 定额耗用量

4. 分类法的特点是（　　）。

A. 有利于加强成本管理　　B. 便于成本的日常控制
C. 可以简化成本计算工作　　D. 可以分类掌握产品成本情况

5. 下列各项可以或必须采用分类法计算成本的有（　　）。

A. 联产品　　B. 副产品
C. 由于人工操作而造成的等级产品
D. 品种、规格繁多又可划分为若干类别的产品

6. 下列不适合采用分类法计算产品成本的企业的是（　　）。

A. 造纸厂　　B. 制鞋厂
C. 小型水泥厂　　D. 精密仪器生产企业

7．采用分类法计算产品成本时应注意的问题是（　）。

A．类距要适当　　B．分配标准应有所选择

C．类内产品品种不能过多　　D．类内产品品种不能太少

8．分类法下对于类内产品成本的计算，一般可以采用（　）。

A．系数法　　B．分批法

C．约当产量法　　D．按定额成本计价法

9．分类法主要适用于产品品种较多的企业和车间，可以采用分类法计算产品成本的企业是（　）。

A．机床厂　　B．针织厂

C．造船厂　　D．电子元件厂

10．分类法的成本计算程序是（　）。

A．把标准产品的分配标准系数确定为 1

B．用各种产品的实际产量乘上系数，计算出总系数

C．再按各种产品总系数比例分配计算类内各种产品成本

D．以其他产品的单位分配标准数据与标准产品相比，求出其他产品的系数

三、判断题

1．只要产品的品种、规格繁多，就可以采用分类法计算产品成本。（　）

2．分类法是以产品类别为成本计算对象的一种成本计算方法。（　）

3．按照系数分配计算类内各种产品成本的方法是一种简化的分类法。（　）

4．分类法的适用范围与产品的生产类型没有直接的联系。（　）

5．联产品可以采用分类法计算成本。（　）

6．主产品、副产品在分离前应合为一类产品计算成本。（　）

7．联产品与等级产品的成本计算方法基本相同。（　）

8．产品成本计算分类法的分类，一般应以产品结构、所耗原材料和生产工艺过程相同或相近为标志。（　）

9．等级产品与副产品的成本计算方法完全相同。（　）

10．无论何原因产生的等级产品，均可采用分类法的原理计算各规格产品成本。（　）

四、实训题

（一）练习系数法

资料：某公司生产的 A、B、C 三种产品，由于生产工艺过程基本相近，所耗的原材料品种相同，成本计算时合并为甲类产品，采用分类法计算成本。20××年 5 月甲类产品的成本计算单和有关的产量及定额资料如表 8-9、表 8-10 所示。

表 8-9　产品成本计算单

产品类别：甲类　　20××年 5 月　　单位：元

成本项目	直接材料	直接人工	制造费用	合　计
月初在产品成本	120 000	48 000	24 000	192 000
本月发生费用	440 000	192 000	184 000	816 000

续表

成本项目	直接材料	直接人工	制造费用	合　计
生产费用合计	560 000	240 000	208 000	1 008 000
完工产品成本	513 600	229 520	193 280	936 400
月末在产品成本	46 400	10 480	14 720	71 600

表 8-10　产量及定额资料

20××年 5 月

产品名称	实际产量（件）	材料单耗定额（元）	单耗工时定额（小时）
A	9 600	20	4.0
B	7 200	18	3.2
C	8 000	24	4.4

要求：计算各种产品的总成本和单位成本成本，其中：原材料按系数法分配计算，A 产品为标准产品；其他费用按照定额工时比例分配。

（二）练习系数分配法、实物量比例分配法和相对售价比例分配法

资料：某工厂采用 A 原材料，经过同一生产过程同时生产出甲、乙两种联产品。20××年 4 月共生产甲产品 400 吨，乙产品 200 吨。假定该月无期初期末在产品。该月生产发生的联合成本分别为原材料为 6 000 元，直接人工费为 2 160 元，制造费用为 3 840 元。甲产品每吨售价 50 元，乙产品每吨售价 60 元，且全部产品均已售出。

要求：根据资料分别用系数分配法、实物量比例分配法和相对售价比例分配法计算甲乙联产品成本。

（三）练习可实现净值比例法

资料：某企业投入相同的原材料，经过同一加工过程生产出 A、B 两种联产品。共发生联合成本为 40 000 元。材料费用、人工费用和制造费用的比重为 65∶25∶10。两种联产品在分离后均需再加工后方可对外出售。20××年 4 月，A 产品经过进一步加工后的产量为 20 吨，每吨售价 250 元，发生的可归属成本 28 000 元；B 产品经过进一步加工后的产量为 50 吨，每吨售价 220 元，发生的可归属成本 52 000 元。

要求：采用可实现净值比例法计算甲产品和丙产品的成本。

（四）练习联产品成本的计算

资料：某工厂在生产甲产品过程中附带生产出副产品乙和丙。20××年 5 月该厂发生的生产费用如表 8-11 所示。本月共生产甲产品 2 000 吨，乙产品 80 吨，丙产品 400 吨。月末无在产品。乙产品计划单价为 200 元，丙产品单位售价为 75 元。

表 8-11　生产费用明细表

单位：元

项　　目	直接材料	直接人工	制造费用	合　计
月初在产品成本	16 000	4 000	12 000	32 000
本月费用	240 000	60 000	68 000	368 000
费用项目比重	60%	25%	15%	100%

要求：计算各产品成本。

（五）练习副产品成本的计算

资料：某公司在生产 A 产品过程中附带生产出副产品 B，但 B 产品需要进一步加工成 C 产品才能对外出售。20××年 3 月该公司生产该类产品共发生联合成本为 74 000 元，其中原材料 40 000 元，直接人工费 24 000 元，制造费用 10 000 元。将 B 产品再加工成 C 产品时投入人工费 600 元，制造费用 400 元。C 产品对外销售单价为 200 元/吨。本月 A 产品产量为 300 吨，C 产品产量为 20 吨。

要求：计算 A 产品和 C 产品的成本。

第 9 章

产品成本计算的定额法

理论目标

1. 理解定额法的特点及成本计算程序；
2. 掌握定额法成本差异的计算原理。

实践目标

1. 能够填制产品定额成本计算表；
2. 能够填制脱离定额差异汇总表。

案例导入

某企业生产 A 产品，本月期初在产品 60 台，本月完工产量 500 台，期末在产品数量 120 台，原材料在开工时一次投入，单位产品材料消耗定额为 10 千克，材料计划单价为 4 元/千克。本月材料限额领料凭证登记数量为 5 600 千克，材料超限额领料凭证登记数量为 400 千克，期初车间有余料 100 千克，期末车间盘存余料为 300 千克。

思考

计算本月产品的原材料定额费用及脱离定额差异。

9.1 定额法概述

9.1.1 定额法的概念和特点

定额法是指以产品的定额成本为基础，加上（或减去）脱离定额差异、材料成本差异和定额变动差异，来计算出产品实际成本的方法。定额法的主要特点表现在以下几个方面。

1. 事前制定产品的生产成本

产品的消耗定额、费用定额和定额成本事先要制定好，以对产品的成本进行事先控制。

2. 在生产费用发生时，将定额费用和脱离定额的差异部分分别核算

及时揭示实际生产费用脱离定额的差异，便于对生产成本的控制和管理。

3. 月末以定额成本为基础加减各项成本差异求产品的实际成本

计算公式见式（9-1）。

产品实际成本=定额成本±脱离定额差异±材料成本差异±定额变动差异　　(9-1)

9.1.2　定额法的适用范围

定额法是以产品的定额成本为计算基础的。因此，定额法主要运用于定额管理基础工作较好、定额管理制度较健全、产品定型、各项消耗定额比较准确和稳定的企业。

9.1.3　定额法的成本计算程序

1）按企业管理的要求和生产的特定，确定成本的计算对象及成本计算的基本方法。

2）按定额标准，计算各成本项目的定额费用，编制产品定额成本表。

3）将实际发生的生产费用分为定额成本和脱离定额差异两部分，予以汇总

4）按事先制定的成本计算方法，汇集、结转各项费用的脱离定额差异，并按一定的标准在完工产品和在产品之间进行分配。

5）将定额成本加减各项差异，求出产品的实际成本。

9.2　定额法的运用

9.2.1　定额成本的计算

产品的定额成本是分成本项目计算的，包括直接材料定额成本、直接人工定额成本、制造费用定额成本。计算公式见式（9-2）～式（9-5）。

直接材料定额成本=直接材料消耗定额×材料计划单价　　(9-2)

直接人工定额成本=产品定额工时×计划小时工资率　　(9-3)

制造费用定额成本=产品定额工时×计划小时工资率　　(9-4)

产品的定额成本=直接材料定额成本+直接人工定额成本+制造费用定额成本　　(9-5)

在实际工作中，定额成本的计算一般通过编制“产品定额成本计算表”的形式进行。此表的编制可以先编制零部件的，再汇总编制部件或产成品的；如零部件较多，也可直接编制产品的定额成本表。

【例 9-1】长江公司生产甲产品，该产品由 A、B 两个部件组成，其中 A 部件包括 L901、L902，定额成本制定程序如表 9-1～表 9-3 所示。

表 9-1　零件定额卡

零件编号、名称：L901　　　　20××年 9 月

材料编号	材料名称	计量单位	材料消耗定额
C322	××	千克	6
工序	工时定额		累计工时定额
1	2		2
2	3		5
3	1.50		6.50
4	3.50		10

表 9-2　部件定额成本计算表

部件名称：A　　　　20××年 9 月　　　　金额单位：元

<table>
<tr><th rowspan="3">所用零件编号和名称</th><th rowspan="3">所用零件数量</th><th colspan="7">部件材料费用定额</th><th rowspan="3">部件工时定额</th></tr>
<tr><th colspan="3">C322</th><th colspan="3">C323</th><th></th></tr>
<tr><th>消耗定额</th><th>计划单价</th><th>金额</th><th>消耗定额</th><th>计划单价</th><th>金额</th><th>金额合计</th></tr>
<tr><td>L901</td><td>1</td><td>6</td><td>4.20</td><td>25.20</td><td></td><td></td><td></td><td>25.20</td><td>10</td></tr>
<tr><td>L902</td><td>2</td><td></td><td></td><td></td><td>13.80</td><td>3.50</td><td>48.30</td><td>48.30</td><td>16</td></tr>
<tr><td>装配</td><td></td><td></td><td></td><td></td><td></td><td></td><td></td><td></td><td>4</td></tr>
<tr><td>合计</td><td></td><td></td><td></td><td>25.20</td><td></td><td></td><td>48.30</td><td>73.50</td><td>30</td></tr>
<tr><td colspan="9">定额成本项目</td><td rowspan="3">定额成本合计</td></tr>
<tr><td colspan="2" rowspan="2">直接材料</td><td colspan="3">直接人工</td><td colspan="4">制造费用</td></tr>
<tr><td colspan="2">每小时定额</td><td>金额</td><td colspan="2">每小时定额</td><td colspan="2">金额</td></tr>
<tr><td colspan="2">73.50</td><td colspan="2">2.30</td><td>69</td><td colspan="2">5.20</td><td colspan="2">156</td><td>298.50</td></tr>
</table>

表 9-3　产品定额成本计算表

产品名称：甲产品　　　　20××年 9 月　　　　金额单位：元

<table>
<tr><th rowspan="2">所用部件名称</th><th rowspan="2">所用部件数量</th><th colspan="2">材料费用定额</th><th colspan="2">工时定额</th></tr>
<tr><th>部　件</th><th>产　品</th><th>部　件</th><th>产　品</th></tr>
<tr><td>A</td><td>2</td><td>298.50</td><td>597</td><td>30</td><td>60</td></tr>
<tr><td>B</td><td>3</td><td>202</td><td>606</td><td>20</td><td>60</td></tr>
<tr><td>装配</td><td></td><td></td><td></td><td></td><td>6</td></tr>
<tr><td>合计</td><td></td><td></td><td>1 203</td><td></td><td>126</td></tr>
<tr><td colspan="5">产品定额成本项目</td><td rowspan="3">定额成本合计</td></tr>
<tr><td rowspan="2">直接材料</td><td colspan="2">直接人工</td><td colspan="2">制造费用</td></tr>
<tr><td>每小时定额</td><td>金额</td><td>每小时定额</td><td>金额</td></tr>
<tr><td>1203</td><td>2.30</td><td>289.80</td><td>5.20</td><td>655.20</td><td>2 148</td></tr>
</table>

9.2.2　脱离定额差异的计算

1. 直接材料脱离定额差异的计算

直接材料脱离定额差异是指在生产过程中，产品耗用原材料的实际成本与定额成本的差异，即耗用量的差异，但是不包括价格的差异。计算公式见式（9-6）。

直接材料脱离定额差异=原材料的实际成本−原材料的定额成本　　(9-6)

在实际工作中，计算直接材料脱离定额差异的核算方法一般有限额法、切割法和盘存法 3 种。

（1）限额法

采用限额法，应当在企业实行限额领料制度下，符合定额的领料，应当根据“限额领料单”领用。若由于增加产量而需追加领料的，须按规定办理追加限额手续。若因其他原因发生的超额用料，须填制专设的“超额材料领料单”，按规定审批手续领料。若减少产品的产量时，应当扣减“限额领料单”上的领料限额。若采用代用材料或废料利用的时，应当在“限额领料单”中注明，并从原定限额中扣除。生产任务结束后，根据余料，填制“退料单”。

需要注意的是，一般车间还可能存在期初期末余料，所以采用限额法时，本期材料的实际耗用量的计算公式如式（9-7）所示。

本期材料实际耗用量=本期领用材料数量+期初材料数量−期末材料数量　　(9-7)

【例 9-2】某企业规定限额领料单为 10 000 千克，每件产品的原材料消耗定额为 5 千克，则产品数量为 2 000 件；本月实际领料 9 500 千克。

第一种情况：本月投产数量为 2 000 件，无期初、期末余料。则

原材料的定额耗用量=2 000×5=10 000（千克）

原材料的实际耗用量=9 500（千克）

原材料脱离定额差异=9 500−10 000=−500（千克）（节约）

第二种情况：本月投产数量为 2 000 件，但期初余料为 100 千克，期末余料为 110 千克。则

原材料的实际耗用量=9 500+100−110=9 490（千克）

原材料脱离定额差异=9 490−10 000=−510（千克）（节约）

第三种情况：本月投产数量为 1 800 件，期初余料 100 千克，期末余料 110 千克。则

原材料的定额耗用量=1 800×5=9 000（千克）

原材料的实际耗用量=9 500+100−110=9 490（千克）

原材料的脱离定额差异=9 490−9 000=490（千克）（超支）

（2）切割法

在实际的工作中，有些材料需要切割后才能使用，如板材等，则通过“材料切割核算单”来计算材料脱离定额差异。一般按照切割材料的批别来设立“材料切割核算单”，单中填明切割材料的种类、数量、消耗定额及应切割的毛坯数量。切割完成后，再填写实际切割的数量和实际的耗用量，从而计算出脱离定额的差异。

【例 9-3】某工厂 Q1201“材料切割核算单”如表 9-4 所示。其中有关数字计算过程如下。

应切割数量=280÷7=40（件）

材料定额耗用量=38×7=266（千克）

废料定额回收量=38×0.2=7.6（千克）

材料脱离定额差异=（280–266）×7=98（元）

废料脱离定额差异=（7.6–15）×1.2=–8.88（元）

表 9-4 材料切割核算单

材料编号：Q1201　　材料计量单位：千克　　材料计划单价：8 元

产品名称：甲产品　　零件编号名称：L201　　图纸号：28

机床编号：211　　切割人：李东

<table>
<tr><th colspan="2">发料数量</th><th colspan="4">退回余料数量</th><th colspan="2">材料实际消耗量</th><th>废料实际回收量</th></tr>
<tr><td colspan="2">300</td><td colspan="4">20</td><td colspan="2">280</td><td>15</td></tr>
<tr><td colspan="2">单位产品消耗定额</td><td colspan="2">单位回收废料定额</td><td colspan="2">应切割成毛坯数量</td><td>实际切割成毛坯数量</td><td>材料定额消耗量</td><td>废料定额回收量</td></tr>
<tr><td colspan="2">7</td><td colspan="2">0.2</td><td colspan="2">40</td><td>38</td><td>266</td><td>7.6</td></tr>
<tr><td colspan="2">材料脱离定额差异</td><td colspan="4">废料脱离定额差异</td><td colspan="2">脱离差异原因</td><td>责任者</td></tr>
<tr><td>数量</td><td>金额</td><td>数量</td><td colspan="2">单价</td><td>金额</td><td colspan="2" rowspan="2">未按图纸切割，增加了边料，减少了毛坯</td><td rowspan="2">李东</td></tr>
<tr><td>14</td><td>98</td><td>–7.4</td><td colspan="2">1.2</td><td>–8.88</td></tr>
</table>

（3）盘存法

盘存法是根据定期盘点的方法来计算材料定额耗用量和脱离定额差异的。具体做法如下：先根据完工产品数量和在产品盘存数量来计算出投产产品数量，将投产产品数量乘以原材料消耗定额，计算出原材料的定额消耗量；再根据“限额领料单”、“超额领料单”、“退料单”等计算出原材料的实际消耗量；最后将原材料的实际消耗量和定额消耗量对比，计算出原材料脱离定额差异。计算公式见式（9-8）、式（9-9）。

本期产品的投产量=本期完工产品数量+期末在产品数量–期初在产品数　　(9-8)

直接材料脱离定额差异=（本期材料实际耗用量–本期产品的投产量×单位产品材料消耗定额）×材料计划单价　　(9-9)

【例 9-4】某企业生产甲产品耗用 A 材料，生产开始时材料一次投入。期初在产品为 200 件，本期完工产品为 1 000 件，期末在产品为 100 件。A 材料的消耗定额为 5 千克，计划单价为 8 元。根据“限额领料单”，本期已实际领料 5 000 千克。期初余料 50 千克，期末余料 30 千克。

材料定额消耗量=（1 000+100–200）×5=4 500（千克）

材料实际消耗量=5 000+50–30=5 020（千克）

材料脱离定额差异=（5 020–4 500）×8=520（元）（超支）

2．直接人工脱离定额差异的计算

直接人工脱离定额差异的计算因企业采用的工资形式的不同而不同。

1）在计件工资制度下，直接人工脱离定额差异的计算与原材料脱离定额差异的计算相类似。计算公式见式（9-10）、式（9-11）。

$$直接人工定额费用=计件数量\times计价单价 \tag{9-10}$$

$$计价单价=\frac{计划单位工时的直接人工}{每工时产量定额} \tag{9-11}$$

2）在计时工资制度下，直接人工脱离差异的计算，只能在月末确定实际直接人工费用总额后才能进行。计算公式见式（9-12）～式（9-16）。

$$某产品直接人工脱离定额的差异=该产品实际直接人工费用-该产品定额直接人工费用 \tag{9-12}$$

$$某产品实际直接人工费用=该产品实际生产工时\times实际小时工资率 \tag{9-13}$$

$$某产品定额直接人工费用=该产品实际完成的定额生产工时\times计划小时工资率 \tag{9-14}$$

$$实际小时工资率=\frac{实际直接人工费用总额}{实际生产总工时} \tag{9-15}$$

$$计划小时工资率=\frac{计划产量的定额直接人工费用}{计划产量的定额生产工时} \tag{9-16}$$

【例 9-5】 某工厂生产 A、B、C 三种产品，本月三种产品的实际生产工时为 200 000 小时，其中，A 产品 85 000 小时，B 产品 50 000 小时，C 产品 65 000 小时；本月三种产品实际完成定额工时 205 000 小时，其中，A 产品 86 000 小时，B 产品 55 000 小时，C 产品 64 000 小时；本月实际产品直接人工费用合计为 820 800 元；本月计划工资率为 4 元；实际小时工资率为 4.104 元。根据以上资料编制“直接人工费用定额和脱离定额差异汇总表”，如表 9-5 所示。

表 9-5　直接人工费用定额和脱离定额差异汇总表

20××年 7 月　　　　金额单位：元

产品名称	定额人工费用			实际人工费用			脱离定额差异
	定额工时	计划小时工资率	定额工资	实际工时	实际小时工资率	实际工资	
A	86 000		344 000	85 000		348 840	4 840
B	55 000		220 000	50 000		205 200	-14 800
C	64 000		256 000	65 000		266 760	10 760
合　计	205 000	4	820 000	200 000	4.104	820 800	800

3．制造费用脱离定额差异的计算

制造费用脱离定额差异的计算是指脱离制造费用计划的差异计算。制造费用属于间接计入费用，所以在日常核算中，制造费用脱离定额差异的计算通常在月末时比照上述计时工资的计算方法确定。

【例 9-6】 某工厂生产 A、B、C 三种产品，本月各种产品实际生产工时和定额生产工时见【例 9-5】。本月实际制造费用总额为 413 000 元，本月制造费用计划分配率为每小时 2 元，实际分配率为每小时 2.065 元。根据以上资料编制“制造费用定额和脱离定额差异汇总表”，如表 9-6 所示。

表 9-6 制造费用定额和脱离定额差异汇总表

20××年 7 月 金额单位：元

产品名称	定额制造费用			实际制造费用			脱离定额差异
	定额工时	计划小时费用率	定额费用	实际工时	实际小时费用率	实际费用	
A	86 000		172 000	85 000		175 525	3 525
B	55 000		110 000	50 000		103 250	–6 750
C	64 000		128 000	65 000		134 225	6 225
合 计	205 000	2	410 000	200 000	2.065	413 000	3 000

9.2.3 材料成本差异的计算

在采用定额法计算产品成本的企业，其材料的核算一般都是采用计划成本来进行的。因此，月末计算产品的实际材料成本时，需要计算和分配本月产品所耗材料的成本差异。计算公式见式（9-17）。

某产品应分配的材料成本差异=（该产品材料定额成本±材料脱离定额差异）×材料成本差异率 (9-17)

【例 9-7】某企业甲产品本月所耗直接材料定额成本为 30 000 元，材料脱离定额的差异为节约 2 000 元，材料成本差异率为超支 1.5%。该产品本月应负担的材料成本差异为

材料成本差异=（30 000–2 000）×1.5%=420（元）

9.2.4 定额变动差异的计算

由于经济的发展、生产技术的进步和劳动生产率的提高，原先制定的消耗定额或生产耗费定额在一定时期后需要修订，修订后的新定额和修订前的旧定额之间的差异，就是定额变动差异。

定额的修订一般是在月初、季初或年初定期进行的。遵循一致性原则，需将月初时在产品的旧定额成本按新定额成本进行调整。计算公式见式（9-18）。

月初在产品定额变动差异=月初在产品的旧定额成本–月初在产品调整后的定额成本 (9-18)

在实际的生产过程中，为了简化计算工作，也可以按照定额变动系数来进行计算。计算公式见式（9-19）、式（9-20）。

$$定额变动系数=\frac{按新定额计算的单位产品成本}{按旧定额计算的单位产品成本} \tag{9-19}$$

月初在产品定额变动差异=按旧定额计算的月初在产品成本×（1–定额变动系数） (9-20)

【例 9-8】某企业生产的甲产品从本月 1 日开始实行新的材料消耗定额，直接人工和制造费用定额不变。单位产品新的直接材料消耗定额为 5 000 元，旧的直接材料消耗定额为 6 500 元。该产品月初在产品按旧定额计算的直接材料成本为 10 200 元。其月初在产品定额变动差异计算如下。

定额变动系数=5 000÷6 500=0.77

月初在产品定额变动差异=10 200×（1–0.77）=2 346（元）

复习思考题

一、单项选择题

1. 由于修改定额而产生的新旧定额之间的差额称为（　　）。

A. 定额差异　　B. 定额变动差异

C. 脱离定额差异　　D. 材料成本差异

2. 原材料脱离定额差异是（　　）。

A. 数量差异　　B. 价格差异

C. 原材料成本差异　　D. 一种定额变动差异

3. 产品成本计算的定额法在适用范围上（　　）。

A. 适用于大量生产　　B. 适用于小批生产

C. 与生产类型无关　　D. 与生产类型直接相关

4. 在脱离定额差异的核算中，与制造费用脱离定额差异核算方法相同的是（　　）。

A. 原材料　　B. 自制半成品

C. 计件工资形式的生产工人工资　　D. 计时工资形式的生产工人工资

5. 定额法的主要缺点是（　　）。

A. 不便于成本分析

B. 只适用于大批生产的机械化企业

C. 较其他成本计算方法核算工作量大

D. 不能合理解决完工产品与月末在产品之间的费用分配问题

6. 定额成本法是最终计算（　　）的一种方法。

A. 计划成本　　B. 实际成本

C. 预计成本　　D. 定额成本

7. 定额成本法下，如果月初在产品定额变动差异是正数，说明（　　）。

A. 产品实际成本提高了　　B. 产品实际成本降低了

C. 产品定额成本提高了　　D. 产品定额成本降低了

8. 由于调整旧定额而产生的新旧定额之间的差额称为（　　）。

A. 材料成本差异　　B. 成本定额差异

C. 脱离定额差异　　D. 定额变动差异

9. 采用定额法计算产品成本时，对脱离定额差异一般要在完工产品和月末在产品之间按照（　　）进行分配。

A. 定额成本的比例　　B. 定额差异的比例

C. 材料成本差异的比例　　D. 脱离定额差异的比例

10. 对定额调整而产生的定额变动差异，要（　　）。

A. 计入期末在产品成本　　B. 计入当期完工产品成本

C. 在完工产品与在产品之间分配　　D. 由企业自行确定处理方法

二、多项选择题

1. 计算和分析脱离定额成本差异主要包括（　）。
A. 材料脱离定额差异　　B. 制造费用脱离定额差异
C. 管理费用脱离定额差异　　D. 直接人工费用脱离定额差异
2. 原材料脱离定额差异的计算方法有（　）。
A. 年限法　　B. 盘存法
C. 切割核算法　　D. 限额领料单法
3. 类内不同品种规格、型号产品之间成本分配的标准有（　）。
A. 定额费用　　B. 产品重量
C. 定额耗用总量　　D. 产品编号顺序
4. 采用定额成本法需要在定额成本的基础上计算（　）。
A. 材料成本差异　　B. 定额变动差异
C. 脱离定额差异　　D. 定额与计划间差异
5. 定额成本法的特点主要有（　）。
A. 最终计算为实际成本
B. 事先制定有关定额和定额成本
C. 平时将实际耗费分别反映为定额和差异两部分
D. 不能单独使用
6. 采用定额成本法，量差和价差不分别反映的有（　）。
A. 直接人工　　B. 直接材料
C. 制造费用　　D. 燃料和动力
7. 采用定额法计算产品成本，应具备的条件有（　）。
A. 定额管理制度比较健全　　B. 定额管理工作基础比较好
C. 产品生产已经定型　　D. 消耗定额比较准确且稳定
8. 在定额法下，计算完工产品应负担的材料成本差异时，需要考虑的因素有（　）。
A. 原材料的计划成本　　B. 原材料定额变动差异
C. 原材料脱离定额的差异　　D. 产品的定额材料费用
9. 计算定额变动系数时，需要考虑的因素有（　）。
A. 按新定额计算的单位产品费用　　B. 脱离定额差异
C. 定额变动差异　　D. 按旧定额计算的单位产品费用
10. 定额法的特点主要有（　）。
A. 事先确定产品的定额成本
B. 必须与其他基本方法结合使用
C. 在各种企业均可使用
D. 划分生产费用的定额成本与脱离定额差异

三、判断题

1．定额成本是一种目标成本，是企业进行成本控制和考核的依据。(　　)

2．限额领料单所列领料限额，不一定是材料的定额消耗量。(　　)

3．在定额法下，退料单是一种差异凭证。(　　)

4．定额变动差异反映的是生产费用的实际支出符合定额的程度。(　　)

5．定额法的缺点是较其他成本计算方法核算工作量要大。(　　)

6．只有大量大批生产的企业才能采用定额法计算产品成本。(　　)

7．一个企业或车间不能同时应用几种成本计算方法。(　　)

8．脱离定额差异可以和定额变动差异合并为一个项目。(　　)

9．定额法是成本计算和成本控制相结合的成本计算方法。(　　)

10．采用定额成本法，所计算的最终成本也为定额成本。(　　)

四、实训题

（一）练习脱离定额差异

资料：某企业生产甲产品，本月期初在产品 60 台，本月完工产量 500 台，期末在产品数量 120 台，原材料系开工时一次投入，单位产品材料消耗定额为 10 千克，材料计划单价为 4 元/千克。本月材料限额领料凭证登记数量为 5 600 千克，材料超限额领料凭证登记数量为 400 千克，期初车间有余料 100 千克，期末车间盘存余料为 300 千克。

要求：计算本月产品的原材料定额费用及脱离定额差异。

（二）练习定额法

资料：某企业生产甲产品，单位产品的工时定额为 4 小时，本月实际完工产品产量为 1 500 件。月末在产品数量为 200 件，完工程度为 80%；月初在产品数量为 100 件，完工程度为 60%。计划工时人工费为 3 元，实际的生产工时为 6 200 小时，实际工时人工费为 3.1 元。

要求：计算甲产品人工费的定额费脱离定额差异。

（三）练习定额法

资料：甲产品采用定额法计算成本。本月有关甲产品原材料费用资料如下。

1）月初在产品定额费用为 1 000 元，月初在产品脱离定额的差异为节约 50 元，月初在产品定额费用调整为降低 20 元。定额变动差异全部由完工产品负担。

2）本月定额费用为 24 000 元，本月脱离定额的差异为节约 500 元。

3）本月原材料成本差异为节约 2%，材料成本差异全部由完工产品成本负担。

4）本月完工产品的定额费用为 22 000 元。

要求：1．计算月末在产品的原材料定额费用。

2．计算完工产品和月末在产品的原材料实际费用。(定额差异按定额成本比例在完工产品和月末在产品之间分配。)

（四）练习定额法

资料：某公司专业生产甲产品。该公司的定额管理制度比较健全、稳定，为此，采用定额法计算产品成本。20××年 10 月，甲产品成本计算的有关资料如表 9-7～表 9-10 所示。

表 9-7 产品定额成本

产品名称：甲产品　　20××年 10 月　　单位：元

材料编号及名称	计量单位	材料消耗定量		计划单价	材料费用定额
A 材料	千克	50		10	500
工时定额	直接人工		制造费用		产品定额成本合计
	小时薪酬率	金额	小时费用率	金额	
50	3	150	2.5	125	775

表 9-8 月初在产品定额成本和脱离定额差异

产品名称：甲产品　　20××年 10 月　　单位：元

成本项目	定额成本	脱离定额差异
直接材料	5 000	−100
直接人工	750	+50
制造费用	625	+25
合计	6 375	−25

表 9-9 产品产量情况表

产品名称：甲产品　　20××年 10 月　　单位：件

月初在产品	本月投产	本月完工	月末在产品
10	100	80	30

注：月初、月末在产品完工程度均为 50%。

表 9-10 生产费用发生情况

产品名称：甲产品　　20××年 10 月　　单位：元

投入定额工时（小时）	实际领用材料			实际工人薪酬	实际制造费用
	数量（千克）	计划成本	材料成本差异率		
4 500	4 800	48 000	+2%	13 950	10 800

材料在生产开始时一次投入。由于工艺技术的改进，于 20××年 10 月 1 日起对材料消耗定额进行修订，原材料消耗定量为 50 千克，修订后材料费用定量为 47.5 千克。

要求：1．计算本月定额成本和脱离定额差异。

2．计算材料成本差异。

3．计算月初在产品定额变动差异。

（五）练习定额法

资料：某公司的甲产品是由一个封闭式的车间生产的，该产品的各项消耗定额比较准确、稳定，成本计算采用定额法。20××年 8 月，甲产品本月投入 400 件，月初在产品 50 件，本月完工 420 件，月末在产品 30 件，原材料在生产开始时一次投入。该企业为了简化核算工作，规定产品的定额变动差异和材料成本差异全部由完工产品成本负担，脱离定额差异按定额成本比例，在完工产品与在产品之间进行分配。其他资料如表 9-11、表 9-12 所示。

表 9-11　甲产品单位定额成本计算表

产品名称：甲产品　　　　20××年 8 月　　　　单位：元

成本项目	定额耗用量	计划单价	定额成本
直接材料	90 千克	5	450
直接人工	10 小时	6	60
制造费用	10 小时	4	40
合　计			550

表 9-12　月初在产品成本

产品名称：甲产品　　　　20××年 8 月　　　　单位：元

成本项目	定额成本	脱离定额差异
直接材料	25 000	+2 000
直接人工	1 500	+100
制造费用	1 000	+80
合　计	27 500	+2 180

该公司本月实际发生的费用及定额变动资料如下。

本月实际发生的直接材料 200 000 元，直接工资 26 000 元，制造费用 16 500 元；材料成本差异率为−1%。该企业从本月起将材料定额消耗量由原来的每件 100 千克，修订为 90 千克，其余各项定额不变。

要求：1．计算本月定额成本和脱离定额差异。

2．计算材料成本差异。

3．计算月初在产品定额变动差异。

4．编制产品成本计算表，采用定额法计算完工产品和月末在产品的实际成本。

第 10 章 成本报表的编制与分析

理论目标

1. 理解成本报表的作用和种类；
2. 掌握各种成本报表的结构和内容。

实践目标

1. 能够根据企业实际成本资料编制各种成本报表；
2. 能够运用成本报表的分析方法，分析成本报表在企业管理中的作用。

案例导入

新华社“新华视点”专栏播发《房价成本揭秘》的调查，引起社会舆论的关注。舆论普遍认为公布商品房成本清单“撬开了房地产业内幕的冰山一角”，房地产商一直想捂的，正是普通老百姓想知道的。

数字是枯燥的，这份楼盘“成本清单”，行内人一看就明白，但对普通消费者而言也许仍是一头雾水。房地产行业也许是当前最不透明的产业之一，当中国房地产业以超乎常规的速度发展时，房地产的利润到底有多少却成了解不开的谜。开发商知道却讳莫如深；购房者觉得房价高得离谱却无力证明……所有一切表明，判断当前房价是否虚高，必须先用准确数据揭示房子的真实成本，提高房市信息透明度。

正常的房价应该是成本加上合理的利润。因此，衡量房价是否正常、房地产利润是否合理的关键，是房地产开发建设的成本。而通过对商品房的相关成本进行细化测算，发现一个楼盘每平方米的真实成本也就二三千元。企业自主定价需要以成本为基础定价，低于成本的低价倾销和大大高于成本的暴利，都是法律法规不允许的。

思考

房价中的成本构成究竟是怎样的？

10.1　成本报表概述

10.1.1　成本报表的概念和作用

成本报表是企业根据日常的产品成本核算资料及其他有关资料编制，用来反映企业一定时期内的产品成本和期间费用的水平及其构成情况的报告文件。

随着企业市场竞争的激烈和企业经营机制的转变，成本的高低直接影响企业的前途和命运，因此，企业应根据自己的需要来科学的设计成本报表，以加强企业的成本管理。具体来说，成本报表主要具有以下作用。

（1）通过成本报表，可以了解到企业在一定时期内的产品成本和生产耗费水平。

（2）通过成本报表，可以了解到企业成本计划的执行情况。

（3）通过成本报表，管理者可以了解到成本管理的现状和发展趋势。

（4）通过成本报表，可以为企业的成本预测、决策提供重要依据。

10.1.2　成本报表的种类

企业的成本报表不是对外报送或公布的报表，是企业的内部报表，因此，它的种类和格式都没有统一规定。根据编制方法的不同，可以做以下分类。

1．按成本报表反映的内容分类

反映产品成本水平的报表主要有“产品生产成本表”、“主要产品单位成本表”和“制造费用明细表”等。

反映期间费用水平的报表主要有“管理费用明细表”、“财务费用明细表”和“销售费用明细表”等。

2．按成本报表编制的时间分类

成本报表按照它编制的时间可以分为日报、周报、旬报、月报、季报、半年报和年报等。

10.1.3　成本报表的编制要求

成本报表的内容既要满足企业成本分析的要求，又要满足企业管理的需要，因此，它的编制需要数字准确、内容完整、报送及时。

1．数字准确

在编制成本报表时数据必须真实准确，不得以估计数、计划数或定额数代替实际数字，严禁弄虚作假、篡改数据。否则，就不能发挥成本报表的作用，影响管理者进行成本分析、成本预测和成本决策。

2．内容完整

编制的成本报表需要提供全面的成本信息，报表内的各项指标、项目等都必须填报齐全，不得少报、漏报、任意取舍。

3．报送及时

成本报表的编制应当按照规定的期限及时完成，才可以为企业管理者决策、评价等服务。否则，就失去成本报表应有的价值。

10.2 主要成本报表的编制与分析

10.2.1 产品生产成本表的编制与分析

产品生产成本表是反映企业在报告期内生产的全部产品的总成本的报表。该表一般分为两种，一种按成本项目反映，另一种按产品种类反映。

1．按成本项目反映的产品生产成本表的编制与分析

（1）按成本项目反映的产品生产成本表的编制

按成本项目反映的产品生产成本表是按照成本项目汇总反映企业在报告期内发生的全部生产成本，以及产品生产成本合计额的报表。在生产成本的基础上加上在产品和自制半成品的期初余额，减去在产品和自制半成品的期末余额，计算出产品生产成本的合计数。为了成本分析的需要应按照上年实际数、本年计划数、本月实际数和本年累计实际数分栏反映，如表10-1所示。

表10-1　产品生产成本表（按成本项目反映）

编制单位：　　　　　　　　　　20××年12月　　　　　　　　　　单位：元

项　　目	上年实际	本年计划	本月实际	本年累计实际
生产成本：				
直接材料				
直接人工				
制造费用				
生产成本合计				
加：在产品、自制半成品期初余额				
减：在产品、自制半成品期末余额				
产品生产成本合计				

1）上年实际数：根据上年12月本表的本年累计实际数填列。

2）本年计划数：根据本年年初成本计划有关资料填列。

3）本月实际数：根据各产品成本明细账所记本月生产费用合计数汇总填列。

4）本年累计实际数：根据本月实际数加上上月本表的本年累计实际数计算填列。

5）在产品、自制半成品期初、期末余额：根据各产品成本明细账登记的在产品、自制半成品期初、期末余额分别汇总填列。

（2）按成本项目反映的产品生产成本表的分析

1）构成比率分析。

构成比率分析是通过计算各成本项目在生产成本合计中的比重，即部分与全部的比率，

进行数量分析的方法。这种比率分析法也称比重分析法。通过这种分析，可以反映产品成本的构成是否合理。

【例 10-1】昌盛公司 2013 年 12 月，全部产品成本项目构成分析资料如表 10-2 所示。

表 10-2　成本项目构成分析表

编制单位：昌盛公司　　2013 年 12 月　　单位：元

成本项目	上年实际		本年计划		本月实际		本年累计实际	
	金额	构成	金额	构成	金额	构成	金额	构成
直接材料	720 000	56.70	700 000	57.85	65 000	61.90	750 000	55.56
直接人工	200 000	15.75	210 000	17.36	15 000	14.29	280 000	20.74
制造费用	350 000	27.55	300 000	24.79	25 000	23.81	320 000	23.70
生产成本合计	1 270 000	100	1 210 000	100	105 000	100	1 350 000	100

通过表 10-2 计算后，12 月产品成本按成本项目构成分析如下。

直接材料成本项目构成变动，本年累计稍低，可能是产品品种结构的变动等因素引起的；直接人工构成上升较多，可能是受本年工资提高等的影响；制造费用成本项目构成降低，原因待进一步查明。

2）相关指标比率分析。

相关指标比率分析是计算两个性质不同而又相关的指标的比率，进行数量分析的方法。在实际工作中，由于企业规模不同等原因，单纯地对比产值、营业收入或利润等绝对数，不能说明企业经济效益的好坏，如果计算成本与产值、与营业收入、与利润相比的相对数，即产值成本率、营业收入成本率、成本利润率，就可以反映各企业经济效益的好坏。

产值成本率、营业收入成本率和成本利润率的计算公式见式（10-1）～式（10-3）。

$$\text{产值成本率}=\text{成本}\div\text{产值}\times 100\% \tag{10-1}$$

$$\text{营业收入成本率}=\text{成本}\div\text{营业收入}\times 100\% \tag{10-2}$$

$$\text{成本利润率}=\text{利润}\div\text{成本}\times 100\% \tag{10-3}$$

从式（10-1）～式（10-3）可以看出，产值成本率和营业收入成本率高的企业经济效益差；这两种比率低的企业经济效益好。而成本利润率则相反，成本利润率高的企业经济效益好；成本利润率低的企业经济效益差。

2．按产品种类反映的产品生产成本表的编制与分析

（1）按产品种类反映的产品生产成本表的编制

按产品种类反映的产品生产成本表是按产品种类汇总反映企业在报告期内生产的全部产品的单位成本和总成本的报表。全部产品按可比产品和不可比产品分类反映。可比产品是指以前年度或上年度正式生产过的产品，有较完整的数据资料。不可比产品是指以前年度或上年度从未正式生产过的产品，没有可供比较的数据资料。按产品种类，分为实际产量、单位成本、本月总成本、本年累计总成本四个专栏编制，如表 10-3 所示。

表 10-3 产品生产成本表（按产品种类反映）

编制单位： 20××年 12 月 单位：元

产品名称	实际产量		单位成本				本月总成本			本年累计总成本		
	本月实际	本年累计	上年实际平均	本年计划	本月实际	本年累计实际平均	按上年实际平均单位成本计算	按本年计划单位成本计算	本月实际	按上年实际平均单位成本计算	按本年计划单位成本计算	本年实际
可比产品合计												
A 产品												
B 产品												
不可比产品合计												
C 产品												
产品成本合计												

1）实际产量：根据相关的产品成本明细账填列。

2）单位成本：根据上年度本表各可比产品的全年实际平均单位成本、本年度产品成本明细账和成本计划资料填列。

3）本月总成本：根据本月实际产量乘以上年实际平均单位成本、本年计划单位成本计算填列，本月实际总成本应根据产品成本明细账填列。

4）本年累计总成本：根据本年累计实际产量乘以上年实际平均单位成本、本年计划单位成本和本年累计实际单位成本计算填列。

（2）按产品种类反映的产品生产成本表的分析

可比产品成本完成情况分析主要是通过对可比产品成本实际降低额或降低率与计划降低额或降低率进行比较，来评价本期计划执行的完成情况，为进一步的降低成本提供数据参考的。

产品产量变动会影响可比产品成本降低额，但并不影响可比产品成本的降低率。而产品品种比重变动和产品单位成本变动对可比产品成本降低额、可比产品成本的降低率都产生影响。

10.2.2 主要产品单位成本表的编制与分析

主要产品单位成本表是反映企业在报告期内生产的各种主要产品单位成本构成情况的报表。该表是按照主要产品分别编制的，是对按产品种类反映的产品生产成本表中某些主要产品成本的进一步说明。

1．主要产品单位成本表的编制

主要产品单位成本表包括各成本项目的历史先进水平、上年实际平均、本年计划、本年实际和本年累计实际的单位成本，以及各主要技术指标的消耗量，如表 10-4 所示。

表 10-4 主要产品单位成本表

编制单位： 20××年 12 月 单位：元

成本项目	历史先进水平	上年实际平均	本年计划	本月实际	本年累计实际平均
直接材料					
直接人工					
制造费用					
成本合计					
主要技术指标	用量	用量	用量	用量	用量
A 材料（千克）					
B 材料（千克）					
工时（小时）					

1）历史先进水平：根据历史上该种产品成本最低年度本表的实际平均单位成本填列。

2）上年实际平均：根据上年度本表的实际平均单位成本填列。

3）本年计划：根据本年度计划成本填列。

4）本月实际：根据该产品成本明细账填列。

5）本年累计实际平均：根据该产品成本明细账从年初至报告期末止完工入库总成本除以本年累计实际产量计算填列。

6）主要技术指标：根据规定的名称、有关业务核算资料填列。

2．主要产品单位成本表的分析

（1）直接材料成本的分析

直接材料实际成本与计划成本之间的差额构成了直接材料成本差异。而影响直接材料成本的主要因素是材料的消耗量和相应材料的单价，前者按计划价格计算，称为数量差异；后者按实际用量计算，称为价格差异。计算公式见式（10-4）、式（10-5）。

消耗量变动对直接成本的影响=（实际数量−计划数量）×计划单价 （10-4）

价格变动对直接成本的影响=实际数量×（实际单价−计划单价） （10-5）

【例 10-2】昌盛公司 2013 年 12 月生产甲产品消耗的有关材料的价格和数量如表 10-5 所示。

表 10-5 甲产品直接材料成本分析表

编制单位：昌盛公司 2013 年 12 月

材料名称	材料消耗量（千克）		材料单价		直接材料成本（元）		
	计划	实际	计划	实际	计划	实际	差异
A	50	55	10	12	500	660	160
B	45	40	15	13	675	520	−155
合　计					1 175	1 180	5

A 材料消耗量变动对甲产品直接材料费用的影响=（55−50）×10=50（元）

B 材料消耗量变动对甲产品直接材料费用的影响=（40−45）×15=−75（元）

消耗量变动对直接材料费用的影响合计：−25 元

A 材料价格变动对直接材料费用的影响=（12–10）×55=110（元）

B 材料价格变动对直接材料费用的影响=（13–15）×40=–80（元）

材料价格变动对直接材料费用的影响合计：30 元

以上分析说明，该公司甲产品直接材料费用比计划超支 5 元，是由于其原材料 A、B 的消耗量和价格共同变动影响的结果。其中，消耗量变动对直接材料费用的影响为降低 25 元，材料价格变动对直接材料费用的影响为超支 30 元。

在消耗量变动方面，A 材料的实际消耗量高于计划，使直接材料费用超支 50 元，B 材料的实际消耗量低于计划，使直接材料费用降低 75 元。在价格变动方面，A 材料的实际单价高于计划价格，使直接材料费用超支 110 元，B 材料的实际单价低于计划价格，使直接材料费用降低 80 元。需要具体结合实际分析消耗量变动和价格变动的原因。

（2）直接人工成本的分析

直接人工实际成本与计划成本之间的差额构成了直接人工成本差异。单位产品直接人工实际脱离计划的主要原因是工时消耗量和每小时工资成本两个因素，前者按计划每小时工资成本计算，称为数量差异；后者按实际工时计算，称为价格差异。计算公式见式（10-6）、式（10-7）。

工时消耗量变动的影响=（实际工时–计划工时）×计划每小时工资成本　　(10-6)

每小时工资成本变动的影响=实际工时×（实际每小时工资成本–计划每小时工资成本）　　(10-7)

【例 10-3】 昌盛公司 2013 年 12 月生产甲产品消耗的有关工时数量和每小时工资成本如表 10-6 所示。

表 10-6　甲产品直接人工成本分析表

编制单位：昌盛公司　　2013 年 12 月

甲产品	工时消耗量（小时）		每小时人工成本		直接人工成本（元）		
	计划	实际	计划	实际	计划	实际	差异
生产工时	30	34	8	9	240	306	66

甲产品工时消耗量变动对直接人工成本的影响=（34–30）×8=32（元）

甲产品每小时工资成本变动对直接人工成本的影响=（9–8）×34=34（元）

以上分析说明，甲产品直接人工成本比计划超支 66 元。其中，甲产品工时消耗量变动对直接人工成本的影响为超支 32 元，甲产品每小时工资成本变动对直接人工成本的影响为超支 34 元。

单位产品工时消耗量的多少体现劳动生产率的高低，劳动生产率越高，单位产品消耗的工时越少，直接人工成本就越低；反之，劳动生产率越低，单位产品消耗的工时越多，直接人工成本就越高。而影响企业劳动生产率变动的主要原因有：生产技术工艺、生产工人的熟练程度以及劳动组织纪律等。

每小时工资成本体现着工资水平的高低，取决于工资总额和生产工时数。生产工人工资水平上升，就会导致直接人工成本增加。

（3）制造费用的分析

产品成本中的制造费用一般是根据生产工时等分配标准分配计入的。因此，产品单位成本中的制造费用的分析，通常与计时工资制度下直接人工成本的分析类似，需要分析单位产品所耗工时变动和每小时制造费用变动两个因素的影响。

10.2.3 制造费用明细表的编制与分析

制造费用明细表是反映企业在报告期内发生的制造费用总额和构成情况的报表。制造费用明细表的编制主要是为了考核实际发生的各项制造费用的执行情况，发现问题，分析影响制造费用的原因。

该表包括各制造费用项目的上年实际、本年计划、本月实际、本年累计实际等，如表 10-7 所示。

表 10-7 制造费用明细表

编制单位： 20××年 12 月 单位：元

项　目	上年实际	本年计划	本月实际	本年累计实际
职工薪酬				
折旧费				
办公费				
水电费				
租赁费				
劳动保护费				
机物料消耗				
保险费				
其他				
合　计				

1）上年实际：根据上一年度本表的本年累计实际填列。
2）本年计划：根据本年制定的制造费用计划的有关资料填列。
3）本月实际：根据制造费用明细账中各费用项目有关数据填列。
4）本年累计实际：根据本表的本月实际和上月本表的本年累计实际计算填列。

10.2.4 管理费用明细表的编制与分析

管理费用明细表是反映企业在报告期内生产经营发生的各项管理费用及其构成情况的报表。管理费用明细表的编制主要是为了考核实际发生的各项管理费用的执行情况，如表 10-8 所示。

表 10-8 管理费用明细表

编制单位：　　　　20××年 12 月　　　　单位：元

项　目	上年实际	本年计划	本月实际	本年累计实际
职工薪酬				
折旧费				
办公费				
水电费				
修理费				
差旅费				
董事会费				
研究开发费				
税金				
其他				
合　计				

1）上年实际：根据上一年度本表的本年累计实际填列。

2）本年计划：根据本年制定的管理费用计划的有关资料填列。

3）本月实际：根据管理费用明细账中各费用项目有关数据填列。

4）本年累计实际：根据本表的本月实际和上月本表的本年累计实际计算填列。

管理费用明细表的分析基本和制造费用明细表的分析相同。将各项目管理费用的本期实际数与计划数进行对比，发现问题，分析原因，以便针对性的进行管理和控制。

10.2.5 财务费用明细表的编制与分析

财务费用明细表是反映企业报告期内为生产经营筹集资金发生的各项财务费用及其构成情况的报表。该表包括各财务费用项目的上年实际、本年计划、本月实际、本年累计实际等。

财务费用明细表的分析方法基本和制造费用明细表的分析相同。将各项目财务费用的本期实际数与计划数进行对比，发现问题，分析原因，以便针对性的进行管理和控制。财务费用的高低主要取决于企业的负债，因此，在分析财务费用时要结合企业的借款来进行。

10.2.6 销售费用明细表的编制与分析

销售费用明细表是反映企业报告期内为销售商品而发生的各项费用及其构成情况的报表。该表包括各销售费用项目的上年实际、本年计划、本月实际、本年累计实际等。销售费用明细表的分析方法与上述费用的分析相同。

复习思考题

一、单项选择题

1．按照《企业会计准则》规定，成本报表是（　　）。

A．内部报表　　B．对外报表

C．既是对外报表，又是对内报表　　D．对内还是对外，由企业自行决定

2．制造费用明细表反映工业企业中（　　）。

A．基本生产的制造费用　　B．辅助生产的制造费用

C．各生产单位的制造费用　　D．基本生产和辅助生产的制造费用

3．总的来说，工业企业成本报表反映工业企业的（　　）。

A．生产费用

B．生产经营费用

C．生产经营管理费用

D．生产经营管理费用和非生产经营管理费用

4．成本报表的种类、项目、格式和编制方法是（　　）的。

A．由《会计法》确定　　B．由企业自行确定

C．由《企业会计准则》确定　　D．由行业会计制度确定

5．下列报表中，不包括在成本报表中的有（　　）。

A．资产负债表　　B．制造费用明细表

C．期间费用明细表　　D．产品生产成本表

6．主要产品单位成本表的编制依据是（　　）。

A．费用明细表　　B．产品成本明细账

C．产品生产成本表　　D．资产负债表

7．生产的产品数量发生变动，（　　）。

A．只影响产品成本降低率　　B．只影响产品成本降低额

C．不会影响产品成本降低额和降低率　　D．会影响产品成本降低额和降低率

8．分析成本报表，应从（　　）开始。

A．全部产品实际成本完成情况的总评价

B．单位产品实际成本完成情况的总评价

C．全部产品成本计划完成情况的总评价

D．单位产品成本计划完成情况的总评价

9．产值成本率是产品总成本与（　　）指标的比率。

A．净产值　　B．总产值

C．商品产值　　D．产品价值

10．在进行全部商品产品成本分析时，计算成本降低率时，是用成本降低额除以（　　）。

A．按实际产量计算的计划总成本　　B．按实际产量计算的实际总成本

C. 按计划产量计算的计划总成本　　D. 按计划产量计算的实际总成本

二、多项选择题

1．产品成本报表主要有（　）。

A. 利润表　　B. 制造费用明细表

C. 产品生产成本表　　D. 主要产品单位成本表

2．主要产品单位成本表中反映的单位成本包括（　）。

A. 本月实际　　B. 本年计划

C. 上年实际水平　　D. 历史先进水平

3．产品生产成本表一般包括（　）。

A. 按批别反映的生产成本表　　B. 按生产步骤反映的生产成本表

C. 按产品品种反映的生产成本表　　D. 按成本项目反映的生产成本表

4．制造费用明细表（　）。

A. 反映基本生产车间制造费用数额

B. 反映辅助生产车间制造费用数额

C. 反映整个企业的制造费用

D. 根据总账“制造费用”科目所属各有关明细账发生额汇总填列

5. 主要产品单位成本表的组成部分包括（　）。

A. 可比产品　　B. 按成本项目反映的单位成本

C. 不可比产品　　D. 主要技术经济指标

6. 在企业编制的成本报表中，除了产品生产成本表和主要产品单位成本表外，还要编制的其他成本报表有（　）。

A. 产品单位成本明细表　　B. 制造费用明细表

C. 管理费用明细表　　D. 销售费用明细表

7. 影响可比产品成本降低计划完成情况的因素有（　）。

A. 产品产量　　B. 产品单位成本

C. 产品成本构成　　D. 上年实际总成本

8. 影响产品材料费用总额变动的因素很多，按其相互关系可归纳为（　）。

A. 产品产量　　B. 材料单价

C. 单位产品材料消耗量　　D. 材料成本降低额

9. 影响可比产品成本降低率变动的因素有（　）。

A. 产品产量　　B. 实际降低率

C. 产品品种构成　　D. 产品单位成本

10. 企业成本分析的主要内容包括（　）。

A. 成本—效益的分析

B. 单位产品成本分析

C. 全部产品生产成本计划完成情况的分析

D. 技术经济指标变动对产品成本影响的分析

三、判断题

1. 编制成本报表的作用主要是对外提供会计信息。（　）

2. 产品生产成本表中的本月实际单位成本应根据表中本月实际总成本除以本月实际产量计算填列。（　）

3. 生要产品单位成本表中不可比产品的历史先进水平和上年实际平均的单位成本，由于没有上年资料，这几项可以不填。（　）

4. 主要产品单位成本表中，本年累计实际平均单位成本应根据该种产品成本明细账所记年初至报告期末完工入库产品总成本除以本年累计实际产量计算填列。（　）

5. 主要产品单位成本表可以按成本项目反映，也可以按产品种类反映。（　）

6. 制造费用明细表是按其费用项目反映企业各生产车间全部制造费用的报表。（　）

7. 成本报表作为对内报表，主要是适应企业内部经营管理的需要而编制的，报表的种类、格式、指标的设计和编制方法、编报日期，以及报送对象，都由企业自行决定。（　）

8. 主要产品单位成本表是对产品生产成本表的有关单位成本做进一步补充说明的报表。（　）

9. 成本报表是反映企业一定时期产品成本水平、考核产品成本计划和生产费用预算执行情况的书面报告。（　）

10. 按现行制度规定，企业必须按时向工商、税务、财政、银行等部门报送成本报表。（　）

四、实训题

（一）练习单位成本变动分析

资料：某企业甲产品成本表如表 10-9 所示。

表 10-9　主要产品单位成本表

产品名称：甲产品　　　　单位：元

成本项目	上年实际平均	本年计划	本期实际
直接材料	1 980	1 990	2 000
直接人工	250	260	240
制造费用	450	440	430
合计	2 680	2 690	2 670
主要技术指标	耗用量	耗用量	耗用量
原材料消耗量（千克）	1 000	950	940
原材料单价（元）	2.0	2.1	2.2

要求：1. 分析甲产品单位成本变动的情况。

2. 分析影响原材料费用变动的各因素和各因素变动的影响程度。

（二）练习主要产品单位成本表的编制

资料：某企业甲产品 20××年 12 月有关资料如表 10-10 所示。

表 10-10 甲产品成本资料

20××年 12 月　　　　单位：元

单位生产成本（元）	直接材料	直接工资	制造费用
历史先进水平	279	135	114
上年实际平均	315	156	129
本年计划	300	150	130
本月实际	285	147	123
本年累计实际平均	294	153	126

要求：编制甲产品的主要产品单位成本表。

（三）练习制造费用明细表的编制

资料：某企业 20××年 12 月生产车间制造费用有关资料如表 10-11 所示。

表 10-11 制造费用明细资料

20××年 12 月　　　　单位：元

项　目	12 月资料			1～11 月实际累计
	上年同期实际	本月计划	本月实际	
职工薪酬	2 655	2 712	2769	30 280
办公费	700	800	800	9 200
折旧费	3 000	3 300	3 350	36 860
租赁费	450	600	650	7 400
保险费	700	800	820	9 120
水电费	400	500	500	5 460
劳动保护费	300	400	430	4 450
机物料消耗	180	210	220	2 470
其他	127	153	170	1 400

要求：编制该企业 20××年 12 月制造费用明细表。

（四）练习直接材料成本的分析

资料：蓝天公司 A 产品 2013 年成本计划规定和实际发生的材料消耗量、材料单价如表 10-12 所示。

表 10-12 直接材料成本分析表

项　目	材料消耗数量（千克）	材料价格（元/千克）	直接材料成本（元）
本年计划	200	16.75	
本月实际	170	20.00	
直接材料成本差异			

要求：1．计算并填列 A 产品直接材料成本分析表。

　　　2．分析 A 产品材料成本变动的情况。

（五）练习直接人工成本的分析

资料：蓝天公司实行计时工资制度，2013 年成本计划规定和实际发生的生产 A 产品每件消耗的工时数量和每小时工资成本如表 10-13 所示。

表 10-13 直接人工成本分析表

项　　目	单位产品消耗工时（小时）	每小时工资成本（元／小时）	直接人工成本（元）
本年计划	15	100	
本月实际	11.84	125	
直接人工成本差异			

要求：1．计算并填列 A 产品的直接人工成本分析表。

2．分析 A 产品人工成本变动的情况。

第 11 章 成本预测

11

理论目标

1. 了解成本预测的意义、程序和目标成本分解的内容；
2. 理解成本预测的内容和功能成本比值的概念。

实践目标

1. 会用功能成本预测步骤的内容；
2. 掌握目标成本预测和成本降低幅度的预测方法，提高学生的职业技能。

案例导入

中小企业的用工问题，特别是在餐饮和服务行业，尤其是在服务旺季，一夜之间，可能有大量基层员工流失，不少老板对此是无可奈何的。是被动接受，还是提前应对呢？专家的建议或许可以借鉴。

(1) 加强风险意识

中小企业主应认识到人员流动是不可避免的，日常定期了解员工的思想、业内对手的竞争策略和重要岗位的人员备份等工作，对相关的人力资源市场要及时沟通、制定统一的招聘选拔标准，做到提前人才储备和基础预防。

(2) 建立组织架构

这种架构是需要稳定和良性的，层层落实，职责到位，能确保新员工对岗位工作的尽快上手，能有效推动企业经营的快速发展。避免员工对企业失去信心，避免没有明确的工作层级，避免让员工有想法不好提，有劲使不出。

(3) 努力实现价值

公司应根据员工自身的要求和公司的发展，努力为员工制定一个长远的晋升、学习计划和发展平台，通过薪资和能力来体现他们的价值。

(4) 培养员工的忠诚

员工忠诚能大大激发他的主观能动性和创造力，使潜在能力得到充分发挥。同时忠诚也是效率，员工的忠诚度提高与客户满意度的提高存在着促进的作用。只有企业每名员工的忠诚度提高了，企业竞争实力才能得到提升。

总之，在市场发展的现阶段员工流失现象是不可避免的，凡事预则立，不预则废，中小企业完全是可以通过自检和预防来规避用工成本提高的风险。

思考

为什么预测员工流动，可以降低成本？

11.1　成本预测概述

11.1.1　成本预测的意义

成本预测是根据成本特性及有关数据的情况，结合发展的前景和趋势，采用科学的方法，对一定时期、一定产品或某个项目、某个方案的成本水平、成本目标进行预计和测算。搞好成本预测，对于加强成本管理，挖掘降低成本潜力、提高经济效益及进行生产经营决策，都具有十分重要的意义。

1．成本预测不仅是企业成本管理的首要环节，也是正确编制产品成本计划的前提

在大力发展市场经济的情况下，成本工作的重点必须相应地转移到加强成本的事前控制上来，通过科学的成本预测，促使企业有计划地降低成本，加强经济核算，使产品在竞争中具有成本优势。

2．成本预测不仅能为企业挖掘出降低成本的潜力，还为提高经济效益指明方向

为了达到降低成本的目的，必须在实际生产经营活动发生之前进行成本预测，从而根据企业的具体情况，寻求降低成本的方向和途径。例如，在设计新产品时，通过成本预测，可以选择最佳设计方案，确保投产以后，能够以较低的成本水平生产出满足用户质量需要的产品，取得最佳经济效益。又如，在老产品的继续生产经营中，通过成本预测，可以分析比较本企业产品成本水平与先进企业成本水平、和同行业平均成本水平的差距，分析研究各种主观、客观因素，以及企业内部各方面工作对成本的影响，研究本企业的历史、现状及发展变化趋势，从而发现不足，找出降低成本的途径。

3．成本预测不仅准确地预测成本指标，还能帮助企业的管理者进行生产经营决策

企业的生产经营和财务活动，必须建立在正确的决策之上，而正确的决策又以科学的预测为依据。预测准确，决策才能正确，经济效益的提高才有希望。企业的经营发展受多种因素的影响，其中成本是一个重要的因素。成本的高低直接影响企业的竞争能力，甚至关系企业的兴衰成败。企业领导者在组织生产经营、推动企业发展方面做出某项重大决策时，都离不开科学的成本预测。通过成本预测，管理者可以提高自觉性，减少盲目性，有助于企业决策向着科学、先进、可行的方面发展。

11.1.2　成本预测的内容

成本预测可以反映未来的成本水平及其变动的趋势，可以为编制成本计划，进行成本控制、成本分析和成本考核提供依据。产品成本是企业的一项综合性指标，它与企业其他各项技术经济指标几乎都有密切的关系。这就决定了成本预测的范围相当广泛，可以说涉及生产技术、生产组织及经营管理各个方面。成本预测的内容主要有：

1）新建和扩建企业的成本预测，即预测该项工程完工投产后的产品成本水平；

2）确定技术措施方案的成本预测，即企业在组织生产经营活动中采取设备更新、技术改造等措施，为选择最佳方案而进行的成本预测；

3）新产品的成本预测，即预测企业从未生产过的新产品经过试制投产后必须达到和可能达到的成本水平；

4）在新的条件下对原有产品的成本预测，即根据计划年度的产销情况和计划采取的增产节约措施，预测原有产品成本比上年可能降低的程度和应当达到的水平。

成本预测的过程，实际上就是挖潜力、定措施、算效果的过程，所以，成本预测绝不能由财务部门关起门来算账，而必须与企业各部门、各单位密切协作，综合平衡。为使成本预测工作有条不紊地进行，取得比较准确的预测结果，还应遵循一定的工作程序。

11.1.3 成本预测的程序

第 1 步，根据企业的经营总目标，提出初选的目标成本。

第 2 步，初步预测在当前生产经营条件下成本可能达到的水平，并找出与初选目标成本的差距。

第 3 步，对目标成本进行分解，作为各部门、各单位制定成本方案的基础。

第 4 步，各部门、各单位提出各种降低成本方案。

第 5 步，对比、分析各种成本方案的经济效果。

第 6 步，选择成本最优方案并确定正式目标成本。

11.2 目标成本的预测

11.2.1 目标成本的概念

目标成本是指事先确定的在一定时期内要努力实现的成本值。它可以是定额成本，还可以是标准成本，也可以是计划成本。在正常情况下，产品的目标成本应不高于同类产品已经达到的实际成本水平，但它又是经过努力可以实现的。要确定一个理想的、先进合理的目标成本值，需要做好大量的准备工作。这些工作主要有两个方面：一是市场调查，着重了解用户对产品的需求和发展变化趋势；二是资料分析，研究企业内部影响成本变动的各项因素，以及这些因素可能发生的变化。

11.2.2 目标成本的分解

目标成本的分解就是要把目标成本这个大指标，尽可能地分解成若干个小指标，以便落实到各有关单位和个人，成为各单位和每个人的具体奋斗目标。目标成本的分解，应结合企业的生产工艺过程、组织机构和各项费用的发生情况进行。一般有以下几种方式。

1．按产品的结构分解

在机器制造行业中，产品一般是由各种零部件组成的，即先制成各种零件，再把这些零件装配成部件，最后把各有关部件装配为成品。对这类企业要按照产品的结构，把目标成本分解为各种零件成本、部件成本和装配成本。

2．按产品的创造过程分解

在冶金、纺织等行业中，其工艺过程的特点是：经过许多连续加工工序，最后才形成成品，前一加工工序的产品即为后一加工工序的半成品。对这类企业要按照产品的形成过程，把目标成本分解为各种半成品的成本。例如，冶金企业产品成本可以分为生铁成本、钢锭成本和钢材成本等。纺织企业产品成本可以分为粗纱成本、细纱成本和坯布成本等。

3．按产品成本的经济内容分解

产品成本可以分为原材料、燃料与动力、工资和制造费用等。这些项目还可以进一步分解，例如，原材料、燃料与动力费用，可以分为原材料消耗量和材料采购成本；工资费用可以分为工时定额和小时工资率；制造费用可以分为折旧费、办公费、差旅费和运输费等细目。

11.2.3 目标成本预测的方法

1．成本关联因素推算法

根据产品价格、成本和利润三者之间相互制约的关系，预测产品的目标成本。价格、成本和利润是相互联系的。价格高，成本低，利润就多；反之，价格低，成本高，利润就少。从保证企业利润出发，应要求提高价格，降低成本。但是，在市场经济环境中，价格往往不是企业主观愿望所能决定的，而是要根据国家价格政策，从有利于增强竞争能力来考虑。为保证企业获得一定的利润，就只能在降低成本费用方面多下工夫。所以，目标成本实际上是在价格、利润既定的情况下倒算出来的。计算公式见式（11-1）、式（11-2）。

预测目标成本=预测单位产品售价−单位产品应纳税金−预测单位产品目标利润　(11-1)

或者

单位产品目标成本=[预测单位售价×(1−税率)−目标利润额]÷预测销售量　(11-2)

这种方法的特点是“保证利润，挤出成本”，它与根据成本高低来决定利润多少的“保证成本，挤出利润”的方法相比，具有积极的作用。

注意：预测单位售价应以市场最低价为宜。

【例 11-1】日升公司欲生产 A 产品，该产品现有市场价格为 300 元、320 元、330 元三种情况，假定产品税率为 10%，目标利润是 70 元/件。采用成本关联因素推算法，计算单位产品的目标成本。

单位产品目标成本=300×（1−10%）−70=200（元/件）

2．先进成本法

选择某一先进成本作为目标成本。例如，可以按照平均先进定额制定的定额成本或标准成本为目标成本；也可以从国内外同类型产品成本中选出先进成本水平作为目标成本。这种方法比较简单，但要注意可行性。如果条件不可比，或者情况有变化，就不能硬行搬用，应做必要的调整或修正。

（1）先进平均数

以本行业中等水平为基准，再确定一个以一般企业能接受的、经过努力可达到的成本作为目标成本。

【例 11-2】 A 产品在 20 个企业都有生产，其中，L 企业目前成本水平为 116 元/件。其资料如表 11-1 所示。

表 11-1 资料表

单位产品成本（元/件）x	企业数 f
100	1
105	2
110	3
115	5
120	3
125	4
130	2
合　计	20

首先确定企业的一般平均成本（众数）。

平均成本=（100×1+105×2+110×3+115×5+120×3+125×4+130×2）/20

=115（元/件）

其次确定对一般平均数以上的水平进行加权。

先进平均成本=（100×1+105×2+110×3+115×5）/（1+2+3+5）

=110.45（元/件）

最后计算先进平均数。

经过分析 L 企业的目标成本为 110.45 元/件最为合适。

（2）成本项目对比法

通过具体成本项目对比，找出差距，确定目标成本的一种方法。这种方法适宜于对成本水平最好的先进企业制定目标成本，目的使先进企业更为先进。

【例 11-3】 仍以上例资料，若 S 企业现在单位成本为 100 元，S 企业与 L 企业成本水平对比表，如表 11-2 所示。

表 11-2 S 企业与 L 企业成本水平对比表

单位：（元/件）

成本项目	S 企业成本水平	L 企业成本水平	成本对比差额
直接材料	60	59	1
直接人工	20	28	—
变动制造费用	7	5	2
固定制造费用	10	20	—
销售及管理费用	3	4	—
合　计	100	116	3

通过具体成本项目对比，得出 S 企业目标成本为 97 元/件（100−3）。

3．成本降低率法

根据本企业上年实际平均单位成本和实现企业经营目标要求的成本降低任务测算目标成本。这种方法只适用于可比产品。计算公式见式（11-3）。

$$单位产品目标成本=上年实际平均单位成本\times(1-计划期预测成本降低百分比) \quad (11\text{-}3)$$

11.3 功能成本的预测

为了实现目标成本，在工作中常常从改进产品设计、改善生产经营管理、控制管理费用等多方面入手。本节主要从产品设计与价值的关系进行分析。因为产品结构的设计是产品成本水平的重要环节和先决条件，它的合理与否，会连锁反应到成本上。

11.3.1 功能成本比值的概念

功能与成本之比，构成了功能成本比值（也称价值），计算公式见式（11-4）。

$$功能成本比值=\frac{产品功能}{产品成本} \quad (11\text{-}4)$$

功能成本比值，表明每元产品成本能够获得多大的产品功能。它与产品功能成正比，与产品成本成反比。功能多，成本低，比值就高；功能少，成本高，比值就低。所以，功能成本比值的高低，取决于功能与成本的结合情况。

根据这个原理，提高功能成本比值不外乎以下途径：

第一，在保持产品必要功能的前提下，降低产品成本。

第二，在不增加成本的情况下，提高产品功能。

第三，提高产品功能，同时降低产品成本。

第四，成本增加不多，而产品功能有较大的提高。

第五，消除过剩功能，而成本有较大降低。

以上五种情况都可以提高功能成本比值。可见，功能成本预测分析，既不是单纯强调提高产品功能，也不是盲目追求降低产品成本，而是辩证地处理两者之间的关系，力图实现它们的合理结合，以提高功能与成本的比值，实现物美价廉的要求，提高企业经济效益。

11.3.2 功能成本的预测步骤

第一步：选择分析对象，掌握数据资料

选择分析对象要根据企业的经营目标和当前存在的关键问题进行。一般可以从下列几方面考虑：① 成本高、结构复杂的产品或零部件；② 质量差，退货、返修多或用户意见大的产品；③ 体积大、分量重、原材料消耗多的产品或零部件；④ 产量大、有可能改进生产工艺的产品；⑤ 投入少、收益大、见效快的产品；⑥ 资料齐备、目标明确，有发展前途的产品。分析对象确定后，应围绕对象收集有关的数据资料。例如，产品设计、工艺技术方面的资料，技术、经济定额资料，生产经营、成本计划资料，会计核算与报表资料，用户反映、市场情报及国内外同类型产品的有关资料等。收集资料要注意其可靠性，并进行整理和分类，以便应用。

第二步：开展分析评价，提出改进措施

开展分析评价，提出改进措施是进行产品功能与成本预测分析的主要一环。其基本思路是：在明确对象产品或零部件必备功能的前提下，通过计算功能与成本的比值，揭示实际成本与功能之间的不协调性，进而寻求改进措施，并预测成本降低额。具体做法如下。

1）将对象产品分解为零部件，再把零部件分类排列，并按其功能的重要性进行评价，计算出各类零部件的功能评价系数（简称功能系数）。计算功能系数时，一般采用评分法，即把每个零件与其他各个零件一一进行功能重要程度的比较，重要的记一分，次要的记零分，之后合计各零件的得分数。这样，就可以计算出各零件的功能系数，即各零件的功能得分数占全部零件得分总数的比值。计算公式见式（11-5）。

$$\text{某项零部件的功能系数}=\frac{\text{某项零部件功能评价得分数}}{\text{全部零部件功能评价得分数}} \tag{11-5}$$

【例 11-4】某分析对象产品由 5 个零部件组成，各零部件的功能评分及功能评价系数计算，如表 11-3 所示。

表 11-3 各零部件的功能评分及功能评价系数表

零部件名称	A	B	C	D	E	得分合计	功能评价系数
A	×	1	1	1	1	4	0.4
B	0	×	1	1	0	2	0.2
C	0	0	×	1	1	2	0.2
D	0	0	0	×	1	1	0.1
E	0	1	0	0	×	1	0.1
合　　计						10	1.0

2）将各类零部件的实际成本与全部零部件的总成本相比，计算出各类零部件的成本系数。计算公式见式（11-6）。

$$\text{某项零部件的成本系数}=\frac{\text{某项零部件的实际成本}}{\text{全部零部件的实际总成本}} \tag{11-6}$$

同时，按照各类零部件的功能评价系数分配产品实际成本。分配的方法是，将各类零部件的功能评价系数与产品实际成本相乘，即可求得各类零部件按功能重要程度应分配的实际成本额。

【例 11-5】某分析对象产品的实际成本为 1 000 元（各类零部件的实际成本分别为 A250 元，B200 元，C250 元，D200 元，E100 元），按表 11-3 中计算的各类零部件的功能评价系数分配实际成本，则各类零部件的成本系数和应分配的实际成本额，如表 11-4 所示。

表 11-4　各零部件的成本系数和应分配的实际成本表

项目＼零部件名称	A	B	C	D	E	合　计
实际成本（元）	250	200	250	200	100	1 000
成本系数	0.25	0.20	0.25	0.20	0.10	1.00
功能评价系数	0.40	0.20	0.20	0.10	0.10	1.00
分配实际成本（元）	400	200	200	100	100	1 000

3）将各类零部件的功能评价系数与成本系数相比，计算出各类零部件的功能成本比值系数（也称价值系数），以表明零部件功能与其成本的协调情况。计算公式见式（11-7）。

$$\text{功能成本比值系数（价值系数）}=\frac{\text{功能评价系数}}{\text{成本系数}} \tag{11-7}$$

【例 11-6】 根据表 11-3 和表 11-4 的资料，计算某分析对象产品所包括的五种零部件的功能与成本的比值过程，如表 11-5 所示。

表 11-5　各零部件功能与成本的比值表

项目＼零部件名称	A	B	C	D	E	合　计
功能评价系数	0.40	0.20	0.20	0.10	0.10	1.00
成本系数	0.25	0.20	0.25	0.20	0.10	1.00
功能成本比值系数	1.60	1.00	0.80	0.50	1.00	—

功能成本比值系数的大小，一般有三种情况：若比值系数大于 1，表明该零件的功能比较重要，而成本支出偏低，如 A 零件就属于这种情况；若比值系数小于 1，表明与零件功能相比，成本支出偏高，如 C、D 零件就是如此，这是需要认真分析的；若比值系数近于或等于 1，说明该零件的成本水平与其功能大体相当，如 B、E 零件就属于这一类型。

通过上述分析和测算，可发现各类零部件在功能与成本方面存在的问题：有的成本偏高，应当设法降下来；有的功能不足，成本开支偏低，需要适当增加费用提高功能等。面对存在的问题，在发动群众的同时，组织设计、技术、生产、计划、供应、销售、财务等专业人员，从不同角度广泛提出合理化建议和改进措施，把不同意见集中起来，形成多个方案，以便做一步分析比较。

第三步：确定最优方案，预测经济效果

对所提方案，要组织人力进行审查。如方案较多，可先粗略地做一筛选，把那些在技术上、经济上明显不合要求的方案淘汰下去。对留下的方案再做深入一步的研讨，在此基础上选出技术经济效果最好的方案——能够以最低的成本费用实现产品的必备功能。在实际工作中，对方案的评选常采用优缺点列举法和定量评价法相结合。

第四步：对整个预测分析活动可能取得的经济效果进行测算

一般采用全年净节约额和成本降低率两个指标来表示。计算公式见式（11-8）、式（11-9）。

$$预测全年净节约额=(改进前的产品成本-改进后的产品成本)\times预测年产量 \quad (11\text{-}8)$$

$$预测成本降低率=\frac{改进前的产品成本-改进后的产品成本}{改进前的产品成本}\times100\% \quad (11\text{-}9)$$

【例 11-7】根据【例 11-4】、【例 11-5】、【例 11-6】的资料，综合反映各项分析指标的测算，如表 11-6 所示。

表 11-6 各零部件的综合指标分析表

零部件名称	功能评价系数	目前实际成本	成本系数	功能成本比值系数	按功能系数分配实际成本	按功能系数分配目标成本	预测分析后的最优方案成本	预测成本降低额	
								与目标成本相比	与最优方案成本相比
	(1)	(2)	(3) = (2) ÷1 000	(4) = (1) ÷ (3)	(5) = (1) ×1 000	(6) = (1) ×950	(7)	(8) = (2) − (6)	(9) = (2) − (7)
A	0.40	250	0.25	1.60	400	380	375	−130	−125
B	0.20	200	0.20	1.00	200	190	180	10	20
C	0.20	250	0.25	0.80	200	190	170	60	80
D	0.10	200	0.20	0.50	100	95	90	105	110
E	0.10	100	0.10	1.00	100	95	85	5	15
合计	1.00	1 000	1.00	—	1 000	950	900	50	100

11.4 成本降低幅度的预测

目标成本的实现，还需要对构成产品成本的各项因素进行分析，进一步找出挖掘企业内部潜力、降低产品成本的途径。

成本降低幅度的预测，主要是预测可比产品成本的降低率和降低额，通常采用因素测算法。影响产品成本的主要因素有直接材料费用、直接人工费用、制造费用和废品损失等。

11.4.1 测算直接材料费用变动对成本的影响

直接材料费用通常在产品成本中占的比重最大。企业在保证产品质量的前提下，合理、节约地使用原材料，降低直接材料费用，是降低产品成本的主要途径。产品成本中直接材料费用的大小，主要受材料消耗定额的高低、材料价格的变动两个因素影响。

1）测算直接材料费用消耗定额变动对产品成本的影响。当材料价格不变时，降低材料消耗定额，可以相应减少单位产品成本中的直接材料费用。计算公式见式（11-10）、式（11-11）。

$$材料消耗定额影响成本降低率=材料消耗定额降低率\times直接材料费用占成本的百分比 \quad (11\text{-}10)$$

$$材料消耗定额降低率=\frac{调整前材料消耗定额-调整后材料消耗定额}{调整前材料消耗定额}\times100\% \quad (11\text{-}11)$$

2）测算直接材料价格变动对产品成本的影响。在材料消耗定额不变的情况下，材料价格发生变动，也会影响产品成本中的材料费增加或减少。计算公式见式（11-12）、式（11-13）。

$$材料价格变动影响成本降低率=材料价格降低率\times直接材料费占成本的百分比 \tag{11-12}$$

$$材料价格降低率=\frac{调整前材料价格-调整后材料价格}{调整前价格}\times100\% \tag{11-13}$$

3）测算直接材料费用消耗定额和材料价格同时变动对产品成本的影响。计算公式见式（11-14）。

$$材料消耗定额及价格同时变动影响成本降低率=[1-（1-材料消耗定额降低率）\times（1-材料价格降低率）]\times直接材料费用占成本的百分比 \tag{11-14}$$

11.4.2　测算直接工资费用变动对成本的影响

产品成本中工资费用的大小主要受劳动生产率和平均工资两个因素的影响。

1）测算劳动生产率变动对产品成本的影响。劳动生产率提高，会使单位产品中工资费用减少；而平均工资的提高，会使单位产品中工资费用增加。所以，当劳动生产率的提高速度超过平均工资的增长速度时，就可以节约产品成本中的工资费用，从而使产品成本降低，计算公式见式（11-15）。

$$劳动生产率变动影响成本降低率=[1-1/（1+劳动生产率提高\%）]\times直接工资费用占成本的百分比 \tag{11-15}$$

2）测算劳动生产率与生产工人工资同时变动对产品成本的影响。计算公式见式（11-16）。

$$劳动生产率与生产工人工资水平共同变动影响成本降低率=[1-（1+平均工资增长百分比）/（1+劳动生产率提高百分比）]\times直接工资费用占成本的百分比 \tag{11-16}$$

11.4.3　测算制造费用变动对成本的影响

在制造费用中，有一部分属于固定性费用，如车间管理人员工资、办公费、差旅费、折旧费等；另一部分费用属于变动性费用，如消耗材料、运输费、低值易耗品摊销等。固定性费用一般不受产量变动的影响，当产量增加时，分摊到单位产品的固定性费用就会减少。变动性费用是随产量的变动而变动的，但是通过采取各项节约措施，它的增加幅度一般也是小于产量增长幅度的，所以，分摊到单位产品上的变动性费用也会减少。从总体来看，企业生产增长幅度一般是超过制造费用增加幅度的，它对成本降低率的影响，可用式（11-17）表示。

$$生产增长超过制造费用增加影响成本降低率=[1-（1+制造费用增长百分比）/（1+生产增长百分比）]\times制造费用占成本的百分比 \tag{11-17}$$

11.4.4　测算废品损失变动对成本的影响

生产中发生废品，意味着人力、物力和财力的浪费。废品损失的降低而形成的成本降低率，可用式（11-18）表示。

$$废品损失减少影响成本降低率=废品损失减少率\times废品损失占成本的百分比 \tag{11-18}$$

11.4.5 综合测算计划年度可比产品成本降低率和降低额

计划年度可比产品成本降低率=Σ各项主要因素变动影响成本升降率 (11-19)

计划年度可比产品成本降低额=按上年预计（实际）平均单位成本计算的计划年度可比产品总成本×计划年度可比产品成本总降低率 (11-20)

计划年度可比产品总成本=本年度该产品总成本×（1+该产品生产增长百分比）×（1−计划年度产品成本降低率） (11-21)

【例 11-8】某企业 2012 年生产甲、乙两种产品，计划 2013 年继续生产这两种产品。已知企业按上年预计平均单位成本、计划年产量计算的产品总成本为 800 000 元，产品成本中各项目的比重分别为直接材料 65%、直接人工 15%、制造费用 18%、废品损失 2%。按照企业总体发展要求，确定计划年度生产增长 20%，产品目标成本降低 7%。

为实现这一目标，经有关部门分析研究，采取措施，预测计划年度的其他有关技术经济指标变动如下：原材料消耗定额降低 10%、原材料价格平均上涨 4%、生产工人劳动生产率提高 15%、生产工人工资平均增长 5.8%、制造费用增加 14%、废品损失减少 50%。根据以上资料，预测 2013 年度可比产品成本的降低额和降低率。

（1）计算直接材料费用变动对产品成本的影响

成本降低率=[l−（1−10%）×（1+4%）]×65%=4.16%

成本降低额=800 000×4.16%=33 280（元）

（2）计算直接工资费用变动对产品成本的影响

成本降低率=[1−（1+5.8%）/（1+15%）]×15%=1.2%

成本降低额=800 000×1.2%=9 600（元）

（3）计算制造费用变动对产品成本的影响

成本降低率=[1−（1+14%）/（1+20%）]×18%=0.9%

成本降低额=800 000×0.9%=7 200（元）

（4）计算废品损失变动对产品成本的影响

成本降低率=50%×2%=1%

成本降低额=800 000×1% =8 000（元）

（5）计算 2013 年度可比产品成本降低率和降低额

2013 年度可比产品成本降低率=4.16%+1.2%+0.9%+1%=7.26%

2013 年度可比产品成本降低额=800 000×7.26%=58 080（元）

综合以上计算结果，如表 11-7 所示。

表 11-7 计算表

单位：元

成本项目	各项目的比重（%）	按上年预计平均单位成本、计划年度产量计算的可比产品总成本	成本降低率（%）	成本降低额	降低后的计划总成本
	（1）	（2）	（3）	（4）＝Σ（2）×（3）	（5）＝（2）－（4）
直接材料费用	65	520 000	4.16	33 280	486 720
直接工资费用	15	120 000	1.2	9 600	110 400

续表

成本项目	各项目的比重（%）	按上年预计平均单位成本、计划年度产量计算的可比产品总成本	成本降低率（%）	成本降低额	降低后的计划总成本
制造费用	18	144 000	0.9	7 200	136 800
废品损失	2	16 000	1.0	8 000	8 000
合　　计	100	800 000	7.26	58 080	741 920

复习思考题

一、单项选择题

1．企业产品的生产成本如果居于同行业先进水平，那么确定目标成本应当用（　　）。
　A．定额成本法　　B．先进成本法
　C．成本项目对比法　　D．一般成本法

2．成本降低幅度的预测，通常采用（　　）。
　A．成本对比法　　B．先进平均数
　C．成本项目对比法　　D．因素测算法

3．功能成本比值，可用（　　）来表示。
　A．产品功能/产品成本　　B．产品功能/产品价值
　C．产品成本/产品功能　　D．产品价值/产品成本

4．适用于机器制造行业目标成本的分解方法是（　　）。
　A．按产品成本的经济用途分解　　B．按产品的结构分解
　C．按产品的创造过程分解　　D．按产品的使用单位分解

5．成本关联因素推算法的特点是（　　）。
　A．保证利润，挤出成本　　B．保证成本，挤出利润
　C．保证价格，挤出成本　　D．保证利润，挤出价格

6．企业成本管理的首要环节是（　　）。
　A．成本预测　　B．成本决策
　C．成本分析　　D．成本计划

7．成本预测首要的工作是（　　）。
　A．目标成本的初选　　B．目标成本的分解
　C．目标成本方案的提出　　D．找出与初选目标成本的差距

8．目标成本预测方法中，预测单位售价应以市场最低价为宜的是（　　）。
　A．先进成本法　　B．成本关联因素推算法
　C．先进平均数法　　D．成本项目对比法

9．下列不属于按产品的结构分解的是（　　）成本。
　A．零件　　B．部件
　C．装配　　D．物耗

10．成本降低幅度的预测，主要预测（　　）。
A．可比产品成本的降低率和降低额
B．不可比产品成本的降低率和降低额
C．全部产品成本的降低率和降低额
D．部分产品成本的降低率和降低额

二、多项选择题

1．成本预测的意义是（　　）。
A．企业成本管理的首要环节
B．正确编制产品成本计划的前提
C．帮助企业的管理者进行生产经营决策
D．为企业挖掘降低成本的潜力、提高经济效益指明方向

2．成本预测的内容包括（　　）。
A．新建和扩建企业的成本预测
B．确定技术措施方案的成本预测
C．新产品的成本预测
D．在新的条件下对原有产品的成本预测

3．目标成本可以理解为（　　）。
A．定额成本
B．标准成本
C．实际成本
D．计划成本

4．目标成本预测的方法有（　　）。
A．成本关联因素推算法
B．先进成本法
C．成本降低率法
D．先进平均数

5．影响产品成本的主要因素有（　　）。
A．直接材料费用
B．直接人工费用
C．制造费用
D．废品损失

6．属于成本预测工作的是（　　）。
A．目标成本的初选
B．目标成本的分解
C．目标成本方案的提出
D．找出与初选目标成本的差距

7．下列属于按产品成本的经济用途分解的有（　　）。
A．原材料
B．燃料与动力
C．工资
D．制造费用

8．关于功能成本比值，说法正确的是（　　）。
A．功能多，成本高，比值就高
B．功能少，成本高，比值就低
C．功能多，成本低，比值就高
D．功能少，成本低，比值就低

9．提高功能成本比值的途径有（　　）。
A．保持产品必要功能的前提下，降低产品成本
B．不增加成本的情况下
C．单纯降低产品成本
D．同时降低产品成本

10．测算直接材料费用变动对成本的影响，可以从（　　）方面入手。

A．直接材料费用消耗定额变动

B．直接材料价格变动

C．直接材料费用消耗定额和材料价格同时变动

D．直接材料费占成本的比重

三、判断题

1．对先进企业制定目标成本就应当用先进平均数法。(　　)

2．成本预测的过程，实际上就是挖潜力、定措施、算效果的过程。(　　)

3．功能成本比值系数大于 1，表明成本支出偏高。(　　)

4．成本降低幅度的预测，主要是可比产品成本降低率和降低额的预测。(　　)

5．产品成本中工资费用的大小，主要受劳动生产率的影响。(　　)

6．目标成本可以帮助企业管理者进行一切决策。(　　)

7．目标成本就是标准成本。(　　)

8．功能成本比值，表明每一元产品成本能够获得多大的产品功能。(　　)

9．劳动生产率提高，必然会使单位产品中工资费用减少。(　　)

10．一般来讲，企业生产增长幅度会超过制造费用增加幅度。(　　)

四、实训题

（一）练习目标成本的预测

资料：某公司欲生产 C 产品，该产品现有市场价格为 500 元、580 元、600 元三种情况，假定产品税率为 20%，目标利润是 100 元/件。

要求：计算单位产品的目标成本。

（二）练习目标成本的预测

资料：下列有 40 个企业生产同样产品，若 S 企业现在单位成本为 70 元，其余资料如表 11-8 所示。

表 11-8　资料表

单位产品成本（元/件）	企 业 数
50	2
58	4
60	18
62	10
65	5
70	1
合　　计	40

要求：用先进平均成本法确定 S 企业的目标成本。

（三）练习功能成本的预测

资料：某产品由 A、B、C、D 四个零部件组成，各零部件的功能评价系数 A 为 0.4，B 为 0.3，C 为 0.2，D 为 0.1；该产品的实际成本为 5 000 元，各类零部件的实际成本 A 为 1 000

元，B为2 000元，C为1 000元，D为1 000元。

要求：计算各零部件的价值系数。

（四）练习成本降低幅度的预测

资料：某企业2012年生产H产品，2013年继续生产H产品，已知企业2012年H产品总成本为600 000元，产品成本中各项目的比重分别为直接材料65%、直接人工18%、制造费用15%、废品损失2%，按照企业总体发展要求，确定2013年度生产增长20%。

为实现这一目标，预测2013年度成本各项主要因素变动如下：原材料消耗定额降低10%、原材料价格上涨2%、劳动生产率提高15%、生产工人工资平均增长7%、制造费用增加6%、废品损失减少40%。

要求：根据以上资料，预测2013年度H产品的成本。

（五）练习成本降低幅度的预测

资料：某公司生产A产品，上年平均单位成本为150元，其中原材料90元，工资30元，制造费用为22.5元，废品损失为7.5元。假定制造费用全部为固定制造费用，预计计划年度各因素的变动为生产增长20%，劳动生产率提高15%，工资增长10%，材料消耗定额比上年降低5%，废品损失比上年减少5%，材料价格上升3%。

要求：计算预计计划年度A产品总成本的降低率。

第12章 成本决策

理论目标

1. 了解成本在决策分析中的作用；
2. 理解成本决策的内容和成本决策的程序。

实践目标

1. 明确成本决策的相关概念和成本决策的本量利分析法、差量分析法和边际贡献分析法的内容；
2. 掌握新产品开发决策、亏损产品是否停产、是否接受追加订货及零部件自制或外购的决策分析的内容，提高学生的职业技能。

案例导入

甲机床厂生产三类产品：刨床、铣床和专用机床。由于老产品刨床造价高，定价低，长期亏损。财会部门根据产品生产计划预测的2013年的销售、成本和利润，如表12-1所示。预计刨床产品亏损27万元，影响企业利润。厂长要求财会部门与销售、生产等部门，共同研究，寻找对策。

表12-1 甲机床厂2013年产品预测表 单位：万元

产品	刨床	铣床	专用机床	合计
销售收入	655	630	138	1 423
变动成本	458	378	76	912
边际贡献	197	252	62	511
固定成本	224	187	31	442
销售利润	–27	65	31	69

几天后，他们提出以下三个方案，希望有关专家经过对比分析，确定其中的最优方案。

A．停止生产刨床，按原计划生产铣床和专用机床。

B．停止生产刨床后，根据生产能力的平衡条件，铣床最多增产 40%，专用机床最多增产 10%。

C．进一步平衡生产能力，调整产品生产计划。该厂铣床系列产品是最近几年开发的新产品，由于技术性能好，质量高，颇受用户欢迎，目前在市场上供不应求。根据市场预测，调整产品生产结构，压缩刨床产品生产计划 30%，铣床在原方案基础上可增产 36%。

思考

A、B、C 三个方案，究竟哪个方案才能圆满解决厂长的难题？

12.1 成本决策概述

决策是一个过程，它是制定备选方案并从中选择最优方案的过程。成本是企业在其生产经营活动中发生的劳动耗费，是为产品和劳务的产出所付出的必要代价。决策在拟定方案时，就必须优先考虑耗费是高还是低，代价是大还是小，因此，成本是经营决策必须着重考虑的一个问题。

12.1.1 成本在决策分析中的作用

1．成本是决策分析的核心内容

决策分析离不开收入、利润、成本等财务要素的研究。从收入和利润的研究来看，它必须联系成本问题。在缺乏必要的成本资料下，要想单纯研究利润、收入几乎是不可能的，拟定的决策方案也难以奏效。同时研究成本自身问题也离不开成本的构成分析。可见在整个决策分析过程中，成本问题是贯穿各个方面、各个环节的核心内容。

2．成本是确定决策分析的关键

决策分析方法是多种多样的，在经营决策的实践中，应根据不同性质的决策要求，采用不同的方法，如确定型决策的差量分析法和贡献毛益分析法，风险型决策的概率分析法，不确定型决策的最大最小后悔值法等，都必须对成本问题加以考察。如果缺少成本资料，各种方法也就只剩下了空壳。例如，没有差量成本，就没有差量方法；没有边际成本，就没有边际分析方法等。可见成本问题是各种方法应用的前提与关键。

3．成本是评价方案优劣的重要依据

决策过程就是对“耗费”和“效益”两类指标做出评价，决定方案的优劣。没有耗费，谈不上效益，更谈不上评价。这种评价就是要进行成本对比分析，效益对比分析，最后决定方案的取舍。所以成本对比分析是确定方案优劣的重要依据。

12.1.2　成本决策的内容

成本决策是在成本预测的基础上，根据企业的具体情况，制定优化成本的各种可行性方案，并运用决策理论和方法，对各种备选方案进行分析、比较，从中选择最优方案，决定应该达到的成本目标及应该采用的有关措施。通过成本决策，决定了成本目标、实施步骤和保证措施，从而为编制成本计划提供了前提条件。

在实际工作中，多数的成本决策是围绕企业生产经营进行的。例如，新产品开发决策、亏损产品是否停产的决策、是否接受追加订货的决策及零部件自制或外购的决策等。这些决策都涉及被选方案之间的成本比较问题，都是成本决策的内容。

12.1.3　成本决策的程序

1．确定决策目标

决策的最终目的是要解决问题，实现目标。决策目标既是决策分析过程的起点，又是决策分析过程的归宿，它可以是企业现在面临而又亟待解决的问题，也可以是期望达到的预计目标。决策目标是决策分析过程的基础，它决定着决策分析的方法和应掌握的资料种类。

2．收集与决策目标相关的资料数据

决策目标确定以后，就需要收集大量充足的资料数据。只有拥有资料数据，才能据以计算和分析，收集的资料还需进行整理、归类，以便使用。

3．拟定备选方案

根据确定的决策目标，拟定各种可行的备选方案，是决策分析的重要环节。拟定的备选方案首先必须“可行”；其次应“详尽”，避免因遗漏最优方案而选择了较优或次优方案；最后，各备选方案必须相互排斥，各自独立，只有相互排斥，才能对其进行比较、鉴别、评价。

4．确定最优方案

备选方案拟定后，应根据收集的资料数据，依据选定的决策方法，对拟定后的若干种备选方案进行分析、比较、评价，得出各种备选方案的收入、成本、有效期等指标，根据企业本身实际情况，做出利于企业的选择，确定最优方案。

12.2　成本决策的相关概念

在比较分析不同备选方案时，需要计算各方案的收入和成本，从而根据各方案的经济效益大小确定最优方案。这里的成本，是为了正确决策而建立的具有特定经济含义的、广义的成本概念，它不同于传统的财务会计中的成本概念。除变动成本和固定成本外，还包括付现成本与沉落成本、历史成本与重置成本、差量成本与边际成本、机会成本与估算成本、可避免成本与不可避免成本、可递延成本与不可递延成本、专属成本与共同成本、相关成本与无关成本等与成本决策相关的概念。

12.2.1 付现成本与沉落成本

付现成本是指那些由于某项决策而引起的需要在未来运用现金支付的成本。在企业决策中，如果碰到企业的货币资金比较拮据，而资金筹措又比较困难或筹资成本较高时，管理当局在决策过程中对“付现成本”的考虑往往比“总成本”更为重视，并会选择“付现成本”较小的方案来代替“总成本”较低的方案。

沉落成本是指那些由过去的决策所引起，并已经支付过款项而发生的成本。这类成本一般都是过去已经发生，无法由现在或将来的任何决策所能变更的成本，因而在分析未来经济活动并做出决策时就无须加以考虑。例如，某企业上年购置一台包装机，价值 2 100 元，既然这项开支已经支付完毕了，那么机器的投资 2 100 元，不能由现在或将来的决策所决定，这就是沉落成本。

12.2.2 历史成本与重置成本

历史成本是指根据过去实际发生的支出而计算的成本，也称“实际成本”，即传统的财务会计所使用的成本概念。它与当前的各种决策分析大多无关。

重置成本是指目前从市场上购买同一项原有资产所需支付的成本，也称“现行成本”或“现时成本”。在进行商品定价决策时，重置成本是定价应考虑的重要因素，尤其是在通货膨胀的情况下，以历史成本为定价基础将不利于企业资产的实物补偿和更新，而以重置成本为定价基础，才能保证资产实物与价值的双重补偿。

12.2.3 差量成本与边际成本

差量成本是指一个备选方案的预期成本与另一个备选方案的预期成本之差，也可称“差别成本”。与差量成本相对应的是差量收入和差量利润。三者相互结合，可有效地应用于多种决策方案的评价。

边际成本的概念来源于经济学，是指产品成本对产品产量无限小变化的变动部分。但在现实经济生活中，产品产量无限小的变化只能小到一个单位，低于一个单位就没有实际意义了。因此，边际成本就是产量增加或减少一个单位所引起的成本的变动量。与边际成本相对应的是边际收入和边际贡献，三者广泛地运用于产品生产、定价等经济领域。

12.2.4 机会成本与估算成本

机会成本原是经济学术语，这里是指在决策分析过程中，从各备选方案中选出某个最优方案而放弃次优方案所丧失的潜在利益。例如，某企业有一块土地，可以用来建厂房，每年利润为 10 万元，也可以建商店，每年利润为 8 万元。那么，建厂房的机会成本就是放弃建商店的利润 8 万元。机会成本并非实际支出，因而不需要登记入账，但在企业决策的过程中应作为一个现实的因素认真地加以考虑。

估算成本也称“假计成本”，它是机会成本的特殊形式，是指需要经过假定推断才能确定的机会成本。估算成本的典型形式就是利息。例如，在货币资金使用的决策中，不论该资金是自有的还是借入的，也不论其是否存入银行，均可将该项资金可能取得的存款利息视为该项资金的机会成本，这种假设存在的利息就是估算成本。

12.2.5　可避免成本与不可避免成本

可避免成本是指同某项特定备选方案直接相关联的成本，其发生与否，完全取决于与之相关的备选方案是否被选定。也就是说，该被选方案如果被选用，该项成本就随之发生；相反，如果未被选用，该项成本就不会发生。例如，某企业原生产甲产品，现拟生产乙产品，需要投入 10 000 元购置新设备。这里，新设备的购置成本完全取决于乙产品能否被选择生产，即其费用发生与否完全取决于企业特定的决策行为。

不可避免成本是指不与某项特定备选方案直接相关联的成本，其发生与否，并不取决于企业的决策行为。如企业现有的生产设备、管理人员的工资，不论选择生产甲产品还是乙产品，均会发生，并且在量上没有多大联系。

12.2.6　可递延成本与不可递延成本

可递延成本是指在企业资金能力有限的情况下，对已决定选用的某一方案如推迟执行，还不至于影响企业的经营全局，与此方案相关的成本，被称为“可递延成本”。如某企业的办公大楼比较简陋，原定计划年度新建办公大楼一幢，现资金比较紧张，决定推迟新建办公大楼方案，那么，与建房相关的建材、人工费用等成本支出，均属于可递延成本。

不可递延成本是指已选定某一方案，即使在企业资金能力有限的情况下也不能推迟的成本支出。如某企业一台设备因故损坏，生产被迫中止，必须立即修复，否则会影响出口的任务，从而严重影响企业效益，那么修复工程的相关成本均属于不可递延成本。

12.2.7　专属成本与共同成本

专属成本是指专门同某种产品或某批产品或某个部门相关联的成本。它具有明确的归属对象。例如，为生产某种产品而发生的机床折旧费、保险费等都是专属成本。

共同成本是指同时由几种产品、批次或部门共同分担的成本。它没有明确的归属对象。例如，某设备加工甲、乙、丙三种产品，其折旧费就是三种产品的共同成本。

12.2.8　相关成本与无关成本

相关成本是指与未来决策有关联的成本，也就是在进行决策时必须加以考虑的各种形式的未来成本。如付现成本、重置成本、边际成本、差量成本、机会成本、估算成本、可避免成本、可递延成本和专属成本等，都属于相关成本。

无关成本是指过去已经发生或虽未发生但对未来决策没有影响的成本，也就是在决策时无须考虑的成本。如沉落成本、历史成本、不可避免成本、不可递延成本和共同成本等，都属于无关成本。

以上这些成本概念，与传统的财务成本既有联系，又有区别。这些成本是对财务会计提供的数据进行延伸、整理后提出的新的成本概念，它们是建立在传统财务成本基础之上的。它们与传统财务成本的区别在于：第一，传统财务成本反映在账簿记录之中，而这些成本概念无须记录入账，只是表现为在决策过程之中为评价备选方案而应加以考虑的各种因素；第二，传统财务成本属于历史成本范畴，而这些成本概念大多属于未来成本，是一种估计或假设成本；第三，财务成本计量必须遵守公认会计准则，具有普遍的适用性，而这些成本的计量无须遵守公认会计准则，只适用于决策分析的特定范围。

12.3 成本决策的方法及运用

12.3.1 成本决策的方法

企业决策可以采用的方法有多种，可根据决策对象的具体内容和性质的不同而做出选择。本节介绍最常用的本量利分析法、差量分析法和边际贡献分析法。

1．本量利分析法

本量利分析法是在按成本性态划分的基础上，对成本、业务量和利润三者之间存在的数量关系进行分析的一种方法。本量利分析法在成本决策分析中的应用主要是根据各个备选方案的成本、业务量与利润三者之间的依存关系，来确定在什么业务量范围内哪个方案最优的。通常情况下，在有关产品（或零部件）的生产或取得方式决策的两个备选方案中，一种方案的固定成本较高，单位变动成本较低；另一种方案的固定成本较低，而单位变动成本较高。在这种情况下，如果预期业务量的水平较高，应选择前一种方案，因为增加的固定成本可以通过单位变动成本的降低而弥补；如果预期业务量较低，则应选择后一种方案，因为此时，前一种方案即使单位变动成本降低幅度很大，也很难弥补由此而增加的固定成本。

应用本量利分析法决定在什么业务量范围内选择哪种方案时，关键在于确定等成本点。所谓等成本点，又称成本平衡点或成本分界点，即各备选方案预期成本总额相等的业务量。计算公式见式（12-1）。

$$\text{等成本点业务量}=\frac{\text{两方案固定成本之差}}{\text{两方案单位变动成本之差}} \tag{12-1}$$

假设等成本点业务量为 x，方案一的固定成本为 a_1，单位变动成本为 b_1；方案二的固定成本为 a_2，单位变动成本为 b_2。计算公式见式（12-2）。则

$$a_1+b_1x=a_2+b_2x$$

$$x=\frac{(a_1-a_2)}{(b_1-b_2)} \tag{12-2}$$

如果预期业务量低于等成本点的业务量，则应选择固定成本较低的方案；如果预期业务量超过等成本点的业务量，应选择固定成本较高的方案；如果预期业务量等于等成本点的业务量，说明两个方案所费成本相同，决策时任选其中一个方案即可。

【例 12-1】假定某厂的产品生产每年需要某种零件 20 000 个，该零件过去一直从外部购买，每个购价 10 元。现该厂一加工车间有不能移做他用的剩余生产能力可生产此种零件。该厂会计部门根据有关资料核算，生产每个零件的变动成本仅为 5 元，但每年需为此增加专属固定成本 80 000 元。采用本量利分析法，做出该零件是自制还是外购的决策。

【分析】两种方案的选择主要取决于零件的年需要量，如年需要量大于两种方案的预期等成本点业务量，则应以选择自制方案为佳；反之，则应以选择外购方案为宜。该厂零件自制或外购两种方案的等成本点业务量 x，计算如下。

$$x=(80\,000-0)/(10-5)=16\,000\ (\text{个})$$

【决策】因为该零件的年需要量为 20 000 个，超过等成本点的业务量 16 000 个，所以该零件应当自制。

2．差量分析法

差量分析法是通过两个方案之间预期成本与预期收入之差，衡量决策方案优劣的一种方法。两个方案之间的预期成本之差，即差量成本；两个方案的预期收入之差，即差量收入；两个方案的差量收入与差量成本之差称为差量损益。在比较方案时，如果差量损益大于零，表明前一备选方案优于后一备选方案；反之，则表明后一备选方案优于前一备选方案。

【例 12-2】某机械厂有一台设备可生产甲产品，也可生产乙产品，无论是生产哪种产品，其最大开机工时均为 15 000 定额工时。生产甲产品每件需 50 定额工时，生产乙产品每件需 75 定额工时，甲、乙产品每件售价分别为 100 元和 140 元，单位变动成本分别为 80 元/件和 60 元/件，固定成本总额为 3 000 元。采用差量分析法，分析该厂生产哪种产品较为有利（假定只允许生产一种产品）。

【分析】由于生产甲、乙两种产品都需用机器设备，固定成本总额是一样的，属无关成本，在决策中不需考虑。

1）计算差量收入：（甲－乙）=100×(15 000÷50)–140×(15 000÷75)
=30 000–28 000
=2 000（元）

2）计算差量成本：（甲－乙）=80×3 000–60×2 000
=12 000（元）

3）计算差量损益：差量损益=差量收入–差量成本
=2 000–12 000
=–10 000（元）

【决策】结果表明，生产乙产品比生产甲产品的方案更优，可多获利 10 000 元。因此选择乙产品。

应当指出，在进行这类问题的决策时还需注意市场对甲、乙两种产品的需要量。上述决策是在不考虑市场容量，假定生产出来的产品都销售出去的情况下的决策。

通常在采用差量分析法决策时要编制差量分析表来进行比较分析，如表 12-2 所示。

表 12-2　差量分析表　　单位：元

项　目	甲 产 品	乙 产 品	差　量
相关收入	100×（15 000÷50）=30 000	140×（15 000÷75）=28 000	2 000
相关成本	80×（15 000÷50）=24 000	60×（15 000÷75）=12 000	12 000
差量损益			–10 000

3．边际贡献分析法

边际贡献分析法是通过比较产品所提供的边际贡献的大小来确定最优方案的分析方法。通常用销售收入总额（或单价）和变动成本总额（或单位变动成本）的差额来表示绝对值边际贡献（或单位边际贡献），将它们两者相比得到相对值边际贡献率。

在分析过程中，尽管单位边际贡献是反映产品盈利能力的重要指标，但由于不同单位产品耗用企业生产能力的水平不同，所以绝不能以产品的单位边际贡献的大小作为比较的标准，而应以各种产品创造的边际贡献总额，或者单位生产能力（每个人工小时或机器小时）能创造的边际贡献作为判断的标准。有时，利用现有剩余生产能力生产新产品的方案，也可能引起一定的新增固定成本（专属固定成本），此时，则以能提供最大的剩余边际贡献总额或最大的单位生产能力剩余边际贡献的产品生产方案为最佳方案。

【例 12-3】 某企业现有 1 000 工时剩余生产能力，可用于生产产品 A 和 B，采用边际贡献分析法，分析该企业应生产何种产品更为有利。有关资料如表 12-3 所示。

表 12-3 资料表

品 种	单价（元/件）	单位变动成本（元/件）	单位产品定额工时（小时/件）	新增固定成本（元）
产品 A	800	750	50	500
产品 B	600	560	20	1 600

【分析】 该企业利用现有剩余生产能力生产 A 产品或 B 产品，所以与维持原有生产能力相关的固定成本为无关成本。但由于两个生产方案均会发生部分新增固定成本，所以提供剩余边际贡献总额较高的产品就是最优产品生产方案。计算结果如表 12-4 所示。

表 12-4 计算表

项 目	产品 A	产品 B
剩余生产能力（小时）	1 000	
单位产品定额工时（小时/件）	50	20
最大产量（件）	20	50
销售单价（元/件）	800	600
单位变动成本（元/件）	750	560
单位边际贡献（元/件）	50	40
边际贡献总额（元）	1 000	2 000
新增专属固定成本（元）	500	1 600
剩余边际贡献总额（元）	500	400
单位工时剩余边际贡献（元/小时）	0.5	0.4

【决策】 计算表明，如不考虑新增专属固定成本，生产 B 产品应比 A 产品更为有利，将多获得 1 000 元边际贡献；如考虑到新增专属固定成本因素，生产 A 产品就会比生产 B 产品更为有利，多获得 100 元剩余边际贡献或单位生产能力能够多提供 0.1 元剩余边际贡献。

12.3.2 成本决策的方法运用

1. 新产品开发决策分析

随着市场竞争的日益激烈，老产品终将被新产品所替代，因此不断开发新产品是企业生存的关键。新产品开发的决策主要是利用企业现有的剩余生产能力或老产品腾出来的生产能力开发新产品，对不同的新产品开发方案进行的决策。至于通过投资扩大生产能力开发新产品，则属于长期决策的范围。

【例 12-4】某企业生产A产品，现准备开发新产品B或C，有关资料如表12-4所示。预计B，C产品销路不成问题，但由于剩余生产能力有限，只允许投产其中一种。采用适当的方法，分析投产哪种产品更为有利。

【分析】即使不开发新产品B或C，固定成本2 000元也将发生，因此它属于沉落成本，与决策无关。采用边际贡献分析法进行决策，边际贡献较大的方案为最优方案。计算结果如表12-5所示。

表12-5 计算表

项　目	产品A	产品B	产品C
产销量（件）	400	200	1 000
单价（元/件）	10	20	6
单位变动成本（元/件）	4	10.8	4
固定成本（元）	2 000		

B产品边际贡献=200×20−200×10.8=1 840（元）

C产品边际贡献=1 000×6−1 000×4=2 000（元）

【决策】由于生产C产品比生产B产品多获利160元，所以应开发C产品。

另外，如果以利润评价这两个方案，所得结论与上述分析相同，即应开发C产品。具体分析如表12-6所示。

表12-6 分析计算表　　单位：元

项　目	产品A	产品B	产品C	A，B合计	A，C合计
销售收入	4 000	4 000	6 000	8 000	10 000
变动成本	1 600	2 160	4 000	3 760	5 600
边际贡献	2 400	1 840	2 000	4 240	4 400
固定成本	—	—	—	2 000	2 000
利润	—	—	—	2 240	2 400

【例 12-5】如果【例12-4】中，生产B产品将会使A产品减产5件，同时支付专属成本100元；生产C产品需购置专用模具一套，价值350元。采用适当的方法，分析投产哪种新产品？

【分析】生产B产品将使A产品减产5件，由此引起的A产品的损失额，是生产B产品的机会成本，应作为生产B产品的相关成本处理。采用差量分析法进行决策分析。计算结果如表12-7所示。

表 12-7 差量分析表

单位：元

项　目	产品 B	产品 C	差　量
相关收入	4 000	6 000	−2 000
相关成本	2 290	4 350	−2 060
其中：变动成本	2 160	4 000	
专属成本	100	350	
机会成本	30=（10−4）×5	0	
差量损益			+60

【决策】结合生产能力和专属成本支出来考虑，生产 B 产品比生产 C 产品多获利 60 元。应选择生产 B 产品。

2．亏损产品是否停产的决策分析

所谓亏损产品是指其销售收入不能补偿其全部成本支出的产品。亏损产品按其亏损情况具体又分为两类：一类是实亏产品，即销售收入低于变动成本，这种产品生产越多，亏损越多，一般不应继续生产；另一类是虚亏产品，即销售收入高于变动成本，这种产品对企业还是有贡献的，因为它能够为企业提供一定的边际贡献，对于这一类亏损产品，应区分不同情况进行决策。

（1）生产能力无法转移条件下的决策

生产能力无法转移是指企业出现亏损产品，若将亏损产品停产，剩余生产能力将闲置起来，无法用于生产其他产品或对外出租等。

通常情况下，当生产能力无法转移时，只要亏损产品能够提供真正的边际贡献，就不应停止其生产，如果有条件，还应扩大生产，这样才能使企业利润增加；相反，如果停止其生产，固定成本依然存在，不会因亏损产品的停产而改变，只能转由其他产品负担，在这种情况下，利润不仅不会增加，反而还会减少。

【例 12-6】假定某企业生产 A，B，C 三种产品，其中 A 产品是亏损产品，采用适当方法，分析是否停止生产 A 产品？有关资料如表 12-8、表 12-9 所示。

表 12-8 停产前利润表

单位：元

项　目	产品 A	产品 B	产品 C	合　计
销售收入	2 500	2 000	3 000	7 500
减：变动成本	2 000	1 000	2 100	5 100
边际贡献	500	1 000	900	2 400
减：固定成本*	600	480	720	1 800
利润	−100	520	180	600

*固定成本按销售收入比例分摊。

表 12-9 停产后利润表 单位：元

项 目	产品 B	产品 C	合 计
销售收入	2 000	3 000	5 000
减：变动成本	1 000	2 100	3 100
边际贡献	1 000	900	1 900
减：固定成本	720	1 080	1 800
利润	280	−180	100

【分析】 从表 12-8 中可以看出，A 产品虽没有获利，但能够提供 500 元的边际贡献，这可补偿部分固定成本。另从表 12-9 中可以看出，如果停止生产 A 产品，利润总额将由 600 元下降到 100 元，此时 C 产品也会出现亏损。

【决策】 A 产品应继续生产，否则会使利润减少 500 元。

（2）生产能力可以转移条件下的决策

如果企业出现亏损产品，而亏损产品停产后，剩余的生产能力可以被充分利用于其他方面，如转产等，在这种情况下，究竟选择何种方案？

【例 12-7】 仍用【例 12-6】资料，如果 A 产品停产后，闲置的生产能力可用于对外出租，预计可获得租金 800 元。应否停止生产 A 产品？

【分析】 年租金收入 800 元，可视为继续生产亏损产品的机会成本，也可视为停产后的收入。用差量分析法进行决策分析，如表 12-10 所示。

表 12-10 差量分析表 单位：元

项 目	不停产	停 产
相关收入	2 500	0
相关成本	2 800	0
其中：变动成本	2 000	0
机会成本	800	0
差量损益	−300	0

【决策】 停止生产 A 产品。因为停产 A 产品后，可以将闲置的生产能力对外出租，可多获利 300 元。

3．应否接受追加订货的决策分析

如果企业有剩余的生产能力，除可开发新产品等用途外，还可以考虑是否接受客户的追加订货。这方面的决策可采用差量分析法，也可采用边际贡献分析法。原则上，如果客户所开出的销售单价大于追加订货的单位变动成本，并能补偿其可能发生的专属的固定成本和机会成本，即可接受；反之，则不接受。

【例 12-8】 某企业有剩余生产能力 5 000 工时，可用于生产现有的甲产品。生产甲产品每件需工时 2.5 小时，正常销售单价为 35 元/件，单位成本为 30 元/件。有关资料如表 12-11 所示。

表 12-11 单位成本构成表 单位：元

项　　目	金　　额
直接材料	12
直接人工	8
制造费用	10
其中：变动制造费用	4
固定制造费用	6
合　　计	30

现有某客户提出向该企业追加甲产品订货 2 000 件，并在产品款式上有一些特殊要求，需另购置一台专用设备，每年发生专属固定成本 2 000 元。但该客户仅愿出价 28 元/件。假设该企业的剩余生产能力除用于生产甲产品外，不能移作他用。采用适当方法，分析企业是否应该接受该项追加订货？

【分析】从表面上看，这项订货不能接受，因为客户仅出价 28 元/件，而产品单位成本却高达 30 元/件，并且接受追加订货还需发生 2 000 元的专属固定成本。然而，从成本决策相关概念出发，就会发现，由于该项订货可利用现有的生产能力生产，所以企业现有的固定成本为无关成本，接受该项订货将仅引起每件 24 元的变动成本和 2 000 元专属固定成本的发生。因此，该订货是否可接受，仅需考虑其收入是否超过相关的产品变动成本和专属固定成本。采用边际贡献分析法进行决策，如表 12-12 所示。

表 12-12 边际贡献分析表

项　　目	金　　额
销售单价（元/件）	28
单位变动成本（元/件）	24
单位边际贡献（元/件）	4
边际贡献总额（元）	8 000=（4×2 000）
减：专属固定成本（元）	2 000
剩余边际贡献（元）	6 000

【决策】应该接受该项追加订货方案。因为接受订货比不接受订货可多获利 6 000 元。

4．零部件自制或外购的决策分析

在剩余的生产能力可以进行零部件自制，同时又可外购的情况下，零部件是自制还是外购就是一项需要解决的短期经营决策问题。对于该问题，由于是利用剩余的生产能力自制零部件，所以不需考虑现有的固定成本，它属于沉落成本，与决策无关，只需要比较两个不同方案的相关成本即可。

在零部件自制或外购的决策问题中，外购方案的相关成本包括买价、运杂费等，而自制方案的相关成本则通常有以下 3 种具体情况。

1）企业剩余生产能力不能移做他用，自制也不发生专属固定成本。在这种情况下，自制方案的相关成本包括自制零部件发生的变动生产成本。

【例 12-9】 某企业生产需要甲零件，每月需用量为 10 000 件。如果自制，每件成本为 30 元，其中直接材料 20 元，直接人工 4 元，变动制造费用 1 元，分摊的固定制造费用 5 元。如果外购，甲零件的单位成本（含买价和运杂费等）是 27 元/件，剩余生产能力无法转移。采用适当方法，选择自制还是外购？

【分析】 由于生产能力无法转移，所以自制的相关成本只是变动生产成本。采用差量分析法进行决策，如表 12-13 所示。

表 12-13　差量分析表　　单位：元

项　目	自　制	外　购	差　量
自制成本	250 000		
其中：直接材料	20×10 000=200 000		
直接人工	4×10 000=40 000		
变动制造费用	1×10 000=10 000		
外购成本		270 000	
合　计	250 000	270 000	−20 000

【决策】 该企业的甲零件应该自制。因为自制比外购可节约成本 20 000 元。

2）剩余生产能力可以他用，自制不发生专属固定成本。在这种情况下，自制的相关成本包括变动生产成本和机会成本（由于自制使生产能力不能他用而损失的收益）。

【例 12-10】 依【例 12-9】资料，如果甲零件外购后，剩余生产能力可用于增产乙零件 5 000 件。而乙零件的外购价格是 30 元/件，自制的单位变动成本是 24 元/件，单位固定成本 2 元/件。采用适当方法，分析甲零件是选择自制还是外购？

【分析】 如果甲零件外购，则剩余生产能力可用于增产乙零件，这样可使乙零件节约外购成本 30 000 元[（30−24）×5 000]，该项节约应视为零件自制的机会成本。用差量分析法进行决策，如表 12-14 所示。

表 12-14　差量分析表　　单位：元

项　目	自　制	外　购	差　量
自制成本	280 000		
其中：变动成本	250 000		
机会成本	30 000		
外购成本		270 000	
合　计	280 000	270 000	10 000

【决策】 该企业的甲零件应该外购，因为外购比自制节约成本 10 000 元。

3）剩余生产能力可以他用，同时，自制需发生专属固定成本。在这种情况下，自制方案的相关成本不仅包括变动成本、机会成本，而且包括专属固定成本。

【例 12-11】 依【例 12-9】资料，如果该企业甲零件一直依靠外购，而闲置的生产设备用于对外出租，每月租金收入 1 500 元，现该企业拟将甲零件由外购改为自制，自制又需租入一台专用设备，每月支付租金 2 000 元。采用适当方法，分析选择自制还是外购？

【分析】如果甲零件外购，则每月获得的对外出租收入应视为甲零件自制的机会成本；如果自制，则每月支付的专用设备租金属于自制的专属固定成本，它们都是与决策有关的成本。采用差量分析法进行决策，如表12-15所示。

表12-15 差量分析表

单位：元

项　　目	自　　制	外　　购	差　　量
自制成本	253 500		
其中：变动成本	250 000		
机会成本	1 500		
专属成本	2 000		
外购成本		270 000	
合　　计	253 500	270 000	−16 500

【决策】该企业的甲零件应该自制。因为自制比外购节约成本16 500元。

复习思考题

一、单项选择题

1．机会成本的一种特殊表现形式是指（　　）。

A．视同收入　　B．视同成本

C．不可避免成本　　D．沉没成本

2．边际贡献法对比选择方案时，应该选用（　　）。

A．边际贡献总额　　B．单位边际贡献

C．边际贡献率　　D．边际贡献创利率

3．亏损产品是否停产，要看其（　　）。

A．是否是主要产品　　B．是否能够提供边际贡献

C．是否有发展后劲　　D．是否能为其他产品提供利润

4．当差量成本小于差量收入时，可以认为（　　）。

A．采用前一个方案　　B．采用后一个方案

C．再做进一步分析决定　　D．两个方案同时采用

5．边际成本属于决策方案要考虑的（　　）。

A．无关成本　　B．相关成本

C．重要成本　　D．将来成本

6．在通货膨胀的情况下，有利于保证资产实物与价值的双重补偿是（　　）成本。

A．历史　　B．重置

C．实际　　D．付现

7．利息是（　　）成本的典型形式。

A．历史　　B．估算

C．机会　　D．边际

8．具有明确的归属对象是（ ）成本。

A．相关　　B．专属

C．共同　　D．可递延

9．等成本点是应用（ ）法的关键。

A．本量利分析法　　B．差量分析法

C．边际贡献分析法　　D．直线回归法

10．在决策成本中，（ ）成本是随方案的选定有直接相关。

A．可避免　　B．不可避免

C．可递延　　D．不可递延

二、多项选择题

1．成本决策分析的主要方法有（ ）。

A．本量利分析法　　B．差量分析法

C．边际贡献分析法　　D．列表逐次测试法

2．成本决策的主要内容包括（ ）。

A．零部件自制造还是外购　　B．亏损产品是否停产

C．固定资产改造决策　　D．是否接受追加订货

3．属于决策中的相关成本有（ ）。

A．差量成本　　B．边际成本

C．机会成本　　D．付现成本

4．属于决策中的无关成本有（ ）。

A．沉没成本　　B．共同成本

C．专属成本　　D．不可递延成本

5．决策成本与财务成本相比较，决策成本（ ）。

A．普遍性　　B．采用重置成本

C．特定性　　D．采用未来成本

6．重置成本又称（ ）成本。

A．现行　　B．历史

C．现时　　D．实际

7．下列属于成本在决策分析中的作用的是（ ）。

A．成本是决策分析的核心内容　　B．成本是确定决策分析的关键

C．成本是决策分析的前提　　D．成本是评价方案优劣的重要依据

8．同属机会成本范畴的有（ ）。

A．假计成本　　B．估算成本

C．差量成本　　D．可避免成本

9．下列不属于边际贡献法对比选择方案时选用的是（ ）。

A．边际贡献总额　　B．单位边际贡献

C．边际贡献率　　D．利润总额

10．本量利分析法是在（　　）的基础上分析的一种方法。

A．成本性态　　B．成本习性

C．成本用途　　D．成本内容

三、判断题

1．所有的短期经营决策问题都是成本决策问题。（　　）

2．在生产经营决策中，所有的亏损产品都应停产或转产，而不应继续生产。（　　）

3．当追加订货不冲击本期计划任务，又不追加专属成本时，只要特殊订货单价大于该产品的单位变动成本时，可接受订货。（　　）

4．两个备选方案中，只要其中一个方案的单位边际贡献大，就是最优方案。（　　）

5．边际成本的具体体现就是单位变动成本。（　　）

6．在资金筹措成本较高时，对“付现成本”的考虑往往较多。（　　）

7．沉落成本虽然是由过去的决策所引起的，但仍然需要在现在或将来的决策中考虑。（　　）

8．机会成本是一项实际支出。（　　）

9．不可避免成本是无关成本。（　　）

10．传统财务成本是一种估计或假计成本。（　　）

四、实训题

（一）练习边际贡献分析法

资料：某企业原设计能力为 50 000 机器工时，但实际开工率只达原生产能力的 80%，现准备将剩余生产能力发展新产品甲或新产品乙，有关资料如表 12-16 所示。

表 12-16　资料表

项　　目	老产品（实际数）	新产品甲（预计）	新产品乙（预计）
定额机器工时（小时/件）	20	5	2
销售单价（元/件）	60	82	44
变动成本（元/件）	50	70	38
固定成本总额（元）	14 000		

要求：做出开发哪种新产品的决策。

（二）练习差量分析法

资料：某汽车生产厂车用轮胎以前一直自制，年需要量为 40 000 只，生产轮胎有关自制成本如下：变动成本总额为 1 920 000 元，专属固定成本 120 000 元，分配固定成本 80 000 元。现有一专门生产厂家，愿以每只轮胎 60 元的价格供应，并且用于生产轮胎的生产能力还可用于生产一种小型特种轮胎 20 000 只，其有关成本如下：变动成本总额 160 000 元，专属固定成本 20 000 元，分配固定成本 80 000 元，小型轮胎售价 30 元。

要求：做出轮胎是自制还是外购的决策。

（三）练习边际贡献分析法

资料：某公司生产三种产品，其中固定成本 15 000 元，有关资料如表 12-17 所示。

表 12-17　资料表

项　目	甲产品	乙产品	丙产品	合　计
销售收入总额	20 000	10 000	30 000	60 000
销售单价（元/件）	20	25	60	—
变动成本（元/件）	9	15	46	—
销售量（件）	1 000	400	500	—
边际贡献总额（元）	11 000	4 000	7 000	22 000
按销售比例负担固定成本	5 000	2 000	7 500	15 000
利润	6 000	1 500	−500	7 000

要求：做出对亏损产品是否停产的决策。

（四）练习差量分析法

资料：通达公司现有一部分剩余生产能力未被利用，某客户提出追加订货，订货数量为 3 000 件，单价为 50 元；该公司剩余生产能力能够满足订货要求，通达公司生产这种订货产品的单位成本为 60 元，其中：直接材料 20 元，直接人工 16 元，制造费用 24 元（变动性制造费用 12 元，固定性制造费用 12 元）。

要求：1．做出是否接受该项特殊订货的决策。

2．假若接受订货，需添置一台专用设备，价款 7 000 元，加工后无残值，那么是否还接受该项特殊订货？

（五）练习本量利分析法

资料：假定某厂拟生产 A 产品，有新、旧两种生产方案可供选择，有关资料如表 12-18 所示。

表 12-18　资料表

单位：元

方　案	单位变动成本	固定成本总额
新方案	360	420 000
旧方案	400	380 000

要求：从经济的角度，分析该厂应该采用哪种方案来进行生产。

第13章 成本控制

理论目标

1. 了解成本控制的意义、内容及程序；
2. 理解成本控制的原则。

实践目标

1. 明确标准成本的制定内容；
2. 掌握成本差异的计算与分析，提高学生的职业技能。

案例导入

有一家日本餐厅和一家中国餐厅都卖煮鸡蛋，两家餐厅的鸡蛋都一样受欢迎，但日本餐厅赚的钱却比中国餐厅多，旁人大惑不解。专家对日本餐厅和中国餐厅煮蛋的过程进行比较，终于找到了答案。

日本餐厅的煮蛋方式：用一个长宽高各4厘米的特制容器，放进鸡蛋，加水（估计只能加50毫升），盖盖子，打火，1分钟左右水开，再过3分钟关火，利用余热煮3分钟。

中国人的煮蛋方式：打开液化气，放上锅，添进一瓢凉水（大约250毫升），放进鸡蛋，盖锅盖，3分钟左右水开，再煮大约10分钟，关火。

专家计算的结果：前者起码能节约4/5的水、2/3以上的煤气和将近一半的时间，所以日本餐厅在水和煤气上就比中国人节省了将近70%的成本，并且日本餐厅利用节省的一半时间提供了更快捷的服务。

思考

中国人与日本人的煮蛋方式分别说明了什么？

13.1　成本控制概述

成本控制是指为了实现目标成本（标准成本），采用科学的方法，对生产经营过程中所发生的各项资源耗费，进行有效的监督和控制的过程。

广义的成本控制就是成本经营，强调对企业生产经营的各个环节和方面进行全过程的控制。狭义的成本控制也称成本的日常控制，主要是指对生产阶段产品成本的控制，即运用一定的方法将生产过程中构成产品成本的一切耗费限制在预先确定的计划成本范围内，然后通过分析实际成本与计划成本之间的差异，找出原因，采取对策以降低成本。

成本控制与成本预测、成本决策、成本规划和成本考核共同构成现代成本管理的完整系统。

13.1.1　成本控制的意义

1．成本控制有利于获取有效的成本管理信息

在企业的生产经营过程中，各种成本资料和信息来源于有效的成本控制。如果成本控制失灵，各种成本资料和信息将失真，成本核算也就流于形式，所有的成本计划乃至企业的整个经营计划都会落空。所以，严格进行成本控制，有利于加强成本管理，保证目标成本的实现。

2．成本控制有利于成本计划的实现

执行成本计划就是将目标成本指标（标准成本）以责任成本的形式，层层分解落实到车间、班组和个人。凡是实际发生的成本，都要将其与标准成本进行比较，以便及时地发现差异并且对产生的差异进行分析，及时采取措施，保证成本计划的实现。

3．成本控制有利于保证成本计划数据的准确性

编制成本计划，既要有前期的历史数据，又要在未来验证计划数据的准确性，这些都要通过成本控制工作来完成。若前期的成本控制工作很有效，则本期的成本计划就能建立在准确的历史数据之上，而本期成本计划工作的数据是否有效，也要靠本期的成本控制工作来验证。所以，成本控制对成本计划工作起着承前启后的作用。

4．成本控制有利于对人力、财力、物力消耗进行有效的监督

成本计划最终要被分解为可以具体执行的人、财、物等消耗指标。成本控制就是针对这些具体的指标进行有效的监督，不断地总结经验教训，为企业降低成本指明方向。

13.1.2　成本控制的内容

1．控制资源耗费

资源耗费是构成产品成本的基本因素，对成本高低有决定性影响，必须严加控制。

（1）要控制材料耗费

控制材料耗费的标准是计划定额。要对材料入库、出库、生产下料、缺料补额、余料退库、残料回收等环节严格实行计量检验，要及时发现和解决采购不合理、用料不经济、领料不严格、回收无限度，以及废品多、单耗高等问题，大力推广新技术、新工艺，开展材料代用和综合利用。

（2）要控制劳动消耗

控制劳动消耗的标准是人员定额、基本工资限额和工时消耗定额。企业应根据生产任务，合理安排和使用劳动力，实行定员定额，控制各项产品的实际工时消耗。

（3）要控制生产设备

要正确计算和科学制定设备需要量，对现有设备要合理配备，提高利用率和完好率，充分发挥其生产效能。

2．控制费用开支

控制费用开支的标准是计划或预算有关费用开支的标准。费用开支不仅在绝对数上不得突破预算指标，而且在内容上要符合规定，严格遵守开支范围和开支标准。

3．控制生产经营过程

控制生产经营过程是指控制生产准备过程、直接生产过程和产品质量。要大力推行全面质量管理，从工程质量和工作质量上来保证产品质量；要事前控制废品的发生，事中严格实行质量检查，事后进行质量分析。

13.1.3 成本控制的原则

成本控制是一项复杂、细致而艰巨的任务，是一个系统工程，应依据一定的原则而进行。

1．全面性原则

所谓“全面性原则”，是指在成本控制过程中，应调动企业内部各部门及全体职工对成本形成的全过程进行控制，它包括全员控制和全过程控制。

全员控制是指企业各部门的各个职工都应树立高度的成本控制责任感，积极主动地参与成本控制，使专业成本控制与群众普遍控制相结合，使每个职工关心成本数额的高低，关心企业效益的好坏，只有树立全员控制的责任感，才能使成本控制落实于每个职工的每个工作岗位上，并在任何时刻都不放松成本控制，才有可能实现较好的成本控制，防止浪费。

全过程控制是指成本控制应在成本形成的整个过程中进行。成本控制不应仅局限于制造领域，要扩大到消费领域，包括产品的设计、研制、工艺、制造、销售、运输、储存、售后维修与保养等具体过程，使成本在整个产品寿命周期内得到有效控制，以降低成本，提高经济资源利用率。

2．增收与节支并重原则

所谓“增收与节支并重原则”，是指成本控制不仅要贯彻厉行节约方针，杜绝浪费，而且还要广开财源，增加收入。成本控制不仅应是消极被动的约束、限制和监督，而应积极地干预和指导，做到防护性控制、反馈控制和事前控制相结合，既贯彻成本最低原则，又坚持收入最高原则，双管齐下，增强成本控制效果。

3．责、权、利相结合原则

成本控制应与经济责任制相结合，一方面赋予成本控制部门或人员一定的职责与使命，同时也赋予他们一定的权限，使他们拥有一定的权限行使成本控制的权力，为成本控制的顺利进行打下基础和提供保障，并定期进行绩效考评，依业绩优劣而奖罚，做到责、权、利相结合，以充分调动各部门、各职工成本控制积极性和主动性。

4．目标管理原则

所谓“目标管理原则”，是指企业管理部门以既定的某方面目标作为管理的出发点和依据。成本控制按目标管理原则进行，即以已确定的目标成本为依据，以企业的生产经营活动进行控制，将目标成本按责任中心分解为责任成本，落实到成本中心，进行分口、分级管理，保证目标成本的顺利实现。

5．例外管理原则

前已述及，日常成本控制主要是在标准成本系统中通过对成本差异的计算、分析等活动而进行的，由于成本差异种类繁多，差异产生的原因也很多，成本控制部门和人员不可能事无巨细、面面俱到，而应把有限的人力和时间放在那些非正常、违反常规的关键性差异上，仔细分析差异成因，并将成因与建议反馈于成本负责部门的人员，采用措施予以纠正，提高成本控制的效率。

界定“例外”的常用标准如下。

1）重要性：即差异金额的大小或差异百分率的大小，只有相对较大的差异，才可能视为“例外”。

2）一贯性：即差异持续于一定期间出现，虽然金额或百分率较低，也应称“例外”。

3）可控性：“例外”应以管理人员能够控制的成本项目为限，凡管理部门和人员无法控制的成本项目（如税率），即使相对数额较大，也不应视为“例外”。

4）特殊性：“例外”应视成本项目的特殊性质而定。凡对于企业的长期获利能力产生重要影响的成本项目，即使差异金额未达到重要性程度，也应视为“例外”，如固定资产的维修费用，如某期有意少支出，虽可暂时产生有利差异，但机器设备也因未得到正常及时维护与保护而丧失的价值会对将来的盈利能力造成重大影响，所以即使数额较小也应视为“例外”。

13.1.4　成本控制的程序

成本控制的程序一般包括以下几个阶段。

第一阶段：制定成本控制的标准成本

成本控制标准是成本分析的重要依据，它包括标准成本（也称定额成本）和费用预算。标准成本是指在现有的生产技术水平下，通过有效的管理，生产某种产品所应发生的成本水平。它是企业通过努力应该可以达到的成本水平，是衡量企业实际成本水平高低的标准。费用预算是指企业根据历史资料，结合目前情况，并且考虑费用在预算期内可能节约的程度而制定的费用水平，它是考核某项费用实际水平高低的标准。

在实际工作中，企业可以根据具体情况选用不同控制标准对成本进行控制。一般来说，对那些定额资料比较健全的产品，可以采用标准成本（定额成本）作为标准；对那些定额资料不健全的产品，可以采用费用预算（定额）作为标准；对成本项目中属于直接费用的那部分成本，如原材料、生产工人工资等，可以采用标准成本作为控制标准；属于间接费用的那部分成本，可以采用费用预算（定额）作为标准，对其金额进行控制，如车间经费、企业管理费等。

第二阶段：控制产品成本的形成过程，处理成本差异

企业各成本责任部门根据企业下达的控制标准，在生产经营过程中对产品及其零部件的生产、加工、组装等成本形成过程进行始终如一的跟踪和分析，以成本控制标准来控制产品的实际成本，及时发现和揭露实际成本脱离控制标准的差异，分析产生差异的原因，及时妥善地处理，以保证企业目标成本的实现。

第三阶段：成本控制效果考核

在成本控制过程中，各成本责任部门对其责任成本的控制效果如何，直接关系到整个企业的成本控制是否有效。因此，在成本控制的某一过程结束以后，必须对成本责任部门的成本控制的成绩和问题进行及时的分析和考核，以促进整个企业成本控制效果的提高。同时，要根据考核的结果给予必要的奖励和惩处，以调动成本责任部门的积极性。

13.2 标准成本控制

13.2.1 标准成本控制概述

要讲标准成本控制，先要学习标准成本。

标准成本是指运用技术测定等方法制定的，在有效的经营条件下应该实现的成本，是根据产品的耗费标准和耗费的标准价格预先计算的产品成本。在制定标准成本时，根据所需要达到的效率不同，可以有理想标准成本（在最佳工作状态下所能达到的最优的成本水平，它排除了一切失误、浪费、机器的闲置等因素，根据理论上的耗费数量、价格及最高的生产能力而制定的标准成本）、正常标准成本（在正常生产经营条件下应该达到的成本水平，它是根据正常的耗费数量、价格及最高的生产经营能力利用程度而制定的标准成本）、现实标准成本（在现有生产条件下应该达到的成本水平，它是根据现有所采用的耗费数量、价格及最高的生产经营能力利用程度而制定的标准成本）三种标准成本选择。

标准成本控制是以标准成本为基础，把实际发生的成本与标准成本进行对比，揭示成本差异形成的原因和责任，采取相应措施，实现对成本的有效控制。它是成本控制中应用最为广泛和有效的一种成本控制的方法。标准成本控制包括标准成本的制定、成本差异的计算分析等内容。其中，标准成本的制定与成本的事先控制相联系，成本差异分析、确定责任归属、采取措施改进工作则与成本的事中和事后控制相联系。

13.2.2 标准成本的制定

产品成本是由直接材料、直接人工和制造费用三个成本项目组成的，应按照这些项目的特点分别制定其标准成本。

在制定标准成本时，要针对每一成本项目分别确定“价格”标准和“数量”标准，以“价格”标准乘以“数量”标准来确定各个成本项目的标准成本。计算公式见式（13-1）、(13-2)。

每一成本项目标准成本=每一成本项目价格标准×每一成本项目数量　　(13-1)

单位产品标准成本=直接材料标准成本+直接人工标准成本+制造费用标准成本
=直接材料价格标准×直接材料数量标准+直接人工价格标准×
直接人工数量标准+制造费用价格标准+制造费用数量标准　　(13-2)

1．直接材料标准成本的制定

直接材料的标准成本是由材料的数量标准和价格标准两项标准确定的。

直接材料的价格标准通常采用企业编制的计划价格，企业在制定计划价格时，通常是以订货合同的价格为基础，并考虑到将来各种变动情况按各种材料分别计算的。

直接材料的数量标准是指单位产品耗用原料及主要材料数量的多少，通常也称材料消耗定额。直接材料数量标准应根据企业产品的设计、生产和工艺的现状，结合企业的经营管理水平的情况和成本降低任务的要求，考虑材料在使用过程中发生的必要损耗，并按照产品的零部件来制定各种原料及主要材料的消耗定额。计算公式见式（13-3）。

直接材料标准成本=∑（直接材料价格标准×直接材料数量标准）　　(13-3)

【例 13-1】假定某企业甲产品耗用 A、B、C 三种直接材料。其直接材料标准成本的计算，如表 13-1 所示。

表 13-1　甲产品直接材料标准成本

标　　准	材料 A	材料 B	材料 C
数量标准（1）	3 千克	6 千克	9 千克
价格标准（2）	45 元	15 元	30 元
成本标准（3）=（1）×（2）	135 元	90 元	270 元
单位产品直接材料标准成本（4）=∑（3）	495 元		

2．直接人工标准成本的制定

直接人工的标准成本是由直接人工的价格和直接人工数量两项标准决定的。

直接人工的价格标准就是标准工资率，通常由劳动工资部门根据用工情况制定。采用计时工资制，工资率在当期较少变动，标准较易制定；采用计件工资，可以将计件工资的数额作为产品直接人工成本。计算公式见式（13-4）、式（13-5）。

$$\text{小时标准工资率}=\frac{\text{标准工资总额}}{\text{标准总工时}} \tag{13-4}$$

$$\text{单价标准工资率}=\frac{\text{标准工资总额}}{\text{总件数}} \tag{13-5}$$

直接人工数量标准，就是工时数量标准，也称工时消耗定额。它是指企业在现有的生产技术条件、工艺方法和技术水平的基础上，考虑到提高劳动生产率的要求，采用一定的方法，按照产品生产加工所经过的程序，确定单位产品所需耗用的生产工人工时数。在制定工时消耗定额时，还要考虑到生产工人必要的休息和生理上所需时间，以及机器设备的停工清理时间，使制定的工时消耗定额既合理又先进，从而达到成本控制的目的。计算公式见式（13-6）。

$$直接人工标准成本=\sum（标准工资率\times工时数量标准） \tag{13-6}$$

【例 13-2】仍按【例 13-1】中的企业，甲产品直接人工标准成本的计算，如表 13-2 所示。

表 13-2 甲产品直接人工标准成本

项　目	标　准
月标准总工时（1）	15 600 小时
月标准总工资（2）	168 480 元
标准工资率（3）＝（2）÷（1）	10.8 元/小时
单位产品工时数量标准（4）	1.5 小时
直接人工标准成本（5）＝（4）×（3）	16.20 元

3．制造费用标准成本的制定

制造费用的标准成本是由制造费用价格标准和制造费用数量标准两项因素决定的。

制造费用价格标准，也就是制造费用的标准分配率。计算公式见式（13-7）。

$$制造费用标准分配率=\frac{标准制造费用总额}{标准总工时} \tag{13-7}$$

制造费用的数量标准，就是工时数量标准，其含义与直接人工数量标准相同。计算公式见式（13-8）。

$$制造费用标准成本=制造费用分配率标准\times工时数量标准 \tag{13-8}$$

成本按照其性态，分为变动成本和固定成本。前者随着产量的变动而变动；后者相对固定，不随着产量的变动而变动。所以，制定制造费用标准时，也应分别制定固定制造费用的成本标准和变动制造费用的成本标准。

固定制造费用标准成本是指为维持生产能力的费用，其发生额一般与产量的增减变动没有直接联系，如办公费、折旧费、保险费等。这类费用通常是根据事先编制的固定预算控制其费用总额的，如采用变动成本计算法计算产品成本，固定制造费用就不必在各类产品之间进行分配，也不必包括在单位产品的标准成本中。如果采用全部成本计算法计算成本，固定制造费用同变动制造费用一样，也要通过分配计入单位产品的标准成本中去。计算公式见式（13-9）、式（13-10）。

$$固定制造费用标准成本=固定制造费用标准分配率\times单位产品直接人工（或机械）的标准工时 \tag{13-9}$$

$$固定制造费用标准分配率=\frac{固定制造费用预算总额}{预计产量或直接人工标准总工时} \tag{13-10}$$

变动制造费用标准成本是指因本期制造产品所引起的制造费用部分，其费用总额随产量的增减变动成正比例变化，如工艺技术过程中用的燃料、动力、辅料等。由于企业产品往往不止一种，不可能用实物数量综合表示直接人工标准成本。这里的直接人工标准工时，应与分配直接人工标准成本的标准工时相一致。计算公式见式（13-11）、式（13-12）。

变动制造费用的标准成本=小时变动制造费用标准分配率×单位产品直接人工（或机械）的标准工时　(13-11)

$$小时变动制造费用标准分配率=\frac{变动制造费用预算总额}{直接人工（或机械）标准总工时} \quad (13\text{-}12)$$

【例 13-3】 仍按【例 13-1】中的企业，甲产品制造费用的标准成本的计算，如表 13-3 所示。

表 13-3　甲产品制造费用标准成本

项　目	标　准
月标准总工时 (1)	15 600 小时
标准变动制造费用总额 (2)	56 160 元
标准变动制造费用分配率 (3) = (2) ÷ (1)	3.6 元/小时
单位产品工时标准 (4)	1.5 小时
变动制造费用标准成本 (5) = (4) × (3)	5.4 元
标准固定制造费用总额 (6)	187 200 元
标准固定制造费用分配率 (7) = (6) ÷ (1)	12 元/小时
固定制造费用标准成本 (8) = (4) × (7)	18 元
单位产品制造费用标准成本 (9) = (5) + (8)	23.4 元

4．单位产品标准成本卡

制定了上述各项内容的标准成本后，企业通常要为每一产品设置一张标准成本卡，并在该卡中分别列明各项成本的数量标准与价格标准，通过直接汇总的方法来求得单位产品的标准成本。

【例 13-4】 根据【例 13-1】、【例 13-2】、【例 13-3】中的各种有关资料，列示出甲产品标准成本卡，如表 13-4 所示。

表 13-4　甲产品标准成本卡

成本项目		数量标准	价格标准	标准成本
直接材料	A	3 千克/件	45 元/千克	135 元/件
	B	6 千克/件	15 元/千克	90 元/件
	C	9 千克/件	30 元/千克	270 元/件
	小计	……	……	495 元/件
直接人工		1.5 小时/件	10.8 元/小时	16.20 元/件
变动制造费用		1.5 小时/件	3.60 元/小时	5.40 元/件
固定制造费用		1.5 小时/件	12 元/小时	18 元/件
标准成本				534.60 元/件

13.2.3 成本差异的计算与分析

1. 成本差异的类型

成本差异是指一定时期生产一定数量的产品所发生的实际成本与相关的标准成本之间的差额。成本差异按照不同标准分为以下类型。

（1）数量差异与价格差异

数量差异是反映由于直接材料、直接人工和变动性制造费用等要素实际数量消耗与标准数量消耗不一致而产生的成本差异。计算公式见式（13-13）。

数量差异=标准价格×（实际产量下的实际数量−实际产量下的标准数量）　（13-13）

注意，此处的标准数量是总量概念，与标准成本制定过程中使用的“数量标准”不同，后者是单位产品的数量标准，是单位概念。

价格差异是反映由于直接材料、直接人工和变动性制造费用等要素实际价格水平与标准价格不一致而产生的成本差异。计算公式见式（13-14）。

价格差异=（实际价格−标准价格）×实际产量下的实际数量　（13-14）

其中的“标准价格”与标准成本制定过程中使用的“价格标准”相同，都属于单位概念。

（2）纯差异与混合差异

从理论上讲，任何一类差异在计算时都需要假定某个因素变动时其他因素固定在一定基础上不变。把其他因素固定在标准的基础上，所算出的差异就是纯差异。与纯差异相对立的差异就是混合差异。混合差异又称联合差异，是指总差异扣除所有的纯差异后的剩余差异。

（3）有利差异与不利差异

成本差异按其数量特征可分为有利差异与不利差异。有利差异是指因实际成本低于标准成本而形成的节约差。不利差异则是指因实际成本高于标准成本而形成的超支差。但这里有利与不利是相对的，并不是有利差异越大越好。不能为了盲目追求成本的有利差异，而不惜以牺牲质量为代价。

（4）可控差异与不可控差异

可控差异是指与主观努力程度相联系而形成的差异，又称主观差异。它是控制的重点所在。不可控差异是指与主观努力程度关系不大，主要受客观原因影响而形成的差异，又称客观差异。

2. 成本差异的计算和分析

成本差异对企业是十分重要的管理信息，它可以反映有关责任单位的工作质量和效果；可以发现问题后，具体分析差异形成的原因和责任归属，进而采取有效的措施消除不利差异，实现对成本的控制，并促进成本的降低。

成本差异计算与分析的基本步骤。

第一步：计算产品成本总差异。计算公式见式（13-15）。

产品成本总差异=实际总成本−标准总成本　（13-15）

第二步：计算各个成本项目的成本差异。

在标准成本制度下，通常采用变动成本法计算产品成本，其成本项目包括直接材料、直接人工和变动制造费用三项，不包括固定制造费用。所以成本项目的成本差异计算与分析仅包括直接材料成本差异、直接人工成本差异和变动制造费用成本差异，对固定制造费用成本差异的计算与分析的内容则予以省略。在实际工作中，固定制造费用是由许多明细制造费用超支或节约的情况产生的。计算公式见式（13-16）。

某个成本项目成本差异=某个成本项目实际成本–该成本项目标准成本　　(13-16)

第三步：计算各成本项目的数量差异和价格差异。计算公式见式（13-17）、式（13-18）。

价格差异=（实际价格–标准价格）×实际数量　　(13-17)

数量差异=（实际数量–标准数量）×标准价格　　(13-18)

【例 13-5】 某公司 2013 年只生产一种产品，耗用一种材料，其单位甲产品的标准成本如表 13-5 所示；8 月共生产甲产品 1 000 件，其实际发生的有关数据如表 13-6 所示。假定生产耗用的直接材料数量和价格与实际采购的材料相等，对成本差异进行计算和分析。

表 13-5　甲产品的标准成本

项　目	价格标准	数量标准	标准成本
直接材料	20 元/千克	1 千克	20 元
直接人工	7.6 元/工时	5 工时	38 元
变动制造费用	1.36 元/工时	5 工时	6.8 元
合　计	—	—	64.8 元

表 13-6　甲产品的有关数据

项　目	数　量	单　价	金　额
直接材料	1 010 千克	18 元/千克	18 180 元
直接人工	5 100 工时	8 元/工时	40 800 元
变动制造费用	5 100 工时	1.14 元/工时	5 814 元
合　计	—	—	64 794 元

（1）计算产品实际总成本与实际产量下的标准总成本的差异

总成本差异=64 794–64.8×1 000=–6（元）（顺差）

（2）具体计算与分析各成本项目的差异及它们的价差和量差对成本总差异的影响程度

1）直接材料成本差异的计算与分析。

直接材料成本差异=直接材料实际总成本–直接材料标准总成本

=18×1 010–20×1 000=–1 820（元）（顺差）

其中：直接材料价格差异=（实际价格–标准成本）×实际数量

=（18–20）×1 010=–2 020（元）（顺差）

直接材料数量差异=（实际数量–标准数量）×标准价格

=（1 010–1 000）×20=+200（元）（逆差）

上述计算结果只是为分析提供了初步方向，若要真正了解产生这些差异的原因，还需对实际工作进行认真的调查研究，在调查研究的基础上，得出正确的结论。例如，本例中直接材料价格表现为顺差。一般来说，直接材料价格的责任应归属于采购部门，但产生这一顺差的原因可能有不同的情况。如果是客观因素造成的（如市场价格变化等），则与采购部门工作无关；如果是主观因素造成的，则要做进一步分析。至于直接材料数量差异（因为它是生产中耗用材料实际与标准的差异），一般来说，在排除采购部门的责任以后，产生差异的责任应归属于生产部门。

2）直接人工成本差异的计算与分析。

直接人工成本差异=直接人工实际总成本−直接人工标准总成本

=8×5 100−7.6×5 000

=+2 800（元）（逆差）

其中：直接人工价格差异=（实际工资率−标准工资率）×实际工时

=（8−7.6）×5 100

=+2 040（元）（逆差）

直接人工数量差异=（实际工时−标准工时）×标准工资率

=（5 100−5 000）×7.6

=+760（元）（逆差）

直接人工成本差异同直接材料成本差异的计算方法类似，但计算成本差异并不意味着就是成本控制。有效的成本控制是分析成本差异产生的原因，进而采取措施并加以改进。

3）变动制造费用成本差异的计算与分析。

在实际产量下，变动制造费用成本差异=实际变动费用−标准变动费用

=5 814−（6.8×1 000）

=−986（元）（顺差）

其中：变动制造费用价格差异

=（实际变动费用分配率−标准变动费用分配率）×实际工时

=（1.14−1.36）×5 100

=−1 122（元）（顺差）

变动制造费用数量差异=（实际工时−标准工时）×标准变动费用分配率

=（5 100−5 000）×1.36

=+136（元）（逆差）

对变动制造费用成本差异的分析，应结合构成变动制造费用的具体明细项目做进一步的分析。

复习思考题

一、单项选择题

1. 如果某些成本的差异虽未达到重要性标准，但持续在相当长的时间上徘徊在某一水平，居高不下，这一特点是“例外”中的（　）。

A．重要性　　B．一贯性

C．可控性　　D．特殊性

2．如果某些成本的差异金额非常大，称为“例外”中的（　）。

A．重要性　B．一贯性

C．可控性　D．特殊性

3．计算价格差异的基本表达式是（　）。

A．（实际价格−标准价格）×实际产量下的实际数量

B．（实际价格−标准价格）×计划产量下的实际数量

C．（实际价格−标准价格）×实际产量下的计划数量

D．（实际价格−标准价格）×计划产量下的计划数量

4．狭义的标准成本控制含义是指（　）。

A．事前成本控制　B．事后成本控制

C．日常成本控制　D．以上各种控制

5．对于成本差异准确的说法有（　）。

A．价格差异受两个因素影响　B．用量差异受两个因素影响

C．材料成本差异受两个因素影响　D．以上说法都正确

6．下列不属于成本控制内容的是（　）。

A．资源耗费　B．费用开支

C．生产经营过程　D．废品

7．全面性原则不体现（　）控制。

A．全员　B．全过程

C．全社会　D．都不对

8．成本控制中最为广泛和有效的一种方法是（　）控制。

A．标准成本　B．目标成本

C．理想成本　D．现实成本

9．下列不属于数量差异的是（　）。

A．直接材料实际消耗量　B．直接人工标准数量

C．直接材料标准消耗量　D．直接人工标准价格

10．在标准成本制度下，计算分析成本差异的项目不包括（　）。

A．直接材料　B．直接人工

C．固定制造费用　D．变动制造费用

二、多项选择题

1．标准成本控制制度包括的内容有（　）。

A．标准成本的制定　B．实际成本的计算

C．成本的差异分析　D．成本的奖惩条例

2．标准成本控制的原则包括（　）。

A．全面性　B．节约性

C．例外管理　D．目标管理

3．使用常规标准成本作为成本控制的依据，是因为具有（　）特点。

A．重要性　B．客观性

C．稳定性　D．尺度性

4．人工成本差异包括（　）。

A．工资率差异　　B．价格差异

C．人工效率差异　　D．用量差异

5．“例外”控制的各个原则体现的内容是（　）。

A．对成本差异大的为例外　　B．对成本的全过程控制

C．对成本长期获利有特殊影响的　　D．对无法控制的成本项目

6．构成现代成本管理的完整系统包括（　）。

A．成本控制　　B．成本预测

C．成本决策　　D．成本规划和成本考核

7．下列体现成本控制意义的是（　）。

A．获取有效的成本管理信息　　B．实现成本计划

C．保证成本计划数据的准确性　　D．有效对人、财、物的消耗进行监督

8．下列属于成本控制内容的是（　）。

A．资源耗费　　B．费用开支

C．生产经营过程　　D．废品

9．全面性原则体现（　）的控制。

A．全员　　B．全过程

C．全社会　　D．都不对

10．成本控制的程序包括（　）。

A．制定成本控制的标准成本　　B．处理成本差异

C．成本控制效果考核　　D．成本控制后的分析

三、判断题

1．狭义的标准成本是指日常成本控制。（　）

2．在例外控制中的重要性原则是指差异超过标准 10%～20%才能算重要差异。（　）

3．对于标准成本的经济效率尺度，可以认为理想标准成本最适宜鼓励责任人员的积极性。（　）

4．对于变动制造费用不宜用标准成本控制，以“弹性预算控制”方法更为适宜。（　）

5．对于直接材料、直接人工宜采用标准成本控制方法更为适宜。（　）

6．成本控制有利于一定可以保证成本计划数据的准确性。（　）

7．成本控制首先控制资源耗费。（　）

8．全面性原则就是体现全过程控制。（　）

9．成本控制不必进行事后的效果考核。（　）

10．标准成本控制是以目标成本为基础进行控制的。（　）

四、实训题

（一）练习成本差异的计算

资料：某厂生产轴承 4 000 套，实际耗用钢材 10 800 千克，实际成本为 10 260 元，而该厂轴承的标准成本每个需用钢材 2.5 千克，每千克 0.88 元。

要求：1．计算生产轴承所用钢材的成本差异总额。

2．计算所用钢材的价格差异和用量差异。

（二）练习直接材料成本差异的计算

资料：ABC 公司采用标准成本控制，本期生产领用甲、乙两种材料的实际耗用量分别为 1 500 千克和 500 千克，它们的标准耗用量分别为 1 300 千克和 450 千克。标准单价分别为 3 元/千克和 7 元/千克。

要求：计算该公司的直接材料数量差异。

（三）练习直接人工成本差异的计算

资料：某公司有甲、乙两个工种。本期甲工种实际耗用工时 800 小时，其标准工时为 700 小时，直接工资的实际工资率为 5.50 元/小时，标准工资率为 6 元/小时。乙工种实际耗用工时 1 100 小时，其标准工时 1 000 小时，直接工资的实际工资率为 4.50 元/小时，标准工资率为 4 元/小时。

要求：1．计算该公司的直接人工成本差异。

2．计算该公司的直接人工数量差异。

3．计算该公司的直接工资率差异。

（四）练习变动制造费用成本差异的计算

资料：已知某公司计划本期耗用 5 000 工时，发生变动制造费用 1 400 元，完成 2 500 件产品，即每件产品 2 个工时。实际耗用 4 200 工时，发生变动制造费用 1 260 元，完成产量 2 000 件。

要求：计算变动制造费用成本差异。

（五）练习制造费用成本差异的计算

资料：万达公司某产品某年度的制造费用预算中固定性制造费用预算额 25 187.7 元，变动性制造费用预算额为 52 312.5 元，标准加工总工时为 7 750 小时，单件产品标准工时为 3.8 小时。

要求：计算制造费用标准成本。

第 14 章 成本计划

理论目标

1. 了解成本计划的作用；
2. 理解成本计划的内容、编制要求。

实践目标

1. 明确成本计划的编制步骤；
2. 掌握成本计划的编制方法，提高学生的职业技能。

案例导入

郑州一家食品公司举行促销活动，由于没有预算概念，本来准备好的一个季度的促销赠品，两个月不到，仓库里的促销赠品便一扫而空。结果，销量是上去了，但却以赔钱为代价。后来，该公司营销中心根据目标销量，以及促销预算，结合公司的核心、重点、一般性市场的定位与分类，合理安排和调配促销赠品，使促销赠品成本管理得到了有效规范，促销费用超标而导致赔钱的状况得到了彻底的改观。总之，对于公司来说，赠品的成本是必须考虑的问题，没有成本的观念，赠品的开发将不切实际，或者有可能赠品很成功，然而投入却没有相应的产出。

思考

为什么赠品也要算好成本账？

14.1 成本计划概述

成本计划是企业生产经营计划的一个重要组成部分，它以货币形式预先规定企业计划期内产品的生产耗费水平和成本降低幅度。

14.1.1　成本计划的内容

工业企业成本计划包括主要产品单位成本计划、全部产品成本计划和期间费用预算。

1．主要产品单位成本计划

主要产品单位成本计划是按照成本项目、分产品编制的，一种产品编制一张计划表。主要产品单位成本计划规定计划期内每种产品的成本构成及其应该达到的成本水平，如果是可比产品，还要反映与上期成本相比的降低率和降低额。该项计划是编制全部产品成本计划的基础，并为制定新产品价格和调整老产品价格提供资料。

2．全部产品成本计划

全部产品成本计划是企业成本计划中一张综合的计划表，它把企业全部产品成本分为可比产品成本和不可比产品成本两部分，主要反映以下内容：① 全部可比产品的总成本及其降低率和降低额；② 各主要可比产品的单位成本和总成本，以及总成本的降低率和降低额；③ 全部不可比产品的总成本；④ 各主要不可比产品的单位成本和总成本；⑤ 全部商品产品生产总成本。通过这张计划表，可以看出整个企业的成本水平。

3．期间费用预算

期间费用包括企业行政管理部门为组织和管理生产经营活动而发生的管理费用，为筹集资金而发生的财务费用，以及为销售产品或提供劳务而发生的销售费用等。在实行制造成本法的条件下，这些费用不计入产品成本，应直接计入当期损益。为加强对这部分费用的控制，有必要单独编制期间费用预算。

14.1.2　成本计划的作用

1．成本计划是组织群众挖掘降低成本潜力的有效手段

成本计划是在充分发动群众进行成本预测，从企业经营管理的各个环节上广泛提出增产节约措施，反复测算成本降低目标的基础上编制的。计划的编制过程，就是发动群众挖掘潜力、提措施、算效果的过程。这样，成本计划也就成为广大职工在降低成本方面的奋斗目标，它可以促使企业职工自觉、有效、节约地使用人力、物力和财力，为完成和超额完成成本计划而努力。

2．成本计划是建立企业内部成本管理责任制的基础

企业有了切实可行的成本计划，才能实行成本指标的分口分级管理，确定各职能部门和各级单位以至职工个人在成本管理中应承担的责任，并据以控制和监督各项耗费，检查和考核成本计划的完成情况。一个企业如果没有成本计划，广大职工不了解降低成本的具体要求，各级领导心中无数，成本管理责任制就无法建立。所以，成本计划是企业加强成本管理，促使产品成本降低的有力工具。

3．成本计划是编制其他财务计划的重要依据

成本与利润、成本与资金是紧密相连的，在其他条件不变的情况下，成本的高低决定着企业利润水平的高低和资金占用数量的多少。由此可见，成本计划也为编制企业利润计划和流动资金需要量计划提供了依据。

14.2 成本计划的编制

14.2.1 成本计划的编制要求

1．要以先进合理的技术经济定额为依据

定额是计划的基础，要编制既先进又切实可行的成本计划，必须制定先进的、符合实际的物资消耗定额、劳动定额、设备利用定额、费用开支标准等。如果定额陈旧，则据以编制的成本计划就不可能具有先进性；如果定额不切合实际，则据以编制的成本计划就缺乏现实性，难以保证完成。为此，在编制成本计划过程中，应同有关部门密切协作，认真进行分析研究，尽可能地把制定成本计划指标同修订各项定额结合起来进行，使各有关的技术经济定额达到平均先进水平。

2．要同企业其他计划指标紧密衔接

编制成本计划，一方面要以生产计划、物资采购计划、劳动工资计划和技术组织措施计划等为依据，综合反映这些计划预期的经济效果；另一方面又要从合理降低产品成本的角度，对上述计划提出改进要求，促使各项计划指标更加合理。此外，编制成本计划所依据的资料，如消耗定额、计划价格等，也要同其他计划口径一致。在成本项目、费用分配方法等方面，要与实际成本的核算保持一致，以便进行对比分析。

3．要采取群众路线的方法

企业编制成本计划，要在厂长（总经理）统一领导下，由财务部门（或计划部门）具体负责组织，并发动有关职能部门、各级单位和职工群众共同进行，这是编制好成本计划的关键。

14.2.2 成本计划编制的步骤

第一步，在广泛收集和认真整理相关资料的基础上，预计和分析上期成本计划的执行情况。

第二步，进行全厂成本计划指标的初步预测，确定计划期的目标成本，并拟定和下达各车间、各部门的成本控制指标。

第三步，各车间、各部门发动群众讨论成本控制指标，编制各单位的成本计划或费用预算，制定增产节约的保证措施。

第四步，财务部门审核各单位的成本计划或费用预算，进行综合平衡和汇编全厂的成本计划和费用预算。

14.2.3 成本计划的编制方法

由于企业的生产规模、核算体制及管理要求的不同，企业编制成本计划的方式也不一样，主要有一级核算编制和分级核算编制两种。

小型企业通常是实行一级核算，车间不计算成本。在这种情况下，由财务部门根据各种资料，经过测算平衡后直接编制全厂的成本计划。一级核算编制程序如图 14-1 所示。

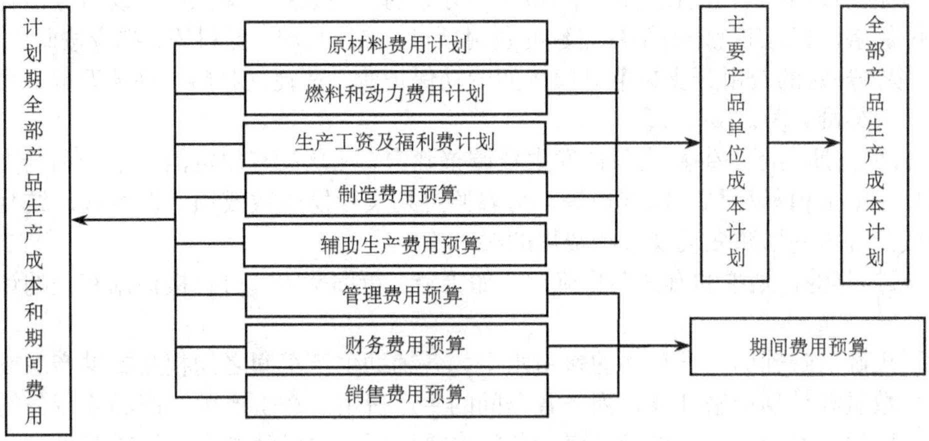

图 14-1 一级核算编制程序

大中型企业一般实行分级核算，车间要计算成本。在这种情况下，为了适应成本分级管理的要求，应先由各车间根据财务部门下达的控制指标，编制车间的成本计划，再由财务部门汇总编制全厂的成本计划。分级核算编制的程序如图 14-2 所示。

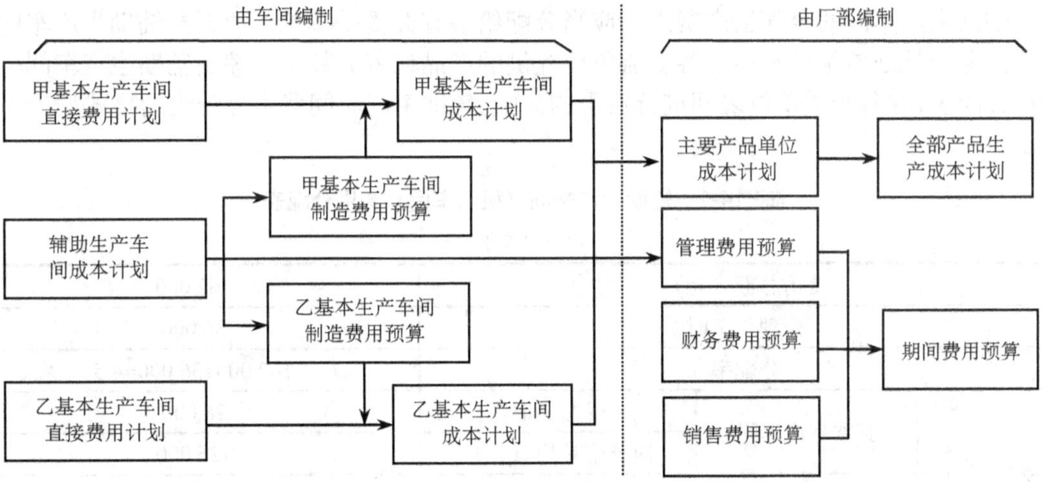

图 14-2 分级核算编制程序

下面着重说明分级核算下的成本计划编制方法，包括车间成本计划的编制和全厂成本计划汇编两个步骤。

1. 车间成本计划的编制

（1）辅助生产车间成本计划的编制

辅助生产车间是为基本生产车间和企业管理部门提供产品或劳务的车间。辅助生产车间发生的费用，要按一定方法分配到各受益单位的产品成本或费用计划中。由于各个辅助生产车间提供的产品或劳务各不相同，应分别编制各辅助生产车间的成本计划，其各费用项目计划数的确定，大致可归纳为以下几种情况。

1）根据辅助生产车间生产的产品和提供劳务的计划数量、单位产品或劳务消耗定额和计划单位价格计算。凡规定有消耗定额的费用项目，如原材料、燃料等，都应按此方法计算。

2）根据规定的费用开支标准计算，如劳动保护费、消耗性材料、办公费等，可按车间人数和规定标准计算。

3）根据上期实际发生数或预计发生数调整确定。凡是没有规定消耗定额和开支标准的费用项目，如低值易耗品，修理费等，可参照上期实际发生数或预计发生数，结合计划期生产量或劳务量的增减变动及节约费用的要求确定。

4）根据其他计划中的有关项目确定，如工资、折旧费等，可直接根据有关的计划资料确定。

为了正确反映辅助生产车间的费用水平，各辅助生产车间之间相互提供产品或劳务也应按计划数量和计划价格计算，列入各车间的生产费用。在生产单一产品或劳务的车间，车间生产费用总额全部为该种产品或劳务的直接费用，除以计划生产量或劳务量，即为计划单位成本。如修理车间以车间生产费用总额除以计划期修理总工时，即为每一修理工时的计划成本；电力车间以车间生产费用总额除以计划期发电度数，即可求得每度电的计划成本等。在生产多种产品或劳务的车间，发生的间接费用要进行分配，再按成本核算对象分别确定各种产品或劳务的计划总成本和计划单位成本。如工具车间的贵重工具应按单件小批计算计划成本，一般工具则按类别计划成本。

辅助生产车间的全部生产费用，应当分配给各有关受益单位。要根据辅助生产车间产品或劳务的计划单位成本和为各受益单位提供的产品或劳务数量，编制辅助生产车间生产费用分配表，在各受益单位之间进行费用的分配。辅助生产车间费用分配表的格式如表 14-1 所示。

表 14-1 辅助生产车间（机修车间）费用分配表

2013 年度

费用总额（元）			162 000
修理总工时			36 000
分配率			162 000÷36 000=4.5
受益部门	基本生产车间	受益工时	28 000
		应分配费用（元）	126 000
	管理部门	受益工时	8 000
		应分配费用（元）	36 000

（2）基本生产车间成本计划的编制

为了编制基本生产车间的成本计划，首先应编制车间直接费用计划和制造费用预算，再按照生产的产品品种及规定的成本项目计算编制车间产品成本计划。

1）车间直接费用计划的编制。

按成本项目计算车间各种产品耗用的直接费用计划数。① 原材料、燃料和动力费用，应根据计划期各项消耗定额及厂内计划价格，并结合计划期产品产量进行计算。单位产品的材料消耗定额乘以计划单价，就是单位产品的材料成本。如果产品耗用材料品种规格多、数量小，不便按每种材料制定消耗定额时，也可以比照上年实际耗用数，并考虑计划期降低消耗的要求来计算原材料费用。② 生产工人工资及提取的职工福利费，应根据计划期产量、单位产品的工时定额和小时工资率或单位计件工资额计算。小时工资率通常为每小时生产工人平均工资，它是以计划期各种产品所需生产工人总工时除生产工人计划工资总额求得的。提取的职工福利费，则根据生产工人工资，按照规定的计提比率计算求得。③ 废品损失，应根据工艺部门拟定的废品率和劳动部门拟定的废品工时率，并结合降低废品率的措施来确定。为简化计算，也可参照上年实际发生数并结合计划期降低废品损失的要求确定。

基本生产车间对于前一车间转移来的半成品的成本，可以采取两种不同的处理方法。采用逐步结转法时，要计算前一车间转来的半成品成本，按本车间的计划消耗量和前一车间计划单位成本计算，列入本车间“原材料”项目。采用平行结转法时，不计算前一车间转来的半成品成本，只计算本车间发生的费用，编制各种产品的加工成本计划（如加工车间）或装配成本计划（如装配车间）。采用前一种方法虽然比较复杂，但车间可以编出完整的成本计划。采用后一种方法比较简单，各车间可以同时编制成本计划，但编制的成本计划内容不够完整。每个企业应根据本身的生产特点和成本管理需要选择使用。

2）车间制造费用预算的编制。

基本生产车间的制造费用预算，应按照规定的明细项目确定计划期内车间为组织和管理生产所发生的各项费用。各项目的计算方法，与上述辅助生产车间相同，即按费用发生的不同情况，一部分按规定的标准或定额加以计算；另一部分则按上年实际发生数结合计划期节约费用的要求来确定。合理分配制造费用，是正确计算产品单位成本的重要一步，企业应根据实际情况规定适当的分配标准，将制造费用在各种产品之间进行分配，计入产品计划成本。

3）车间产品成本计划的编制。

根据各种产品的直接费用和应分配的制造费用，计算各种产品的车间计划单位成本和总成本，以及按成本项目计算的车间产品成本计划（制造成本或生产成本）。

2．全厂成本计划汇编

（1）主要产品单位成本计划的编制

主要产品单位成本计划是根据各车间的产品成本计划汇总编制的，一种产品编制一张计划表。主要产品单位成本计划表的格式如表 14-2 所示。

表 14-2　主要产品（甲产品）单位成本计划

2013 年度　　　　单位：元

成本项目	上年预计	本年计划	降低额	降低率（%）
直接材料	1 100	978	122	11.1
燃料与动力	200	198	2	2.0
直接人工	400	394	6	3.5
制造费用	260	250	10	4.8
废品损失	40	30	10	25.0
合　　计	2 000	1 850	150	7.5

（2）全部产品成本计划的编制

根据各种产品单位成本计划和计划产量，确定全部产品（包括可比产品和不可比产品）的计划总成本。可比产品部分尚须根据其上年预计（或实际）平均单位成本和计划年度计划单位成本，计算可比产品成本降低额和降低率计划指标。全部产品成本计划表格式如表14-3所示。

表 14-3　全部产品成本计划

2013 年度　　单位：元

产品名称	计量单位	计划产量	单位成本		总成本			
			上年预计平均	本年计划	按上年预计平均单位成本计算	按本年计划单位成本计算	降低额	降低率（%）
一、可比产品					800 000	741 920	58 080	7.26
其中：甲产品	台	300	2 000	1 850	600 000	555 000	45 000	7.50
乙产品	台	200	1 000	934.6	200 000	186 920	13 080	6.54
二、不可比产品								
其中：丙产品	台	40		6 452		258 080		
全部产品生产成本						1 000 000		

（3）期间费用预算的编制

期间费用预算包括管理费用、财务费用和销售费用三部分，涉及的范围比较广，项目比较多，应先由各部门分别编制各自有关部分的费用预算，再经财务部门审查汇编全厂的期间费用预算。该项预算表的格式如表14-4所示。

表 14-4　期间费用预算

2013 年度　　单位：元

	项　目	上年预计	本年计划
管理费用	公司经营		70 560
	工会经费		12 000
	职工教育经费		24 000
	劳动保险费		31 000
	折旧费		6 500
	其他		12 740
	小计		156 800
财务费用	利息净支出		24 700
	汇兑净损失		—
	银行手续费		500
	小计		25 200

续表

	项　　目	上年预计	本年计划
销售费用	销售人员工资		32 000
	运输费		49 000
	办公费		8 000
	广告费		6 000
	其他		3 000
	小计		98 000
合　　计			280 000

复习思考题

一、单项选择题

1．全部产品成本计划最终反映的内容是（　　）。
A．全部可比产品的总成本及其降低率和降低额
B．全部不可比产品的总成本
C．各主要不可比产品的单位成本和总成本
D．全部商品产品生产总成本

2．成本计划编制的第一步骤是（　　）。
A．收集整理相关资料，预计和分析上期成本计划
B．进行全厂成本计划指标的初步预测，再拟定和下达具体成本指标
C．编制各单位的成本计划或费用预算，制定增产节约的保证措施
D．财务部门审核各单位的成本计划或费用预算，进行汇编、平衡

3．期间费用预算中不包括（　　）。
A．管理费用　　B．销售费用
C．财务费用　　D．制造费用

4．对全部产品成本计划中的“全部”理解正确的是（　　）。
A．可比产品　　B．不可比产品
C．可比产品和不可比产品　　D．以上都不对

5．不属于基本生产车间成本计划的编制是（　　）。
A．车间直接费用计划的编制　　B．辅助生产车间成本计划的编制
C．车间制造费用预算的编制　　D．车间产品成本计划的编制

6．在编制成本计划时，一般车间不计算成本的是（　　）核算形式。
A．分级　　B．一级
C．二级　　D．三级

7．下列费用不按照规定标准开支的是（　　）。
A．劳动保护费　　B．消耗性材料
C．办公费　　D．修理费

8．编制辅助生产车间成本计划，不可以用（　　）来确定计划数。
A．规定的费用开支标准　　B．按上期实际发生数
C．按预计发生数调整　　D．以前年度发生数
9．编制全厂成本计划是由（　　）汇总完成的。
A．财务部　　B．销售部
C．生产部　　D．办公室
10．全部产品成本计划不包括（　　）产品计划。
A．可比产品　　B．不可比产品
C．新产品　　D．筹划产品

二、多项选择题

1．成本计划的内容包括（　　）。
A．主要产品单位成本计划　　B．全部产品成本计划
C．期间费用预算　　D．车间成本计划
2．成本计划的编制要求有（　　）。
A．以先进合理的技术经济定额为依据　　B．采取群众路线的方法
C．以先进成本为依据　　D．同企业其他计划指标紧密衔接
3．分级核算下的成本计划编制方法，包括（　　）。
A．车间成本计划的编制　　B．全厂成本计划汇编
C．辅助车间成本计划的编制　　D．基本车间成本计划的编制
4．全厂成本计划汇编包括（　　）。
A．主要产品单位成本计划的编制　　B．全部产品成本计划的编制
C．期间费用预算的编制　　D．可比产品单位成本计划的编制
5．属于基本生产车间成本计划的编制内容是（　　）。
A．车间直接费用计划的编制　　B．辅助生产车间成本计划的编制
C．车间制造费用预算的编制　　D．车间产品成本计划的编制
6．全部产品成本计划是综合计划，主要的内容有（　　）。
A．全部商品产品生产总成本
B．各主要不可比产品的单位产品和总成本
C．全部不可比产品的总成本
D．各主要可比产品的单位产品和总成本
7．成本计划的编制方法有（　　）。
A．一级核算　　B．分级核算
C．二级核算　　D．三级核算
8．下列费用按照规定标准开支的是（　　）。
A．劳动保护费　　B．消耗性材料
C．办公费　　D．修理费
9．期间费用预算包括（　　）。
A．管理费用　　B．财务费用
C．销售费用　　D．制造费用

10．编制辅助生产车间成本计划，可以用（　　）来确定计划数。

A．规定的费用开支标准　　B．按上期实际发生数

C．按预计发生数调整　　D．参考其他计划

三、判断题

1．成本计划是建立企业内部成本管理责任制的基础。(　　)

2．一级核算编制的方式主要适用于大型企业。(　　)

3．编制的方法不受企业的生产规模、核算体制及管理要求的影响，所以编制成本计划的方式都一样。(　　)

4．企业编制成本计划一定要采取群众路线的方法。(　　)

5．车间成本计划的编制是分级核算的一部分内容。(　　)

6．主要产品单位成本计划反映的是可比产品。(　　)

7．成本计划是建立企业内部成本管理责任制的基础。(　　)

8．成本计划编制无要求。(　　)

9．实行分级核算，车间不计算成本。(　　)

10．在大中型企业成本计划编制中，只编制基本生产车间成本计划。(　　)

四、简答题

1．成本计划的作用有哪些?

2．成本计划的内容是什么?

3．成本计划的编制要求有哪些?

4．简述成本计划的编制步骤。

5．简述成本计划的分级核算编制方法。

参考文献

[1] 财政部会计资格评价中心．初级会计实务[M]．北京：中国财政经济出版社，2013．
[2] 鲁亮升．成本会计[M]．大连：东北财经大学出版社，2010．
[3] 赵桂娟，王伶．成本会计学[M]．北京：机械工业出版社，2012．
[4] 袁新建，杨应杰．新编成本会计[M]．青岛：中国海洋大学出版社，2011．
[5] 刘悦，李雪．成本会计理论与实务[M]．北京：清华大学出版社，2013．
[6] 黄东坡．管理会计学[M]．北京：中国电力出版社，2009．
[7] 王庆成，李相国．财务管理[M]．北京：中国财政经济出版社，2010．
[8] 刘继伟，于树彬，甘永生．管理会计学[M]．北京：高等教育出版社，2004．
[9] 财政部会计资格评价中心．财务管理[M]．北京：中国财政经济出版社，2012．
[10] 刘天明．管理会计学[M]．北京：中国物资出版社，2003．